Mathias Duval, Friedrich Carl Adolf Neelsen

Grundriss der Anatomie für Künstler

Mathias Duval, Friedrich Carl Adolf Neelsen

Grundriss der Anatomie für Künstler

ISBN/EAN: 9783743449800

Hergestellt in Europa, USA, Kanada, Australien, Japan

Cover: Foto ©Thomas Meinert / pixelio.de

Mathias Duval, Friedrich Carl Adolf Neelsen

Grundriss der Anatomie für Künstler

Grundriss der Anatomie

für Künstler

von

Mathias Duval

Professor der Anatomie an der Kunst-Akademie zu Paris,
Mitglied der medizinischen Fakultät, Direktor des anthropologischen
Laboratoriums der Hochschule.

Herausgegeben

von

Prof. Dr. med. F. Neelsen

Prosektor am Stadtkrankenhause
und Lehrer der Anatomie an der Königlichen Kunst-Akademie
zu Dresden.

Autorisierte deutsche Uebersetzung.

STUTTGART

VERLAG VON FERDINAND ENKE

1890.

Vorwort des Uebersetzers.

Obwohl wir in dem Werk von Harless (Lehrbuch der plastischen Anatomie, Stuttgart, Ebner und Seubert 1876) ein deutsches Lehrbuch besitzen, welches der Nestor der Anatomie Hyrtl mit Recht als klassisch bezeichnete, hat sich mir doch während meiner Thätigkeit an der K. Sächs. Kunstakademie zu Dresden das Bedürfnis nach einem kleineren, handlicheren Werk bemerkbar gemacht; einem Werk, welches den Schülern den anatomischen Vortrag nicht ersetzen soll und kann, wohl aber ihnen Gelegenheit geben, sich auf die Vorlesungen vorzubereiten und das Gehörte später zu wiederholen. Zu diesem Zwecke erschien mir der Grundriss von Duval, welchen ich hier in deutscher Uebersetzung herausgebe, wegen seiner kurzen, knappen Darstellung geeignet. Ich habe mich nicht sklavisch an den Text des französischen Schriftstellers gehalten, sondern mich bemüht, wo es nötig war, in freier Uebersetzung demselben ohne Schmälerung des Inhaltes deutschen Ton und deutsche Fassung zu geben. Möge das Werk bei den deutschen Künstlern freundliche Aufnahme finden und sich nützlich erweisen.

Dresden im Sommer 1889.

Prof. Dr. **F. Neelsen.**

Vorrede.

Dieser kleine Band bildet eine übersichtliche Zusammenfassung der Vorlesungen, welche ich seit ungefähr sechs
Jahren an der «Ecole des beaux-arts» zu halten die Ehre
habe. — Wenn ich während dieser Zeit dazu gelangt bin,
mir eine richtige Vorstellung darüber zu bilden, was die
Künstler von der Anatomie erwarten, so danke ich das dem
ununterbrochenen Verkehr mit meinen Zuhörern jeden Alters
und es ist meine erste Pflicht, hier für das Wohlwollen zu
danken, mit welchem sie mit mir in Gedankenaustausch ge-
treten sind, mir ihre Wünsche mitgeteilt haben und mir
verständlich machten, wie denselben entsprochen werden
kann. Aber da die Anordnung und Darstellungsweise in
meinen Vorlesungen den aufeinanderfolgenden Zuhörern durch
eine Art mündlicher Ueberlieferung erklärt wird, muss ich,
wenn ich eine übersichtliche Zusammenfassung derselben
veröffentliche, zunächst dem Leser einige Angaben über die
bei der Bearbeitung befolgten Grundsätze und sozusagen
über die Art, wie das Werk benutzt werden soll, bieten. —
Dieser Grundriss der Anatomie ist für Künstler bestimmt,
welche ihre Fachstudien begonnen haben durch Nachbildung
der Körperformen, sei es nach der Antike, sei es nach dem
lebenden Modell und also schon, um mich so auszudrücken,
Erfahrungskenntnisse der Formen, Stellungen und Bewegungen gesammelt haben. Er ist dazu bestimmt, ihnen die
wissenschaftliche Erkenntnis dieser Formen, Stellungen und
Bewegungen zu gewähren. Wir beabsichtigen also hier

weniger, die Beschreibung der Gestalt dieser oder jener
Körpergegend als die wissenschaftliche Erklärung dieser Gestalt und ihrer Veränderungen im Ruhezustand und bei Bewegungen. Deshalb nehmen wir, anstatt von den oberflächlichen Körperteilen bis zu den tief gelegenen Teilen des
Knochengerüstes vorzuschreiten, zunächst dieses selbst als
Ausgangspunkt unserer Studien. Nur an ihm vermögen wir
die Gesetze für die Bewegungen der Gliederabschnitte
gegeneinander und der Glieder gegen den Rumpf festzustellen ebenso wie die gegenseitige Richtung dieser Abschnitte
zu einander und zu dem gesamten Körper. An diese grund-
legenden Kenntnisse knüpfen sich erst die der Muskelmassen,
welche diese Knochen bewegen und der Künstler wird dann
imstande sein, das Spiel der Teile, welche die Körperformen
mit ihrer unendlichen Mannigfaltigkeit in Erscheinung und
Bewegung bedingen, durch die Haut wie durch einen durch-
sichtigen Schleier im einzelnen zu beobachten.

Diese Art des Unterrichts, die wir als «synthetische»
(aufbauende), bezeichnen können, unterscheidet sich von der
in den meisten Werken über diesen Gegenstand befolgten,
da diese «analytisch» (zergliedernd) vorgehen. Wir denken
hier vor allen Dingen an das Lehrbuch von Gerdy, welches die sorgfältigste Veröffentlichung über plastische Anatomie bildet (P. N. Gerdy, Anatomie des formes du corps
humain, appliquée a la peinture a la sculpture et a la chi-
rurgie, Paris 1829), aber insofern einen Fehler begeht, als
es sich mit der Beschreibung der äusseren Form begnügt,
während es die Darlegung der anatomischen Gründe für
diese Formen verkürzt. Andererseits bestehen die anderen
Werke über Anatomie, welche in die Hände unserer Schüler
der Kunstakademie gelangen, meist aus einem Band Text
und einem Atlas Tafeln! (Das ist nicht so im Auslande; so
gibt es in Deutschland das Werk von Harless, Lehrbuch
der plastischen Anatomie für akademische Anstalten, Stuttgart 1876, und in England das von John Marschal, Anatomie for Artists, London 1878). Unter diesen Verhältnissen,

— es sei mir hier ein freies Wort gestattet — studieren unsere jungen Künstler den Atlas, zeichnen die Abbildungen desselben wieder und wieder ab, lesen aber niemals den Text. Man wird dann verstehen, warum ich hier in anderer Weise vorgegangen bin, und ohne Zweifel wird der Umstand, dass die Figuren hier in den Text eingedruckt sind und zwar so, dass sie nur mittelst der Blätter, welche sie begleiten, wohl verständlich sind, denjenigen, der sie studiert, dahin führen, den Text ordentlich und aufmerksam zu lesen.

Man muss zugestehen (und wir kommen hier darauf, wie dies Buch benutzt werden soll), dass das Lesen der anatomischen Einzelheiten zunächst trocken und öde ist. Und es wird das immer sein, wenn man nicht einige sehr einfache Vorbedingungen erfüllt. In dem mündlichen Vortrag kann der Lehrer, indem er anatomische Präparate in die Hand nimmt, Zeichnungen aus freier Hand an der Tafel entwirft, die Beschreibung der verwickeltsten Teile anziehend machen und durch geschickte Wiederholungen in mannigfacher Form die Aufmerksamkeit fesseln und das Verständnis erzwingen. — Das ist nicht so mit einer gedruckten Beschreibung. Hier muss der Leser selbst sozusagen den Text beleben, und zwar durch Untersuchung und Handhabung von Stücken, die zur Ergänzung der Beschreibung geeignet sind. Zu diesem Zweck würde ein Skelett und ein gutgearbeiteter «Muskelmann» aus Gips genügend sein. An dem Muskelmann wird es leicht sein, unter Zuhilfenahme der dem Text beigegebenen Figuren den Verlauf der Muskeln zu verfolgen, und erst so wird ihr Studium nutzbringend sein, da man ihre Form von verschiedenen Seiten betrachten kann; wenn man die Knochen in die Hand nimmt und ihre Gelenkflächen aneinander fügt, werden die trockenen Beschreibungen der Bewegungseinrichtungen der Gelenke eine in die Augen springende Natürlichkeit erhalten und für immer dem Gedächtnis eingeprägt bleiben. Ungeachtet der schematischen Figuren, welche wir z. B. für die Bewegungen der Supination und Pronation geben, wird nur derjenige, welcher dieselben mit den Knochen des Unterarmes in der Hand studiert, den wunderbaren Bau erkennen, mittelst dessen die Drehung der Speiche um die Elle es der Hand ermöglicht, abwechselnd die Innenfläche und die Rückenfläche nach vorne zu wenden. Das Gleiche gilt von dem Skelett des Fusses, des Kopfes, den Bewegungen des Unterkiefers u. s. w.

Wenn der Künstler in diesem Buch einige Blätter findet, welche dem Studium des Gesichtswinkels, der Schädelformen (Brachycephalie und Dolichocephalie) und einiger anderer anthropologischer Fragen gewidmet sind, wird er uns gewiss Dank zollen dafür, dass er so einen Ueberblick über Kenntnisse bekommt, welche heutzutage anfangen selbst dem Volke vertraut zu werden. Wir bedauern nur bei diesen anthropologischen Studien, dass der Umfang dieses Bandes uns nicht gestattet hat, weiter auf das Unterrichtsgebiet des anthropologischen Laboratoriums einzugehen, dessen Oberleitung uns nach dem Verlust unseres berühmten Lehrers Broca übertragen worden ist.

Es sei mir gestattet, hier meinem ausgezeichneten Lehrer, Herrn Professor Sappey, meinen lebhaftesten Dank auszudrücken, welcher mir gestattet hat, die Abbildungen für Osteologie und Myologie seinem vorzüglichen Lehrbuch der Anatomie zu entlehnen, Bilder die den wichtigsten Schmuck dieses Buches darstellen; und ebenso meinem Freund und Mitarbeiter E. Cuyer, dessen gefälliger Stift die dem Atlas von Duchenne entlehnten Abbildungen gezeichnet hat, und ebenso die beiden Abbildungen des Fechters und die verschiedenen Umrisszeichnungen, welche zur Vervollständigung der theoretischen Texterklärungen dienen sollen.

November 1881.

Mathias Duval.

Erste Vorlesung.

Einleitung.

Anatomie (aus dem Griechischen von ava-τομη, heisst
wörtlich Zerschneidung) bedeutet die wissenschaftliche Untersuchung der Körperbestandteile (Muskeln, Knochen, Sehnen,
Bänder, Eingeweide u. s. w.), bei welcher wir dieselben von
einander trennen, um ihre Form, ihre gegenseitige Lage und
ihren Zusammenhang kennen zu lernen. — Derartige Untersuchungen werden zu verschiedenen Zwecken ausgeführt; —
entweder vom allgemein-naturwissenschaftlichen Standpunkt,
um die Aehnlichkeiten und Unterschiede in der Gestaltung
der einzelnen Körperbestandteile bei verschiedenen Tierklassen
festzustellen; das nennen wir vergleichende Anatomie; —
oder vom praktischen Gesichtspunkt, um die für den Arzt und
Chirurgen wichtigen Lageverhältnisse der Körperteile kennen
zu lernen; das ist die sogenannte chirurgische oder topo-
graphische Anatomie; oder endlich, um Gestaltung und
Anordnung derjenigen Teile zu erforschen, welche die äussere
Körperform bedingen; das ist die plastische Anatomie,

Duval, Grundriss.   I

auch Anatomie der Körperformen, Anatomie für Künstler genannt.

Diese, die Anatomie der Körperformen, soll hier behandelt werden. Da aber der Künstler nicht nur die Formen
des ruhenden Körpers oder der Leiche kennen muss, sondern vor allen Dingen die Veränderungen dieser Formen
während der Thätigkeit, bei Bewegungen, und im Stande sein
soll, sich Rechenschaft abzulegen über die Gründe dieser Form-
veränderungen, bedarf es einer Ergänzung der plastischen
Anatomie durch Bemerkungen über die Lebensäusserungen,
die Funktionen der Körperteile (Muskeln, Gelenke). Wir werden also unter dem Titel Anatomie der Körperformen sowohl die Anatomie, wie die Physiologie (die Lehre von den
Lebensäusserungen) der Organe, welche diese Formen bedingen, zu behandeln haben.

Dass diese anatomischen und physiologischen Studien für
den Künstler, welcher den menschlichen Körper in den verschiedensten Lagen, Stellungen und Bewegungen darstellen
soll, unbedingt notwendig sind, bedarf keines ausführlichen
Beweises. Dahingegen erscheint es nicht unzweckmässig,
die Gründe für die Thatsache aufzusuchen, dass die Meisterwerke der antiken Kunst mit bewunderungswürdiger anatomischer Genauigkeit ausgeführt sind, von Männern, welche
sicher niemals anatomische Studien getrieben hatten, und
die Verhältnisse klarzulegen, die es diesen Männern ermöglichten, durch tägliche Anschauung im gewöhnlichen Leben
die Kenntnisse zu erwerben, die uns nur durch das Studium
der Anatomie zugänglich sind.

Die griechischen Bildwerke geben die menschliche Körperform in wunderbarer anatomischer Genauigkeit wieder. Die
Werke von Phidias (Theseus und Ilissus), von Myron (der Dis-
kuswerfer), von Lysippus und Praxiteles (der ruhende Faun),
von Agasias (der Borghesische Fechter) — um nur die Meisterwerke zu nennen, die in der Vorbildersammlung einer jeden
Kunstakademie vorhanden — sind in der That derart be-
schaffen, dass auch die strengste Kritik keinerlei Fehler in

anatomischer oder physiologischer Beziehung an ihnen tadeln kann. Die Muskelwülste z. B. sind nicht nur genau an der richtigen Stelle angedeutet (Anatomie), sondern sie erscheinen auch für den gleichen Muskel der rechten oder linken Seite mehr oder weniger stark vorragend, je nachdem — entsprechend der Art der Bewegung — der Muskel der betreffenden Seite zusammengezogen, d. h. vorgewölbt, oder in Ruhe, d. h. erschlafft und verhältnismässig flach ist (Physiologie). — In der Zeit, als diese Meisterwerke geschaffen wurden, waren noch niemals anatomische Studien oder überhaupt eine Zergliederung des menschlichen Körpers versucht worden. Die Scheu vor der Menschenleiche war damals so gross, dass selbst die Aerzte, welche doch dringende Veranlassung zu derartigen Studien gehabt hätten, noch niemals einen menschlichen Leichnam geöffnet hatten. — Um dem Mangel unmittelbarer Kenntnis abzuhelfen, hatte Hippokrates Tiere zergliedert, und man hatte aus der Anordnung der Körperteile im Säugetier auf die Anordnung der Teile im menschlichen Körper vergleichsweise Schlüsse gezogen. Selbst Galen hatte nur Affen zergliedert in dem Bestreben, Tiere zur Untersuchung zu benutzen, deren anatomischer Bau dem des Menschen vermutlich am ähnlichsten war; Galen hat sogar nicht einmal ein Menschengeripe besessen; an einer Stelle seiner anatomischen Werke preisst er sich glücklich, dass er endlich einmal in Musse Menschengebeine habe untersuchen können, welche das Hochwasser eines Flusses in eine sumpfige Gegend geschwemmt hatte.

Anscheinend liegt in der Thatsache ein auffallender Widerspruch, dass einerseits die griechischen Künstler in ihren Werken die grösste anatomische Genauigkeit zeigten, während andererseits weder sie selbst noch ihre Zeitgenossen unter den Aerzten oder Wundärzten jemals Anatomie des Menschen durch Leichenzergliederung studiert hatten. Aber der Widerspruch gleicht sich aus, wenn man die Verhältnisse ins Auge fasst, welche es den Künstlern ermöglichten, da sie fortwährend den nackten, lebenden, bewegten menschlichen

Körper vor Augen hatten, die Einzelheiten seiner Form sich
einzuprägen und über die Veränderungen derselben während
der Thätigkeit durch Erfahrung ebenso genaue Kenntnisse
zu erwerben, wie sie uns heutzutage das regelrechte Studium
der Anatomie und Physiologie verschafft. Vergegenwärtigen
wir uns zunächst, welche besondere Sorgfalt die Alten auf
die Ausbildung der Kräfte und der körperlichen Schönheit
durch die Uebungen in den Gymnasien verwandten. Schon
beim Homer sehen wir die Helden sich im Wettlauf, im
Diskuswerfen und im Ringkampf üben; später kommen die
Uebungen der Athleten als Vorbereitung zu dem Kampf um
den Siegerkranz bei den olympischen Spielen, und trotz der
abweichenden 'Ansichten, zu denen uns der Anblick moderner
Ringkämpfer und Akrobaten verleiten könnte, dürfen wir uns
vorstellen, dass der Beruf eines Athleten derzeit als höchst
ruhmreich betrachtet wurde; ein Beruf, dessen Ausübung
Schönheit und Tadellosigkeit voraussetzte, musste an sich
einen wahren Adel begründen. — Aber auch auf die griechische
Kunst musste das Leben im Gymnasium einen bestimmenden
Einfluss ausüben. Den Siegespreis bei den olympischen Spielen
bildete eine Palme, ein Blätterkranz, eine künstlerisch ausgeführte Vase; aber ausserdem, und darin lag die grösste
Auszeichnung, wurde die Bildsäule des Siegers von dem
jeweilig berühmtesten Künstler angefertigt; so bildete Phidias
den Körper des schönen Pandareos, und derartige Bildsäulen der Preiskämpfer, welche fast die einzigen Urkunden
über die Olympiaden bilden, machten es Emeric David möglich, die griechische Zeitrechnung wieder herzustellen. — Zu
diesen Kunstwerken, die als Vorbilder der Kraft und Schönheit galten, konnte der Künstler sich lange Zeit hindurch
in das Studium seines Modells vertiefen, da er es täglich
nackt beobachten konnte, — vor der Uebung während der
Abreibung mit Oel, — während des Wettlaufes und Wett-
sprunges, wobei die Muskeln der Beine vortreten, — während
der Uebung mit dem Diskus, welche die Anspannung der
Arm- und Schultermuskeln zum Ausdruck bringt, — und

während des Ringkampfes, bei dem sich, entsprechend den
mannigfach wechselnden Anstrengungen, das Spiel der gesamten Muskulatur entfalten konnte. Was Wunder, dass man
an Stelle der leblosen, bewegungslosen Götzenbilder, die so
lange dem religiösen Sinn genügen mussten, wirkliche Nachbildungen des lebenden, thätigen Menschen setzte, Bildsäulen,
die Kraft und Schönheit atmeten, — Studien nach der leben-
digen Formfülle des Gymnasium? —

Ebenso geriet mit der Vernachlässigung der Uebungen
im Gymnasium in gleichem Masse auch die Kunst in Ver-
fall. — Später, im Mittelalter, kommt die Kunst zurück
zu Götzenbildern, ohne Kraft und ohne Leben, welche zwar die
überirdische Geistesrichtung des Zeitalters in wunderbarer
Weise veranschaulichen, aber mit wirklichen Nachbildungen
des gut gebauten, lebendig bewegten menschlichen Körpers
nichts gemein haben. Im Zeitalter der Renaissance entbehr-
ten die Künstler, bei aller Anregung, die sie aus der Betrachtung der Antike schöpften, doch der lebenden Quelle der
athletischen Spiele, und wurden dadurch zu der Erkenntnis
gedrängt, dass sie eingehender Beobachtungen durch das
anatomische Studium des menschlichen Körpers benötigten;
dem entspricht die Thatsache, dass die «Renaissance», die
Wiederbelebung der bildenden Künste, zeitlich zusammen-
fällt mit der mehr oder weniger regelmässigen Ausführung
von Sektionen, Zergliederung menschlicher Leichen. Die
Einführung solcher Zergliederungen stiess auf verschiedene
Schwierigkeiten. Im Jahre 1230 erliess der deutsche Kaiser
und König beider Sizilien, Friedrich II., ein Gesetz, welches
die Ausübung der Heilkunde denjenigen Personen untersagte,
die nicht an menschlichen Leichen Anatomie studiert hatten.
Obwohl der genannte Fürst wegen dieser Gesetzbestimmung
vom Papst zweimal exkommuniziert worden war, wurden
doch seit der Zeit in Italien regelmässig Sektionen ausgeführt,
und hundert Jahre später, im Jahr 1316, konnte Mondini
de Luzzi das erste Lehrbuch der Anatomie des Menschen
nach Untersuchungen an menschlichen Leichen herausgeben;

das Lehrbuch wurde im Jahr 1478 gedruckt. — Alsbald
wetteiferten die Künstler mit den Aerzten in der Neigung
zu anatomischen Studien, und man kann behaupten, dass
alle Maler und Bildhauer des 15. Jahrhunderts selbst Leichen
zergliederten oder doch den Demonstrationen an Leichen
beiwohnten, denn sie alle haben
unter ihren Skizzen Studien hinterlassen, welche in dieser Hinsicht
jeden Zweifel ausschliessen.

Um nur die grossen Meister zu
nennen, sei hier daran erinnert, dass
Leonardo da Vinci (1452—1519)
13 Mappen mit verschiedenen Zeichnungen und Studien hinterlassen hat,
unter welchen sich zahlreiche, sehr
bemerkenswerte anatomische Studien befinden. Um sich davon zu
überzeugen, braucht man nur unter
diesen Mappen — welche zum grössten Teil im Jahr 1796 von den Fran-
zosen erbeutet, aber teilweise später
wieder an Italien zurückgegeben
wurden — diejenige zu durchmustern, die sich in dem Londoner
Museum befindet und von Cham-
berlaine veröffentlicht worden ist*).
In Fig. 1 ist eine dieser anatomischen
Zeichnungen wiedergegeben. Sie
zeigt uns, mit wie grosser, vielleicht
zu sehr ins Einzelne gehender Sorgfalt der berühmte Meister sich be-
strebt hat, die verschiedenen Faserbündel der Brustmuskeln,

Fig. 1.
Nachbildung einer anatomischen
Studie (Zeichnung) von Leonardo da
Vinci. — Diese Zeichnung stellt die
bis in die kleinsten Einzelheiten
gehende Zergliederung der Muskeln
an der Seite des Halses und Rumpfes dar.

---

*) Vergl. Ludw. Choulant, Geschichte und Bibliographie der anatomischen
Abbildungen. Leipzig 1852. (Ein Werk, in welchem man völlige Aus-
kunft über die Beziehungen von Anatomie und bildenden Künsten erhält.)

der Schultermuskeln und des grossen Kopfnickers mit dem Messer voneinander zu trennen.

Wir wollen nicht vergessen, dass Leonardo da Vinci in seinem Lehrbuch der Malerei (Trattato della pittura) zahlreiche Kapitel der Beschreibung der Körpermuskeln und der Gelenke widmet, — der Bänder und Sehnen, die sich anspannen, wenn dieser oder jener Muskel zu dieser oder jener Bewegung sich zusammenzieht, — und dass er in diesem Lehrbuch mehrfach auf ein Lehrbuch der Anatomie verweist, dessen Herausgabe er beabsichtigte und für das er schon zahlreiche Notizen gesammelt hatte, welche jetzt in der Bibliothek von Windsor in England aufgehoben werden.

Auch Michel Angelo (1475 — 1564) hat in Florenz längere Zeit die Zergliederungskunst studiert und unter seinen Zeichnungen gute anatomische Skizzen hinterlassen, von denen einige von Choulant (a. a. O.) und von Séroux d'Agincourt*) veröffentlicht worden sind. — Endlich besitzen wir selbst von Raphael, als Beweise für seine anatomischen Studien, zahlreiche Zeichnungen, unter welchen als besonders bemerkenswert eine Skelettstudie zu nennen ist, die ihm als Anhalt für die Richtung der Glieder und Stellung der Gelenke bei der Figur der ohnmächtigen Jungfrau in seiner «Grablegung» (Choulant, a. a. O. p. 15) dienen sollte.

Wir können diese kurze Aufzählung nicht schliessen, ohne noch die Namen von Titian und Andreas Vesalius zu nennen und darauf hinzuweisen, in wie inniger Studiengemeinschaft damals die Künstler und Anatomen lebten. — Die Urheberschaft der wunderbaren Zeichnungen, die das Werk des unsterblichen Anatomen Andreas Vesalius (de humani corporis fabrica) schmücken, wird dem Titian zugeschrieben. Thatsächlich stammt, das müssen wir hinzufügen, allerdings nur ein Teil dieser Zeichnungen von Titian selbst, die Mehr-

---

*) Séroux d'Agincourt. Histoire de l'Art par les monuments. Paris 1811. VI. p. 177.

zahl derselben dagegen von seinem Schüler J o h a n n K a l -
k a r, wie in der Vorrede zu der Baseler Auflage aus dem
Jahre 1543 angegeben wird.

Die bildenden Künste und die Anatomie gelangten also
zu gleicher Zeit und in engster Verbindung miteinander zu
neuer Blüte, und seit dieser Zeit hat man allgemein erkannt,
dass es für den Künstler notwendig ist, sich durch anatomische
Kenntnisse die Anschauungen zu eigen zu machen, die den
Griechen unmittelbar bei den gymnastischen Schaustellungen
sich darboten. Dementsprechend wurden, als Ludwig XIV.
im Jahre 1648 in Paris eine Akademie für Malerei und Bild-
hauerkunst gründete (welche wenig später den Titel «École
des beaux arts» erhielt), ausser den eigentlichen Ateliers zwei
Unterrichtsklassen errichtet, um den Schülern diejenigen
Kenntnisse zu bieten, die als grundlegend und für die Ausübung ihrer Kunst unentbehrlich angesehen wurden, nämlich
eine Klasse für Perspektive und eine für Anatomie.

Wir können uns damit begnügen, durch die vorstehenden geschichtlichen Bemerkungen die Entwickelung der engen
Beziehungen zwischen Anatomie und bildenden Künsten angedeutet zu haben, müssen aber noch die Frage erörtern,
welche Methode des anatomischen Studiums für den Künstler
die fruchtbringendste ist. Da nicht jede anatomische Beschreibung dem Bedürfnis des Künstlers angepasst ist, würden wir bei Benutzung eines zu einem anderen Zweck ver-
fassten Lehrbuches Gefahr laufen, uns in überflüssigen Auf-
zählungen und unnötigen Beschreibungen zu verlieren und
dabei doch gewisse Einzelheiten zu vernachlässigen, die
gerade für uns von höchster Wichtigkeit sind, obwohl sie in
einem für das Studium der Medizin bestimmten Lehrbuch
als nebensächlich behandelt werden können. Wir müssen uns
vor allen Dingen fragen, von welchen Gesichtspunkten aus
der Künstler Anatomie treiben kann, und die Antwort wird
dahin lauten, dass die Anatomie ihm sicheren Anhalt zur Erkenntnis der P r o p o r t i o n e n, der F o r m e n, S t e l l u n g e n
und B e w e g u n g e n des Körpers geben soll; und da eine

leidenschaftliche Erregung im Gemälde oder Bildhauerwerk nur durch ganz bestimmte Veränderungen in der Gesamt-haltung des Körpers und der eigenartigen Muskelbewegung des Gesichtes ausgedrückt werden kann, dürfen wir den oben genannten Zielen unseres Studiums als weitere noch hinzu-fügen die Erkenntnis des Ausdrucks von Gemütsbeweg-ungen und Leidenschaften.

Das ist das Ziel, welches wir zu erreichen haben. Man könnte vielleicht zunächst annehmen, dass wir an dieses Ziel gelangen würden, wenn wir der Reihe nach in einem ersten Abschnitt alles das behandelten, was sich auf die Propor-tionen, die Massverhältnisse unseres Körpers bezieht, dann in einem zweiten Abschnitt das, was sich auf die Formen bezieht, darauf die Stellungen u. s. w.

So folgerecht an sich ein derartiges Vorgehen wäre, würde es doch den Nachteil haben, zu zahlreichen Wiederholungen zu führen und um so weniger angebracht sein, da wir künstlich Gegenstände voneinander sondern müssten, welche in dem Bau des Körpers auf das Engste mit einander verbunden sind. So sind zum Beispiel die Formen teils durch Knochenvorsprünge, teils durch weiche, fleischige oder sehnige Körperteile be-dingt; die Stellungen sind bedingt durch die Muskeln, aber sie sind Gesetzen unterworfen, welche aus den Gelenkver-bindungen der Knochen abgeleitet werden müssen; und ebenso bedarf es, um Bewegungen richtig darzustellen, einer Berücksichtigung der Grenzen, welche das knöcherne Hebel-werk zulässt (Stellung der Knochen, Art ihrer Gelenkver-bindung); ferner der Thätigkeit des Muskels und der Form-unterschiede, welche durch das Anschwellen und Anspannen der thätigen Muskeln bestimmt werden, während die ihnen entgegenwirkenden erschlafft sind. — Selbst die Proportio-nen könnten nicht klar dargelegt werden ohne genaue Kennt-nisse des Knochengerüstes, denn nur die Knochen können uns Marken für genaue Messungen bieten und die Kenntnis der Knochen in ihren Gelenkverbindungen ist unerlässliche Bedingung, wenn man nicht durch gewisse auffallende

Längenveränderungen der Glieder bei dieser oder jener Bewegung in Irrtümer geraten will. — Wir sehen also, dass
alle die Kenntnisse, welche wir oben als Lehre von den
Proportionen, den Formen, Stellungen, Bewegungen aufzählten,
inbegriffen sind in dem Studium des S k e l e t t e s (Knochen
und ihre Gelenkverbindungen) und dem Studium der M u s-
k u l a t u r (Fleischmasse und Sehnen).

Es wird also das Einfachste und Vorteilhafteste sein, in
folgender Weise vorzugehen: Wir werden zuerst das Skelett studieren und dabei die Richtung der Axe —, der Mittellinie —
eines jeden Abschnittes unserer Glieder kennen lernen, ferner
die gegenseitigen Längenverhältnisse dieser Abschnitte (die
Proportionen), sowie die Knochenteile, welche nicht von
Fleisch bedeckt sind und durch die Haut gesehen werden
können, die Gestalt und die Bewegungsart der Gelenkverbindungen (Stellungen, Bewegungen u. s. w.); wir werden
ferner die M u s k u l a t u r studieren, und uns bemühen vor
allen Dingen die Formen uns einzuprägen, während wir zugleich unsere Kenntnisse über die Stellungen und Bewegungen vervollständigen. Drittens endlich kommen wir
zur Erörterung des Ausdrucks der Gemütsbewegungen und
Leidenschaften, dem Studium der G e s i c h t s m u s k e l n, deren
Wirkung bei den Bewegungen des Antlitzes, dem Mienen-
spiel — eine so eigentümliche ist, dass man sie nicht wohl
gemeinsam mit den Muskeln des Rumpfes und der Gliedmassen besprechen kann. —

Erste Abteilung.

Skelett, Gelenke, Proportionen.

Zweite Vorlesung.

Inhalt: Osteologie und Arthrologie. — Anatomische Kunstausdrücke und
ihre Bedeutung. Von den Knochen im allgemeinen. — Knochen und
Knorpel. — Mittellinie des Gerippes; Wirbelsäule — Wirbel; Gelenkverbindungen derselben. — Bewegungen des Kopfes. — Krümmungen
der Wirbelsäule. — Form und Massverhältnisse derselben.

Wie früher auseinandergesetzt worden, haben wir bei
Betrachtung des Skeletts vielerlei Formen uns einzuprägen
und uns Rechenschaft abzulegen über den Mechanismus der
Bewegungen und Stellungen, und zugleich die Proportionen
des Körpers kennen zu lernen. Darin liegt schon ausgesprochen, wie wichtig die Kenntnis der Osteologie (Kno-
chenlehre) (von οϛτεον und λογος) und der Arthrologie,
der Gelenklehre (von αϱϑϱον und λογος) ist. Wenn man die
Rolle, welche diese Körperbestandteile im Leben spielen,
kurz ausdrücken will, kann man die Knochen als Hebel
für die Bewegungen bezeichnen, deren Drehpunkte die Gelenke darstellen; die an diesen Hebeln wirkenden Kräfte
sind die Muskeln.

Ehe wir uns zu der genauen Beschreibung der einzelnen
Teile des Knochengerüstes wenden, müssen wir einige Worte
über den Gang der Darstellung und die von uns zu be-
nützenden Kunstausdrücke vorausschicken, um das Verständnis
der späteren Darstellung zu erleichtern.

Um Knochen, oder irgend einen anderen Körperteil anatomisch zu beschreiben, fasst man zunächst die L a g e dieses
Teiles, in Beziehung zu der Gesamtmasse des Körpers, ins
Auge. In dieser Hinsicht kann man bei den Knochen, wie
bei jedem Körperteil zwei Zustände unterscheiden. — Entweder
der Knochen liegt in dem mittleren Teil des Körpers, so
dass eine senkrecht von vorne nach hinten durch die Mittellinie gelegte Ebene ihn in zwei gleiche seitliche Teile trennen
würde, oder er liegt ausserhalb, seitwärts von dieser Mittelebene. Als Beispiel für den ersten Fall wollen wir das Brustbein nehmen; das ist ein »m e d i a n« gelegener, »u n p a a-
r e r«, d. h. nur einfach vorhandener Knochen, welcher aus
zwei gleichartigen, »s y m m e t r i s c h e n« Hälften besteht, einer
rechten und einer linken; als Beispiel für den zweiten Fall
nehmen wir das Oberarmbein; das ist ein seitlich, l a t e r a l,
gelegener p a a r i g e r Knochen, d. h. wir finden denselben
zweimal im Knochengerüst zur rechten und zur linken Seite
von der Mittelebene. — Nach diesen beiden Beispielen ist
es leicht begreiflich, dass wir bei der Beschreibung eines
jeden unpaaren symmetrischen Knochens zu sprechen haben
werden von v o r d e r e n Teilen oder Flächen (welche nach
der Vorderseite des Körpers gerichtet sind), h i n t e r e n (die
nach dem Rücken zu gelegen sind), seitlichen (nach rechts
und links gelegenen) und endlich von oberen und unteren
Teilen (beim Brustbein von dem oberen und unteren Endstück). Im Gegensatz dazu werden wir bei der Beschreibung eines paarigen, nicht symmetrischen Knochens allerdings
auch von oberen und unteren, hinteren und vorderen Teilen
sprechen, wir werden aber anstatt der beiden gleichartigen, symmetrischen Seitenteile zwei ungleiche Seitenteile
haben, von denen die eine, gegen die Mittelebene des Körpers

gewandte als innere, die andere nach aussen gewandte als äussere bezeichnet wird. Es ist um zu kurzen und deutlichen Ausdrücken zu gelangen, durchaus notwendig, dass man sich die Bedeutung dieser Bezeichnungen bei anatomischen Beschreibungen einpräge; wir bezeichnen dadurch die einzelnen Teile nach der Lage, welche sie gegenüber dem Gesamtkörper haben.

Wenn wir nach dieser ersten Unterscheidung der Knochen in unpaare, mediane, und paarige, seitlich gelegene, einen Blick auf das Skelett werfen, erhalten wir zunächst den Eindruck, dass die verschiedenen Knochen eine unendliche Mannichfaltigkeit der Formen darbieten, bei welcher jede Einteilung in zusammenpassende Gruppen und Klassen unmöglich ist; aber bei aufmerksamer Betrachtung finden wir, dass sie alle in eine der folgenden Ordnungen untergebracht werden können: lange Knochen, platte Knochen und kurze Knochen. —

Die langen Knochen, welche im allgemeinen die Mitte der Gliedmassen einnehmen (z. B. das Oberarmbein, der Oberschenkel, das Schienbein), bestehen aus einem mittleren cylindrischen oder prismatischen Teil, welcher der *Körper*, oder die Diaphyse (von διαφυω dazwischenwachsen) genannt wird und zwei Endstücken oder Epiphysen (von επιφυω daranwachsen), welche in der Regel verdickt und mit Gelenkflächen versehen sind. — Die platten Knochen (z. B. Schulterblatt, Darmbein), zeigen die Form von Knochenplatten, an denen wir Flächen, Kanten und Ecken zu beschreiben haben, Bezeichnungen, welche einer weiteren Erklärung nicht bedürfen. — Endlich die kurzen Knochen, welche wir sowohl in der Mittellinie des Skelettes antreffen (Wirbelsäule), wie auch an den Enden der Gliedmasse (Hand, Fuss), zeigen eine mehr oder weniger würfelförmige Gestalt, und wir beschreiben deshalb an ihnen Flächen und Kanten.

Alle Knochen, mögen sie lang oder kurz sein, zeigen gewisse Vorragungen und Vertiefungen. Die Knochenvorsprünge bezeichnet man mit sehr verschiedenen Namen (Knorren, Knoten, Höcker, Fortsatz (Apophyse, — von απο-φυω in die Höhe wachsen), Kamm, Kante, Spitze, Stachel, — und man fügt ausserdem oft diesen Bezeichnungen ein Beiwort zu, welches mehr oder weniger deutlich die Gestaltung des Vorsprunges angiebt, wie Dornfortsatz, Warzenfortsatz, Griffelfortsatz u. s. w. — Die Vertiefungen bezeichnet man als Grube, Grübchen, Rinne, Gang, Kanal, und gibt auch diesen Namen Beiworte, welche ihre Form oder ihre Beziehungen zu Nachbarorganen bezeichnen.

An gewissen Stellen setzt sich an den eigentlichen Knochen, welcher durch seine Härte, Festigkeit und gelbweisse Farbe ausgezeichnet ist, ein Gewebe an, das im Gegensatz zu dem Knochengewebe, elastisch, weniger hart, mit dem Messer schneidbar, von bläulichweisser Farbe und in einem gewissen Grade durchscheinend ist; dieses Gewebe ist unter dem Namen K n o r p e l bekannt. Die Knochenreifen der Brust z. B. — die R i p p e n, gehen an ihrem Vorderende in Knorpelspangen über, welche in ihrer Form den Rippen selbst gleichen. Bei einer Vergleichung des Knochengerüstes von verschiedenen Tieren (vom Menschen, Hund, Pferd, Schaf u. s. w.), zeigt sich die überraschende Thatsache, dass ein und derselbe Teil, z. B. das Schulterblatt bei einigen Arten ganz aus Knochen besteht (Mensch), während bei anderen ein Abschnitt desselben knorpelig ist (der hintere Abschnitt des Schulterblattes beim Schaf). Jedoch erscheinen diese Unterschiede leicht erklärlich, da wir wissen, dass das Knochengerüst bei allen Tieren im Beginn der Entwicklung nur aus Knorpelgewebe besteht, und dass dieses Gewebe erst bei fortschreitender Ausbildung des Körpers durch festes, verkalktes Knochengewebe ersetzt wird. Diese Verknöcherung breitet sich je nach der Tierklasse mehr oder weniger weit über die einzelnen Teile der ursprünglichen Skelettanlage aus; und man wird deshalb kein grosses Gewicht darauf zu legen haben, wenn man denselben Teil des Skeletts bei einem Tier verknöchert findet, bei einer anderen Tierart dagegen knorpelig. — Mit der

Zunahme des Alters breitet sich die Verkalkung immer weiter
aus, und man findet an den Gerippen von alten Leuten auch die
Rippenknorpel mehr oder weniger vollständig verkalkt. —

Das Skelett als Ganzes (Fig. 2) zeigt als Mittelstück die
Wirbelsäule, eine Säule aus übereinander geschichteten
scheibenähnlichen Knochen, den Wirbeln. An ihrer Spitze

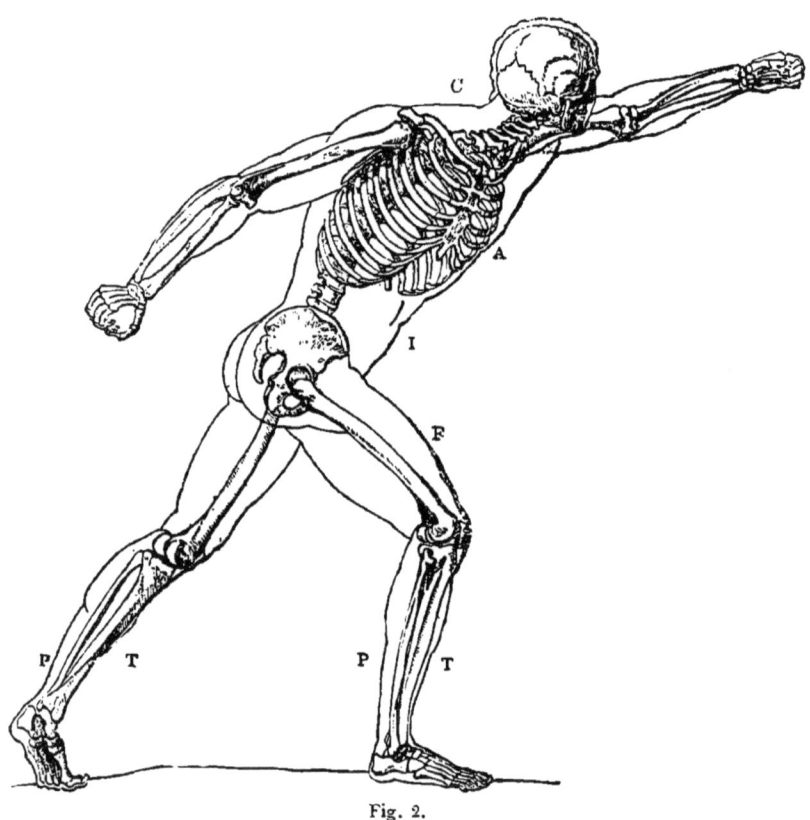

Fig. 2.

Das Skelett im ganzen (eingezeichnet in die Umrisse des Fechters von Agasias).

trägt diese Säule den Schädel, seitwärts ragen an ihr die
Knochenteile vor, welche die Körperhöhlen umgeben, (oben
der Brustkorb, unten das Becken) und an diese sind die
Knochen der Gliedmasse angefügt, am Brust- oder Schultergürtel die oberen, am Beckengürtel die unteren. — Wir werden
also die Beschreibung des Gerippes mit der Wirbelsäule be-

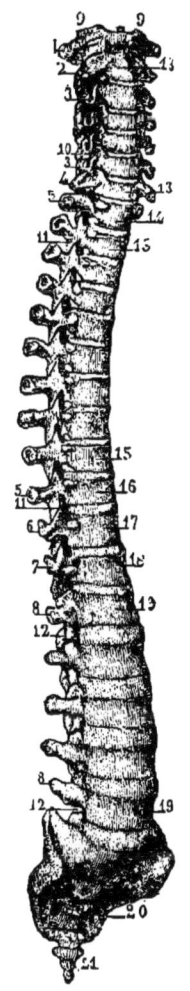

Fig. 3.

Wirbelsäule. Vorderansicht.
1 Erster Halswirbel, Atlas,
(9, 9 seine Gelenkflächen). 2
Zweiter Halswirbel, (Drehwirbel, 13 sein Körper). 4 Siebenter Halswirbel. 5–5 Querfortsätze der 10 ersten Brustwirbel. 6–7 Querfortsätze des
11. und 12. Brustwirbels. 8–8
Querfortsätze der Lendenwirbel. 10, 11, 12 Gelenkfortsätze. 19–19 Körper der Lendenwirbel 20 Kreuzbein. 22
Steissbein.

ginnen, daran die der oberen Rumpfhälfte, des Brustkorbes und der dazu gehörigen Glieder (Schulter, Ober- und
Unterarm, Hand) anschliessen, darauf
die untere Rumpfhälfte oder das Becken
mit dem dazu gehörigen Glied (Schenkel, Unterschenkel und Fuss) betrachten
und an den Schluss die Besprechung
des Schädels· setzen.

Die Wirbelsäule und die
Wirbel (Fig. 3, 4 und 5).

Die Wirbelsäule hat nicht nur den
Zweck, das Mittelglied des gesamten
Skeletts zu bilden, an welches unmittelbar oder mittelbar alle übrigen Knochen angefügt sind, sondern sie dient
zugleich als schützende Umhüllung für
das Rückenmark; sie bildet eine Art
knöchernes Rohr, in dessen Binnenraum
das Rückenmark gelegen ist. Deshalb
ist jedes ihrer Teilstückchen, welche
wir Wirbel nennen, einem Knochen-
ringe vergleichbar. Der vordere Abschnitt dieses Ringes ist sehr dick (etwa
dem Stein im Siegelring entsprechend),
bildet einen Cylinderabschnitt und wird
als Wirbelkörper bezeichnet; (Fig.
4, 2) durch die übereinander gelagerten
Wirbelkörper wird die eigentliche Wirbelsäule, der die Körperlast stützende
Pfeiler in der Mittellinie des Rumpfes
gebildet. Der Seitenteil des Ringes ist
verhältnismässig dünn, aber es erheben
sich von ihm jederseits 3 Vorsprünge
oder Fortsätze, von denen einer der
Querfortsatz, quer nach auswärts

gerichtet ist, (Fig. 4 Nr. 3), während die beiden anderen mehr
oder weniger senkrecht stehen, der eine nach oben, der
andere nach unten vorspringend; sie heissen die G e l e n k -
f o r t s ä t z e (oberer und unterer Gelenkfortsatz), denn sie dienen
zur Verbindung der übereinander gelagerten Wirbel (Fig. 4
Nr. 5). Der hintere Teil des Wirbelringes endlich verlängert
sich nach rückwärts zu einem mehr oder
weniger spitzen Fortsatz, dem D o r n f o r t -
s a t z (Fig. 4 Nr. 1). Diese Bestandteile
finden wir an jedem Wirbel, aber sie zeigen
bestimmte Eigentümlichkeiten je nach dem Abschnitt, welchem der Wirbel angehört. Man
unterscheidet an der Wirbelsäule 3 Abschnitte
(Fig. 5), den H a l s t e i l (oder die Nackengegend), den B r u s t t e i l (oder Rückengegend), und den L e n d e n t e i l; es gibt 7 Halswirbel, 12 Rückenwirbel und 5 Lendenwirbel,
also insgesamt 24 Wirbel, (wir vernachlässigen hier das Kreuzbein und das Steissbein, welche aus untereinander verschmolzenen Wirbeln bestehen und mit den Hüftbeinen verwachsen sind; die Beschreibung

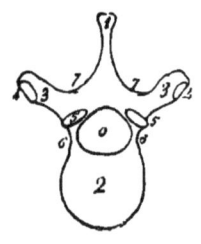

Fig. 4.

Umrisszeichnung
eines Wirbels von
oben. 0, Wirbelloch.
1 Dornfortsatz. 2
Wirbelkörper. 3, 3
Querfortsätze mit Ge-
lenkflächen (4) für die
Rippenhöcker. 5 ob,
Gelenkfortsätze. 6, 6
Ansetzstellen der Rip-
penköpfchen. 7, 7
Wirbelbögen.

dieser Knochen wird gleichzeitig mit der des Beckens gegeben werden). Die wichtigsten Eigentümlichkeiten der
Wirbel in jedem dieser Abschnitte, — um nur diejenigen
anzuführen, die für die Gesamtform der Wirbelsäule massgebend erscheinen —, sind folgende:

1) Die W i r b e l k ö r p e r sind am mächtigsten im Lendenteil ausgebildet, demjenigen Abschnitt, welcher den Grundteil
der Wirbelsäule bildet und der deshalb die bedeutendste
Breite und Festigkeit besitzen muss. Je mehr man aufsteigend sich den oberen Rückenwirbeln nähert, um so mehr
bemerkt man eine Grössenabnahme der Wirbelkörper; im
Halsteil nehmen sie wieder etwas an Breite zu, aber ihr
Durchmesser von vorne nach hinten ist nur klein, und daher
ist auch der obere Teil der Wirbelsäule mehr durch Beweg-

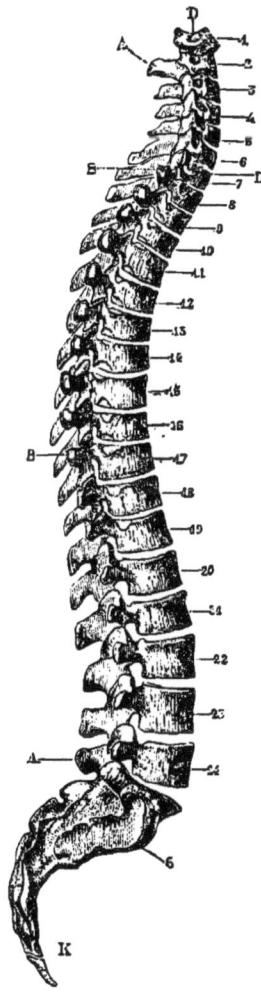

Fig. 5.

Wirbelsäule, Seitenansicht.
1—6 Halswirbel. 8—19 Brust-
wirbel. 20—24 Lendenwirbel.
A, A Dornfortsätze. B, B
Gelenkflächen der Querfort-
sätze für die Rippenhöcker.
C ohrförmige Fläche des
Kreuzbeines.

lichkeit (Bewegungen des Halses) als durch Festigkeit ausgezeichnet.

2) Die Dornfortsätze, deren freie Enden sich an den einzelnen Abteilungen der Wirbelsäule mehr oder weniger deutlich unter der Haut abzeichnen, zeigen die Form von Dornen oder Stacheln am deutlichsten an dem Brustteil, wo sie schief von oben vorn nach unten und hinten gerichtet sind, — im Lendenteil haben diese Fortsätze die Gestalt viereckiger, wagerecht gestellter Platten, und im Halsteil sind sie kurz und an ihren Enden zweiteilig. — (Fig. 6.) —

Ausser diesen allgemeinen Merkmalen für jede Abteilung der Wirbelsäule, giebt es an einigen Wirbeln noch besondere Eigentümlichkeiten der Gestalt, die einer gesonderten Beschreibung bedürfen. — Der erste Halswirbel, den wir Atlas nennen, weil er unmittelbar Träger des Kopfes ist, und deshalb mit dem Riesen-Atlas, welcher nach der Sage das Himmelsgewölbe trug, vergleichbar erscheint, besteht nur aus einem einfachen Knochenring ohne Körper und Dornfortsatz; an seinen Seitenteilen bemerken wir je eine längliche Gelenkfläche, welche die »Condylen«, die Gelenkvorsprünge des Hinterhauptbeines (am Schädelgrunde) aufnimmt; in diesem Gelenk, zwischen Hinterhauptsbein und Atlas, finden die Bewegungen der Beugung und Streckung des Kopfes (in der Richtung von vorne nach hinten) statt. — Der zweite Halswirbel, den wir **Epistropheus** nennen (von ἐπι-στρέφειν, auf etwas drehen), der **Drehwirbel**, besitzt an seinem Körper einen senkrecht nach oben ragenden Fortsatz, den **Zahnfortsatz**, dessen Form thatsächlich einem Zahn ähnlich ist, und der in einem zur Hälfte aus sehnigem, zur anderen Hälfte aus Knochen-Gewebe gebildeten Ring in dem vorderen Teil des Atlas steckt (Fig. 6 Nr. 12). Dieser Zapfen bildet die Axe, den Drehpunkt für die Seitwärtswendungen des Kopfes nach rechts oder links. Die Drehbewegungen des Kopfes vollziehen sich also nicht in dem Gelenk zwischen Atlas und Hinterhauptsbein, sondern nur in dem Gelenk zwischen Atlas und Epistropheus, da der Atlas bei diesen Bewegungen ein Ganzes mit dem Schädel bildet, ebenso wie er bei den Bewegungen der Beugung und Streckung ein Ganzes mit dem Epistropheus bildet. — Obgleich diese Thatsachen für die äusseren Formen wenig Bedeutung haben, denn diese Knochen sind tief am Grunde des Schädels verborgen, sind sie doch mit Rücksicht auf den Mechanismus der Gelenke so wichtig, dass sie hier kurz erwähnt werden mussten. — Dagegen ist das besondere Verhalten des letzten Halswirbels von grösster Bedeutung für die äussere Form. Der **siebente Halswirbel** wird als der **vorspringende Wirbel** bezeichnet, weil sein Dornfortsatz in seiner Form schon den Dornfortsätzen der Rückenwirbel ähnlich ist; er ist lang, zugespitzt und endet in einem Knötchen, welches immer einen unter der Haut deutlich erkennbaren Vorsprung bildet. Dieser Vorsprung ist um so ausgeprägter, weil er an einem Teile des Rückens liegt, wo der Kapuzenmuskel (Cucullaris) nur Sehnenfasern besitzt und deshalb eine Vertiefung bildet, in deren Mitte, entsprechend einer durch den oberen Rand der Schultern gelegten wagerechten Linie, er hervortritt. Bei Beugung des Kopfes springt der Dornfortsatz des siebenten Halswirbels noch stärker vor; (wie man z. B. sehr deutlich an dem mit herabhängendem Kopf dargestellten Leichnam auf Géricault's Gemälde, »le radeau de la Méduse« im Louvre erkennen kann).

Um uns über den Bau der Wirbelsäule klar zu werden,
haben wir dieselbe in die einzelnen Wirbel zerlegt. Es erübrigt jetzt zu schildern, wie diese verschiedenen Wirbel
über einander angeordnet und durch Gelenke verbunden
sind, so dass sie nicht eine starre, sondern eine gebogene,
elastische Säule bilden.

Wenn man die Wirbel so aneinanderfügt, dass die unteren Gelenkflächen eines jeden die oberen Gelenkflächen
des nächst tieferen genau berühren, findet man, dass die
Wirbelkörper einander nicht berühren (Fig. 5). Der zwischen ihnen freibleibende Raum wird an dem unversehrten
Körper durch faserig-elastische Scheiben ausgefüllt, welche
man bei dem fest aufgestellten Skelett durch zwischengelegte
Leder- oder Pappscheiben nachahmt. Diese Zwischenwirbelscheiben sind im Lendenteil sehr dick und nehmen
nach dem Brust- und Halsteil zu allmählich an Mächtigkeit
ab. Da sie zusammendrückbar und elastisch sind, geben
diese Faserknorpel der aus aufeinandergelagerten Wirbeln
gebildeten Säule einen gewissen Grad von Biegsamkeit,
während eine Säule, die nur aus Knochenplatten bestände,
vollkommen starr sein würde. — Ein anderer Bandapparat,
welcher an dem hinteren Abschnitt der Wirbelsäule gelegen
ist, erscheint gleichfalls mit Rücksicht auf die Beweglichkeit
sehr wichtig; es sind das die zwischen den Wirbelbögen
gelegenen gelben Bänder. Unter Wirbelbögen verstehen
wir den ganzen hinteren Abschnitt des Wirbelringes, welcher
nach rückwärts in den Dornfortsatz übergeht (7, 7 Fig. 4)
und als die doppelt geteilte Wurzel dieses Fortsatzes bezeichnet werden könnte; die gelben Bänder bilden zwei
kurze Bandmassen aus eigenartigem Gewebe, die sich jederseits am Ursprungsteil des Dornfortsatzes anheften und den
unteren Rand der Bögen je eines Wirbels mit dem oberen
Rand eines darunter gelegenen vereinigen. Das gelbe oder
elastische Gewebe, woraus sie bestehen, hat in der
Eigentümlichkeit seines Gefüges Aehnlichkeit mit Kautschuck;
es ist elastisch, d. h. es lässt sich ausdehnen und kehrt,

wenn die dehnende Kraft nachlässt, wieder zu seiner ursprünglichen Länge zurück. Es wirkt nun aber eine jede
Beugung der Wirbelsäule nach vorne in der Weise, dass
die Wirbelbögen auseinanderweichen und also die gelben
Bänder ausgedehnt werden; wenn dann die Anspannung der
vorderen Rumpfmuskeln, welche diese Beugung besorgen,
nachlässt, so bedarf es zur Wiederaufrichtung der Wirbelsäule keiner besonderen Thätigkeit der Rückenmuskeln, —
die Elasticität der gelben Bänder genügt für diesen Zweck,
sie verkürzen sich wieder auf ihre ursprüngliche Länge und
nähern die Wirbelbögen einander. Man kann also behaupten,
dass die Wirbelsäule an ihrer Rückseite zwischen je zwei
Wirbeln ein Paar kleiner, elastischer Federn besitzt, die sie
gestreckt erhalten, so dass also die Geraderichtung der
Wirbelsäule im Ruhezustand (wenn der Mensch nicht irgend
eine Last auf dem Rücken trägt) nur durch das Vorhandensein dieser elastischen Bänder bedingt wird.

Bei den grossen Fleischfressern (Löwe) und den meisten
unserer vierfüssigen Haustiere, ist ein langes elastisches Band,
d a s h i n t e r e N a c k e n b a n d der Rückseite der Wirbelsäule
angefügt, welches den Schädel stützt, vom Hinterhauptsbein
entspringt, und sich an die Dornfortsätze des ganzen Hals-
teiles der Wirbelsäule ansetzt. Beim Menschen ist dasselbe
durch eine faserige Scheidewand angedeutet, welche in der
Mittellinie zwischen die Muskeln der rechten und linken Seite
der Nackengegend eingeschoben ist.

Die Wirbelsäule ist nicht geradlinig. Die Wirbelkörper
und die Zwischenwirbelscheiben sind in geringem Grade keil-
förmig gestaltet (vorne dicker, wie hinten oder umgekehrt),
und da diese Keile in den einzelnen Abschnitten verschieden
angeordnet sind, ergibt sich für die Gesamtheit der Wirbelsäule eine besondere Krümmung für jeden Abschnitt. Solcher
Krümmungen gibt es 3; von oben nach unten zunächst die
N a c k e n k r ü m m u n g in dem Halsteil der Wirbelsäule,
deren Rundung nach vorne gerichtet ist und ihren höchsten
Punkt entsprechend dem vierten oder fünften Halswirbel

hat; zweitens die Rückenkrümmung, deren Höhlung nach
vorne gerichtet ist und ihren tiefsten Punkt entsprechend
dem siebenten Brustwirbel zeigt; endlich als dritte die Lenden-
krümmung, die, wie die erste, nach vorne gerundet ist und
am stärksten in der Gegend des dritten Lendenwirbels vorspringt.

Bei den vierfüssigen Säugetieren gibt es nur zwei Krümmungen der Wirbelsäule, die erste, die Nackenkrümmung,
deren Rundung nach unten gerichtet ist, und die zweite,
die Rückenlendenkrümmung, mit nach unten gerichteter
Höhlung.

Zum Schluss wäre noch zu untersuchen, inwieweit sich
die Wirbelsäule bei der Gestaltung der Körperform beteiligt,
und ob die Länge derselben als Grundmass zur Bestimmung
der Proportionen (der Längenverhältnisse des Körpers) dienen
kann.

Augenscheinlich kann nur die Rückseite der Wirbelsäule
an dem Aufbau der äusseren Körperform teilhaben, da die
Vorderseite, die Wirbelkörper in der Tiefe des Rumpfes versteckt liegen. Am Skelett zeigt sich allerdings die Rückseite
der Wirbelsäule in Gestalt eines in der Mittellinie von oben
nach unten verlaufenden Kammes, der durch die dicht aneinander gereihten Spitzen der Dornfortsätze gebildet wird,
und beiderseits eine durch die Querfortsätze begrenzte Rinne
neben sich hat. Aber am vollständigen Körper sind diese
Rinnen durch mächtige, dicke Muskelmassen ausgefüllt, welche
derart vorquellen, dass am Lebenden der Rücken eine auf
beiden Seiten begrenzte, in der Mittellinie verlaufende Furche
zeigt, in deren Grunde sich das Gerüst der Wirbelsäule
nur durch eine Reihe von rosenkranzartig, in senkrechter
Richtung aneinander gereihten Knochenvorsprüngen bemerkbar macht, entsprechend den frei vorragenden Enden der
Dornfortsätze. Diese Vorsprünge sind besonders deutlich
in dem Rückenteil, da hier die Wirbelsäule nach hinten gekrümmt ist, und sie treten noch mehr hervor, wenn der
Mensch sich nach vorne beugt und damit diese Krümmung

vergrössert. — Wir sehen sie nicht in
der Nackengegend, weil sie hier von
mächtigen Fleischmassen bedeckt sind,
nur der siebente Halswirbel ist, wie schon
oben geschildert wurde, durch den Vorsprung, welchen sein Dornfortsatz unter
der Haut bildet, ausgezeichnet. — Im
Lendenteil endlich sind sie wenig auf-
fallend, weil hier die Dornfortsätze nur
kurz sind, und anstatt in eine Spitze,
mit einem senkrecht gestellten Rande endigen.

Von Massen der Wirbelsäule haben
wir diejenigen ihrer Länge an sich, und
das Verhältniss dieser Länge zu der Körpergrösse der betreffenden Menschen zu erwähnen. Die Länge der Wirbelsäule beträgt im Mittel bei dem erwachsenen
Mann 61—62 cm, von denen 13 auf den
Halsteil, 30 auf den Brustteil und 18 auf
den Lendenteil kommen. Die Länge der
Wirbelsäule kann nicht als gemeinsamer
Maasstab für die Gesamtlänge des Körpers oder einzelner Glieder dienen, und
also auch nicht einer geordneten Darstellung der gegenseitigen Grössenverhält-
nisse des Körpers zu Gunde gelegt werden. Nach den Angaben des deutschen
Zoologen Carus entspricht die Wirbelsäule
in ihrer Länge einem Dritteil der Gesamtlänge des Körpers; aber dieses Maass ist
nicht genau; es ist überhaupt schwierig,
die Wirbelsäulenlänge vom Atlas bis zum
letzten Lendenwirbel zu messen, ohne das

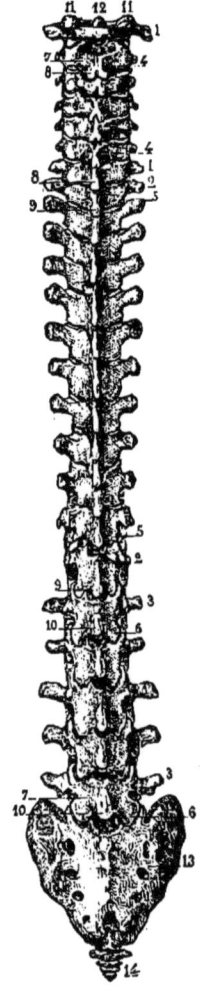

Fig. 6.

Wirbelsäule von hinten.
1—1 Querfortsätze der
Halswirbel. 2—2 Quer-
fortsätze der Brustwirbel.
3—3 Querfortsätze der
Lendenwirbel. 7, 8, 9,
10 Dornfortsätze. 12 Zahn
des Drehwirbels. 13 Kreuzbein. 14 Steissbein.

Kreuzbein und Steissbein zu berücksichtigen. Wir werden
später sehen, dass die Länge des Rumpfes, (vom oberen

Rand des Brustkorbes bis an den unteren Rand des Beckens),
einen leichten und mit mehr Erfolg verwertbaren Massstab für die Proportionen des Körpers gibt. — Wir können
uns deshalb hier darauf beschränken, die Thatsache (auf
welche wir bei den Maassen des Rumpfes noch zurückkommen
werden) festzustellen, dass das Verhältnis der Länge der
Wirbelsäule zur Körpergrösse nach dem Alter, dem Ge-
schlecht, und nach der Körperlänge selbst wechselt. Die
Wirbelsäule ist im Verhältniss zur Körpergrösse länger beim
Kind und beim Weib, als beim erwachsenen Mann; sie ist
gleichfalls länger (immer im Verhältniss zu der Länge des
ganzen Körpers) bei kleinen Personen. Die Unterschiede in
dem Wuchs (der Statur) zwischen Mann und Frau, Kind und
Erwachsenem, hochgewachsenen und kleinen Menschen beruhen hauptsächlich auf der verschiedenen Länge der Beine.

Dritte Vorlesung.

Der Abschnitt der Wirbelsäule, welcher durch die sieben
Halswirbel gebildet wird, ist frei, d. h., er bildet für sich
allein das Knochengerüst des Halses; auch im Lendenteil
bilden die fünf Lendenwirbel allein das Knochengerüst der
Bauchgegend; aber die zwölf Brustwirbel, welche den beiden
oberen Dritteilen des Rumpfes entsprechen, stehen mit zahlreichen anderen Knochen in Verbindung und bilden mit
diesen das Skelett des Brustkorbes (Thorax).

An der Vorderseite des Brustkorbes findet sich ein un-
paarer, in der Mittellinie gelegener, symmetrischer Knochen,
das Brustbein (Sternum). Dieser Knochen besteht ursprünglich, bei der noch ungeborenen menschlichen Frucht
aus einer Anzahl senkrecht übereinander liegenden Stücken,
und ähnelt einer kleinen vorderen Wirbelsäule (wobei die
einzelnen Stückchen etwa den Wirbelkörpern entsprechen
würden); bei einigen Tieren findet man ihn auch später in
dieser Weise aus mehreren Stücken zusammengesetzt. Beim
erwachsenen Menschen dagegen sind alle diese Stücke fest
verschmolzen und man kann nur noch drei Abschnitte unterscheiden, einen oberen, einen mittleren, einen unteren; da
die Gesamtform des Brustbeins einem Schwert vergleichbar

ist, bezeichnet man den obersten Abschnitt (1, Fig. 7) als
Handgriff, den mittleren als Körper und den unteren
als Schwertfortsatz. — Wenn wir die drei Abschnitte
zusammen als Ganzes betrachten, können wir an ihnen eine
vordere, eine hintere Fläche, zwei Seitenkanten und ein
oberes und unteres Endstück unterscheiden.

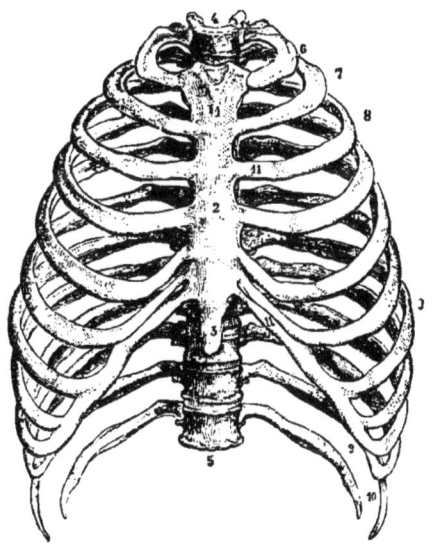

Fig. 7.
Brustkorb von vorne. 1 Handgriff des Brustbeins. 2 Körper desselben. 3 Schwertfortsatz.
4 Körper des ersten Brustwirbels. 5 Zwölfter Brustwirbel. 6, 7 erste und zweite Rippe. 8,
8 die anderen wahren Rippen. 9, 10 die falschen Rippen. 11 Rippenknorpel.

Die Vorderfläche ist eben, aber die Vereinigungsstelle
des Handgriffs mit dem Körper ist durch eine vorspringende
Querlinie angedeutet, weil diese beiden Abschnitte nicht in
einer Ebene liegen, sondern in einem nach vorne vorspringenden (also nach hinten offenen) Winkel aufeinander stossen,
denn der Handgriff ist etwas nach rückwärts geneigt. Dieser
vorspringende Winkel ist bei manchen Leuten sehr ausgebildet und bedingt dann eine deutliche Vorwölbung in dem
oberen Teil der vorderen Brustfläche. — Die hintere Fläche,
deren Untersuchung für die Anatomie der Körperformen an

sich keine Bedeutung hat, ist eben und entsprechend der vorderen winklig geknickt. —

Das obere Ende des Brustbeins bildet den breitesten Teil des Knochens und zeigt drei Einkerbungen, von welchen zwei, jederseits eine, zur Gelenkverbindung mit dem inneren Ende des entsprechenden Schlüsselbeines dienen, während die mittlere, die wir den Brustbeineinschnitt nennen, am lebenden Menschen sehr deutlich erkennbar ist, da sie durch die Anlagerung der Schlüsselbeinköpfchen an beiden Seiten noch vertieft wird. Sie bildet die untere Grenze der Kehlgrube, jener im unteren Teil der Vorderseite des Halses gelegenen Vertiefung, die seitlich von den grossen Kopfnickern begrenzt wird. — Das untere Ende des Brustbeins wird durch den «Schwertfortsatz» gebildet, eine in vielen Fällen knorpelig bleibende dünne Platte von sehr wechselnder Grösse und Gestalt; sie erscheint entweder zugespitzt oder viereckig, oder gabelförmig geteilt; sie kann mit dem Körper des Brustbeins in einer Ebene liegen oder nach einer Seite, nach vorne oder nach hinten abweichen. Wenn sie nach vorne gerichtet ist, kann sie eine kleine Vorwölbung unter der Haut in der Gegend der sogenannten Herzgrube oder Magengrube bedingen, jedoch ist das eine ungewöhnliche Form, welche, wenn man sie bei seinem Modell etwa antreffen sollte, künstlerisch nicht nachgebildet werden darf.

Die Seitenränder des Brustbeines sind nicht senkrecht, sondern sie bilden, da der Griff nach oben, der Körper nach unten breiter wird, krumme Linien, die an der Ansatzstelle des Griffes sich einander am meisten nähern. Jeder der beiden Ränder zeigt sieben kleine Einschnitte zur Aufnahme der Knorpelenden von den ersten sieben Rippen; der erste dieser Einschnitte (von oben nach unten gezählt), liegt am Rande des Handgriffes unter der Gelenkfläche für das Schlüsselbein, der zweite an der Ansatzstelle von Griff und Körper; die folgenden liegen am Rande des Körpers, und der Abstand zwischen je zwei Einschnitten wird um so geringer, je mehr man sich dem unteren Ende des Körpers nähert, so dass die

Einschnitte für die sechste und siebente Rippe fast in einen verschmelzen.

Es genügt nicht, das Brustbein als einzelnen Knochen zu kennen; wir müssen auch genau die Lage feststellen, welche es im unversehrten Körper gegenüber den übrigen Brustorganen inne hat. Die Richtung des Brustbeins ist nicht senkrecht, sondern deutlich schief; d. h., der obere Teil desselben liegt der Wirbelsäule näher als der untere; man kann das genauer ausdrücken, wenn man sagt, das Brustbein bildet mit einer durch sein unteres Ende gelegten senkrechten Linie einen Winkel von 15—20 Grad (Winkel x in Fig. 8) und also mit der durch denselben Punkt gelegten Wagerechten einen Winkel von 70—75 Grad (Winkel y in Fig. 8). So ist die Richtung des Brustbeines beim Mann; beim Weib ist sie weniger schief, nähert sich mehr der Senkrechten, in einer Weise, welche die Künstler oft zu übertreiben pflegen, um dem oberen Teil des weiblichen Brustkorbes eine grössere Rundung zu geben. Um die Lageverhältnisse des Brustbeines gegenüber dem übrigen Brustkorb genau festzustellen, müssen wir noch bestimmen, in welcher Höhe der Wirbelsäule seine beiden Enden sich befinden; der obere Rand des Brustbeines entspricht nicht dem ersten, sondern dem zweiten Brustwirbel, oder der Bandscheibe zwischen zweitem und drittem, d. h., eine durch den oberen Rand des Brustbeines gelegte wagerechte Ebene würde den zweiten Brustwirbel in der Mitte oder an seinem unteren Ende schneiden; eine wagerechte Ebene, die durch seinen unteren Rand ginge, würde auf den zehnten Brustwirbel treffen.

Die Länge des Brustbeins beträgt im Mittel beim Er-

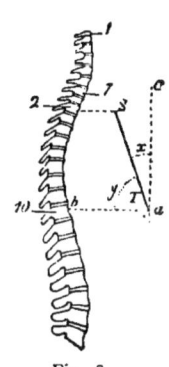

Fig. 8.
Umrisszeichnung des Verhaltens des Brustbeines zu der Wirbelsäule. 1 Erster Halswirbel. 7 Siebenter Halswirbel. 2 Zweiter Brustwirbel, in dessen Höhe das obere Ende des Brustbeines liegt. 10 Zehnter Brustwirbel (Höhe des unteren Endes des Brustbeines). x und y Winkel, welche die schiefe Ebene des Brustbeines (beim Mann) mit der Senkrechten und der durch das untere Ende (a) gelegten Horizontalen bildet. S, T Brustbein.

wachsenen 19—20 cm, wovon 5 cm auf den Handgriff, 11 auf den Körper und 3 auf den Schwertfortsatz kommen. — Am meisten ist aber die Thatsache bemerkenswert, dass die Länge des Brustbeines ohne den Schwertfortsatz (welcher übrigens an dem Lebenden versteckt und wenig sichtbar ist) an verschiedenen Teilen des Knochengerüstes, die meistens in der Nähe des Brustbeines liegen, sich wiederholt, derart, dass dieselbe uns als Massstab zum Aufbau eines regelrecht gestalteten Brustkorbes dienen kann. Es lässt sich feststellen, dass diese Länge (Handgriff und Körper) gleich ist der Länge des Schlüsselbeines, ferner gleich der Länge des inneren Randes vom Schulterblatt, und gleich dem Abstand der beiden Schulterblätter bei herabhängenden Armen. — Endlich ist die Länge des Brustbeines auch noch gleich der Länge der Hand, wenn man das Endglied des Mittelfingers davon abzieht.

Nachdem wir Wirbelsäule und Brustbein kennen gelernt haben, ist es leicht, die Anordnung derjenigen Teile zu verstehen, welche zur Vervollständigung des Brustkorbes dienen. Sie sind wie die Reifen eines Fasses von der Wirbelsäule bis an die Seitenränder des Brustbeines ausgespannt; ihre hinteren Abschnitte sind knöchern und heissen Rippen, ihre vorderen Abschnitte, welche mit dem Brustbein in Verbindung stehen, sind knorpelig und heissen Rippenknorpel. Rippen gibt es auf jeder Seite zwölf, welche wir, von oben nach unten zählend, als erste, zweite, dritte u. s. w. bezeichnen. Man unterscheidet wahre Rippen (die sieben ersten), deren Knorpel sich unmittelbar an das Brustbein ansetzen, und falsche Rippen, deren Knorpel das Brustbein nicht erreichen. Von diesen fünf falschen Rippen besitzen die drei ersten (von der achten bis zur zehnten) Knorpel, welche sich seitlich unten an den Knorpel der siebenten Rippe anlegen. Die beiden letzten (die elfte und zwölfte) sind besonders kurz und haben an ihrem Ende nur ein kleines Stückchen Knorpel, das am Knochengerüste gar nicht befestigt ist, so dass sie frei innerhalb der Bauchdecken

endigen; deshalb heissen sie auch die beweglichen
Rippen.

Im allgemeinen kann man die Rippen als lange Knochen
bezeichnen und mit Fassreifen vergleichen, da sie eine äussere,
eine innere Fläche und einen oberen und unteren Rand
zeigen; die Reifen liegen aber nicht wagerecht, sondern sind
von hinten und oben nach vorne und unten geneigt; es liegt
also das Vorderende bei jeder Rippe niedriger als das hintere Ende. Ausserdem zeigen die Rippen eine doppelte
Krümmung; erstens sind sie wie die Fassreifen gebogen und
um den Brustkorb herumgelegt (wir nennen das «nach der
Fläche gebogen»), und zwar in der Weise, das ihre Rundung
nach aussen, ihre Höhlung nach innen gerichtet ist; ausserdem sind sie aber um sich selbst gedreht («windschief»), wie
wenn ihr Vorderende stark nach innen gedreht worden wäre;
die Folge davon ist, dass ihre Aussenfläche nur in dem mittleren Teil der Rippe wirklich nach aussen, dagegen in dem
vorderen Abschnitt nach oben gerichtet ist. Um eine Vorstellung von dieser Drehung der Rippen zu erhalten, braucht
man nur eine abgelöste Rippe auf die wagerechte Tisch-
platte zu legen; man bemerkt dann, dass sie die ebene Unter-
lage nicht mit der ganzen Länge ihres Randes, sondern nur
an zwei Punkten berührt, gerade so wie ein Fassreifen, den
man etwas spiralig gebogen hat.

Die Länge der Rippen ist sehr verschieden, entsprechend
der nicht cylindrischen, sondern eher eiförmigen Gestalt des
Brustkorbes; sie nimmt zu von der ersten bis zu der achten,
die die längste ist und an der breitesten Stelle des Brustkorbes liegt; weiter nach unten, von der achten bis zur
zwölften, wird die Länge der Rippen wieder geringer.

Wenn man eine einzelne Rippe, von ihrem hinteren
Ende beginnend, genauer betrachtet, kann man gewisse Abschnitte unterscheiden, deren Kenntnis die Auffassung der
Gesamtform des Brustkorbes erleichtert. Zunächst ein leicht
verdicktes Endstück, das Rippenköpfchen, welches mit
den Wirbelkörpern in Gelenkverbindung steht; es ist keil-

förmig gestaltet und so angeheftet, dass die Spitze des Keiles dem Zwischenwirbelband entspricht, während das breite Ende des Keiles sich an den Körper des darüber und darunter gelegenen Wirbels anlegt. — Auswärts von dem Köpfchen zeigt die Rippe einen verdünnten, geraden Abschnitt, den Hals, der vor dem Querfortsatz des entsprechenden Wirbels liegt, und mit diesem in gleicher Richtung verläuft. Am äusseren Ende des Halses findet sich eine leichte Vorwölbung nach hinten, der Rippenhöcker, entsprechend dem äusseren Ende des Querfortsatzes und mit diesem in Gelenkverbindung stehend (3, Fig. 4). Die Rippen sind also hinten an den Wirbelkörpern und an den Querfortsätzen befestigt, und diese Gelenke sind derart, dass die Rippen leicht von oben nach unten bewegt werden können, wobei zugleich entsprechend der Erhebung ihre Krümmung etwas weiter nach aussen rückt; das sind die Bewegungen, die wir bei der Atmung ausführen. — Der Körper der Rippe, der am Rippenhöcker beginnt, hat die Form einer Knochenspange und verläuft zunächst eine kurze Strecke weit gerade nach aussen, um dann plötzlich nach vorne umzubiegen und so in die eigenartige Rippenkrümmung überzugehen (4, Fig. 9). Die Stelle dieser Biegung nennt man Rippenwinkel (5, Fig. 9). Die Reihe der Rippenwinkel bildet auf der Rückseite des Brustkorbes eine deutlich sichtbare, mit der Rundung nach aussen gebogene Linie, deren höchster Punkt dem Winkel der achten Rippe entspricht, da diese an sich die längste ist und bei ihr auch der Abstand zwischen Rippenhöcker und Rippenwinkel der bedeutendste ist.

Das sind die Kennzeichen der Rippen im allgemeinen. Bezüglich besonderer Kennzeichen einzelner Rippen ist, da von den letzten Rippen schon gesprochen worden, nur noch zu erwähnen, dass die ersten Rippen besonders kurz sind und dass die erste von oben nach unten abgeplattet, nach der Kante, nicht nach der Fläche gebogen ist und auch keine Drehung erkennen lässt.

Nach vorne gehen die Rippen in die Rippenknorpel

über; dieselben verlaufen, um die Verbindung mit dem Brustbein zu erreichen, mehr oder weniger schräg; der Knorpel
der ersten Rippe ist von oben hinten nach unten und vorne
geneigt, der der zweiten liegt wagerecht, der der dritten
verläuft von hinten unten nach oben vorne, und die der folgenden zeigen die gleiche schräge Richtung, nur in immer
höherem Grade, je weiter unten sie gelegen sind. Die

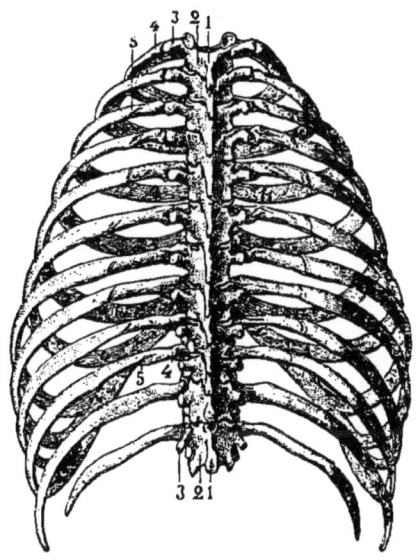

Fig. 9.

Brustkorb von hinten. 1, 1 Dornfortsätze der Rückenwirbel. 2, 2 Wirbelbögen. 3, 3
Reihe der Querfortsätze. 4, 4 Teil der Rippen zwischen Rippenhöcker und Rippenwinkel.
5, 5 Rippenwinkel.

Zwischenräume zwischen den Rippenknorpeln sind oben,
zwischen den Knorpeln der drei ersten Rippen ziemlich breit,
werden aber nach unten hin immer schmäler.

Nach Besprechung der einzelnen Teile wenden wir jetzt
unsere Aufmerksamkeit auf den Brustkorb als Ganzes. Derselbe erscheint als ein oben und unten abgeschnittener Kegel;
da aber diese Gestaltung des Brustkorbes durch die Anfügung
des «Schultergürtels», der Schlüsselbeine und Schulterblätter
verdeckt wird und in der äusseren Körperform nicht zum
Ausdruck kommt, brauchen wir hier nicht bei derselben zu

verweilen, sondern können uns mit einigen Bemerkungen über die Vorder- und Hinterfläche, sowie das untere Ende des Brustkorbes begnügen. Die Rückenfläche (Fig. 9) zeigt am Skelett in der Mitte von oben nach unten verlaufend die Reihe der Dornfortsätze, und beiderseits daneben die zwei Reihen der Querfortsätze und der Rippenwinkel; wie schon gesagt, ist von diesen Einzelheiten bei einem muskelkräftigen Körper nur die Reihe der Dornfortsätze durch die Haut erkennbar. — An der Vorderseite des Brustkorbes treten die Einzelheiten des Knochengerüstes bei einem sehr muskelstarken Menschen in der äusseren Körperform nicht zu Tage, mit Ausnahme des Brustbeineinschnittes (s. oben pag. 27) und der Schlüsselbeinköpfchen, von welchen später die Rede sein wird. Die grossen Brustmuskeln bilden jederseits eine dicke Fleischplatte und sind in der Mittellinie durch eine senkrechte Rinne, entsprechend dem mittelsten Teil des Brustbeins, von einander getrennt. Das ist die einzige Stelle, wo der Knochen unmittelbar unter der Haut liegt. — Aber bei wenig muskelkräftigen Menschen, Greisen und mageren Kindern kann man alle Einzelheiten des Knochengerüstes deutlich durch die Haut hindurch erkennen, und namentlich tritt die Zeichnung der Wirbelknorpel in ihrem eigenartigen schiefen Verlauf, und mit ihren nach unten schmäler werdenden Zwischenräumen scharf hervor. Ausserdem sind namentlich bei Kindern die Ansatzstellen der Knorpel an das Brustbein und die Ansatzstellen derselben an die vorderen Rippenenden durch eine doppelte Reihe kleiner Vorsprünge angedeutet, da die Vereinigungsstellen von Knorpel und Knochen leicht verdickt sind. Die beiden Reihen, deren eine dem Rand des Brustbeins, die andere den Rippenenden entspricht, liegen oben nahe beieinander und weichen entsprechend der grösseren Länge der Knorpel an den unteren Rippen unten weit auseinander. — Der untere Rand des Brustkorbes geht bei dem unversehrten Körper hinten und an den Seiten ohne bestimmte Grenze in die Bauchwandungen über, vorne zeigt aber dieser Rand einen Einschnitt in Gestalt eines umge-

kehrten V mit nach unten gewandter Oeffnung; dieser Einschnitt wird seitlich durch die Knorpel der falschen Rippen
begrenzt, seine Spitze entspricht dem Ansatz des Schwert-
fortsatzes an den Körper des Brustbeines; dieser Einschnitt
ist an dem unversehrten Körper in Gestalt einer flachen Vertiefung von der gleichen Form kenntlich, welche man als
Magengrube (wohl auch fälschlich als «Herzgrube») bezeichnet. An der Leiche und auch am Lebenden im Ruhezustand gleichen die Umrisse dieser Vertiefung einem Spitzbogen, wenn aber der Körper eine kräftige Anstrengung
macht und tief Atem schöpft, weichen infolge der Erhebung
der Rippen die Knorpel der falschen Rippen stärker seitlich
von der Mittellinie ab, der Bogen wird niedriger und gewinnt
nahezu die Form eines Rundbogens. Andererseits sind nicht
gerade selten bei sehr muskelkräftigen Menschen die grossen
geraden Bauchmuskeln an ihrem oberen Ende, mit dem sie
die Knorpel der falschen Rippen bedecken, so dick, dass
ihre Form an Stelle der Knorpel vortritt und dadurch die
Magengrube völlig die Gestalt eines Rundbogens erhält. Diese
einfache Rundbogenform ist fast ausschliesslich von den
griechischen Künstlern angenommen, was seine Begründung
darin findet, dass sie sehr kräftige Wettkämpfer als Vorbilder
benutzten, deren Gestalt sie während der gymnastischen
Wettkämpfe, also in einem Zustand beobachteten, wo durch
die Anstrengung der Brustkorb weit ausgedehnt war.

Vierte Vorlesung.

Die Schulter wird durch zwei Knochen gebildet von denen einer vorne liegt, das Schlüsselbein, und der andere hinten, das Schulterblatt.

Das Schlüsselbein (lateinisch Clavicula, Schlüsselchen) ist ein langer paariger Knochen, welcher sich jederseits vor dem oberen Ende des Brustkorbes wagerecht von dem Handgriff des Brustbeines an das Schulterblatt erstreckt. Er hat die Gestalt eines wenig gebogenen lateinischen S, d. h. er ist in der wagerechten Ebene doppelt gekrümmt, so dass seine innere Hälfte nach vorne, die äussere nach hinten gerundet erscheint (Fig. 10). Wir unterscheiden an ihm einen Körper und zwei Enden; der Körper ist von oben nach unten abgeplattet, zeigt eine glatte Oberfläche, deren Umrisse sich sehr deutlich durch die Haut hindurch abzeichnen und eine rauhe Unterfläche, namentlich an den Stellen des inneren Abschnittes, die mit der ersten Rippe, und an denen des äusseren Abschnittes, die mit dem Rabenschnabelfortsatz (s. u.) in Verbindung stehen. Der vordere und hintere Rand sind beide glatt, aber entsprechend der erwähnten Krümmung, teils vorgewölbt, teils eingebogen. Das innere Ende verdickt sich zu einer Art Köpfchen, welches mit dem entsprechenden seitlichen Einschnitt an dem Griff des Brustbeines in Gelenkverbindung steht; das äussere Ende ist von oben nach unten abgeplattet und durch ein Gelenk mit der Schulterhöhe verbunden. Diese Gelenke haben

Fig. 10.
Rechtes Schlüsselbein von oben.
1 Körper. 2—3 inneres Ende oder Köpfchen. 4, 5 äusseres, oder Schulterende.

den Zweck, die Bewegungen des Schultergelenkes ausgiebiger zu machen; nach Beschreibung dieses letzteren werden wir diese Verhältnisse genauer besprechen und werden finden, dass das Schlüsselbein bei ruhig herabhängendem Arm wagerecht liegt, aber mit seinem äusseren Ende schräg nach oben und vorn, sowie namentlich nach oben und hinten gehoben werden kann. Bezüglich der Länge des Schlüsselbeines wurde schon oben angegeben, dass sie der des Brustbeins (ohne den Schwertfortsatz) gleich ist.

Das Schulterblatt (lateinisch Scapula) ist ein platter Knochen, d. h. es wird gebildet durch eine an manchen Stellen sehr dünne, dreieckige Knochentafel, welche nur an den Rändern verdickt ist; der Knochen liegt der hinteren und seitlichen Wand des Brustkorbes so auf, dass sein oberer Rand der zweiten, seine Spitze der achten Rippe entspricht. Er ist nur durch ein kleines Gelenk (das Schulterhöhen-Schlüsselbeingelenk) mit dem äusseren Ende des Schlüssel-beines verbunden, sonst aber nirgends durch Bandmassen an benachbarte Knochen angeheftet und deshalb sehr beweglich. Wir unterscheiden an dem Schulterblatt zwei Flächen, drei Ränder und drei Ecken. — Die hintere Fläche ist am Skelett freiliegend und in ihrer ganzen Ausdehnung sichtbar; sie erscheint in zwei ungleiche Abschnitte geteilt (einen kleineren oberen und einen grösseren unteren) durch einen schief von unten, innen nach oben und aussen verlaufenden Knochenkamm, den wir die Schulter-

gräte nennen (10, 11, Fig. 11); diese erhebt sich allmählich (je mehr sie sich dem Aussenrande, d. h. der Schulter
nähert) immer mehr über die Grundfläche und verlängert
sich endlich zu einer freistehenden Knochenplatte, welche
den obersten äussersten Teil des
Schultergerüstes bildet und deshalb S c h u l t e r h ö h e , A k r o -
m i o n (ἄκρος Spitze, ὦμος Schulter) genannt wird (12, Fig. 11).
An dem oberen vorderen Rand
dieser Schulterhöhe befindet
sich die kleine längliche Gelenkfläche mittelst derer das
Schulterblatt mit dem äusseren
Ende des Schlüsselbeins in Verbindung steht. Oberhalb der
Schultergräte liegt die Obergrätengrube — unterhalb derselben die geräumigere Untergrätengrube (1 und 2 Fig. 11).
Die Vorderfläche des Schulterblattes ist gegen die Rippen
gerichtet und deshalb an dem
aufgestellten Skelett wenig
sichtbar; da sie leicht vertieft

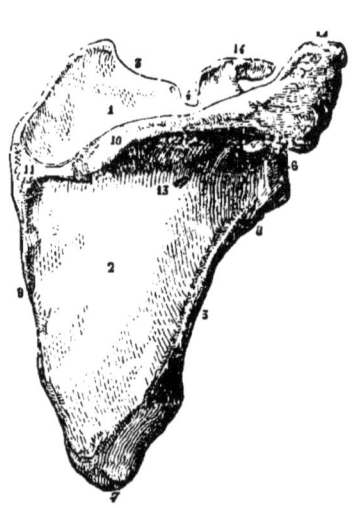

Fig. 11.
Schulterblatt von hinten. 1 Obergrätengrube.   2 Untergrätengrube. 3 Oberer
Rand mit dem Rabenschnabeleinschnitt (4)
5 Aeusserer Rand mit der Rauhigkeit (8)
für den Ansatz des langen Kopfes vom
dreiköpfigen Armmuskel. — 6 Gelenkgrube. 7 Untere Ecke. 9 Innerer Rand.
10 u. 11 Schultergräte, welche sich zur
Schulterhöhe (12) verbreitert, 14 Rabenschnabelfortsatz.

ist, nennt man sie die U n t e r s c h u l t e r b l a t t g r u b e .

Von den drei Rändern des Schulterblattes ist der obere
wagerecht verlaufende der kürzeste; der innere verläuft senkrecht, in gleicher Richtung wie die Reihe der Dornfortsätze,
und der dritte, äussere geht schief von innen und unten
nach aussen und oben. Ueber den inneren dünnen Rand haben
wir nichts weiter zu bemerken, der äussere ist dick und zeigt
an seinem oberen Ende eine Rauhigkeit, welche dem langen
Kopf des dreiköpfigen Armmuskels zum Ansatzpunkt dient.
Der obere Rand ist ausgezeichnet durch das Vorhandensein eines
Fortsatzes an seinem äusseren Ende, welcher sich zuerst

senkrecht erhebt, dann hakenförmig nach vorn umbiegt und
da man ihn in seiner Gestalt mit einem Schnabel vergleichen
kann, den Namen Rabenschnabelfortsatz (Apophysis
coracoidea von κόραξ der Rabe, und εἶδος ähnlich) erhalten
hat. Der Rabenschnabelfortsatz liegt nach vorne und innen
von der Schulterhöhe und bildet mit dieser zusammen eine
Art von Gewölbe, das Schultergewölbe, dessen Mitte
aus Bandmassen besteht, die zwischen den freien Enden der
beiden Knochenvorsprünge ausgespannt sind. — Von den
drei Ecken des Schulterblattes verdient nur eine, die äussere
obere, die unter dem Schultergewölbe gelegen ist, eine besondere Beschreibung. Diese Ecke ist sehr dick und verbreitert sich zu einer fast genau nach aussen gerichteten Gelenkfläche, die zur Gelenkverbindung mit dem Kopf des
Oberarmbeines bestimmt ist. Die Fläche ist wenig vertieft
und wird als Gelenkgrube bezeichnet. An dem frischen
Knochen, an dem die knorpeligen Teile erhalten sind, bemerkt man, dass an den äusseren Rand dieser Grube ein
Knorpelring angeheftet ist, welcher ihre Höhlung vertieft.

Um über die Massverhältnisse des Schulterblattes einiges
anzugeben, wollen wir hervorheben, dass die Länge des
inneren Randes gleich der Länge des Schlüsselbeines ist und
ebenso gleich dem Abstand der Innenränder beider Schulterblätter, wenn diese Ränder senkrecht stehen, d. h. wenn die
Arme ruhig am Körper herabhängen.

Ueber die Bewegungen des Schulterblattes und die damit zusammenhängenden Veränderungen der Körperform
können wir erst sprechen, nachdem wir die Gelenkverbindung zwischen Schulterblatt und Oberarmbein (das Schultergelenk) kennen gelernt haben; wenden wir uns also
zunächst zur Beschreibung des oberen Endes des Oberarmbeins.

Der Oberarmknochen (lat. Humerus) ist ein langer
Knochen, der aus einem prismatischen (oder eigentlich fast
cylindrischen, denn die Kanten sind nur schwach angedeutet)
Körper und zwei verdickten Endstücken besteht, von denen
das untere an der Bildung des Ellenbogengelenkes, das obere

an der des Schultergelenkes sich beteiligt. Wir werden zunächst nur dieses obere Endstück ins Auge fassen.

Als grosses unregelmässig kugelig gestaltetes Gebilde fügt sich das obere Endstück des Oberarms mittelst eines kegelförmigen Ansatzstückes an den Körper an, welches man den chirurgischen Hals des Oberarmbeines nennt. Das Endstück selbst wird ringförmig von einer schief von oben aussen nach unten und innen verlaufenden Furche umgeben, die wir den anatomischen Hals nennen und durch diesen sehr deutlich ausgeprägten Einschnitt (3 Fig. 12) in zwei Abteilungen geschieden. Die nach oben und innen vom anatomischen Hals gelegene ist völlig gleichmässig gerundet, glatt, mit Knorpel überzogen und heisst der Kopf des Oberarmbeins (2, Fig. 12); sie liegt der Gelenkgrube des Schulterblattes fest an und gleitet auf derselben während der Bewegungen des Armes. — Die andere Abteilung, welche aussen und unten von dem anatomischen Hals liegt, ist rauh und durch eine senkrechte, bis auf den oberen Teil des Körpers reichende Furche in zwei Höcker geteilt; in dieser Furche läuft die Sehne des langen Kopfes vom zweiköpfigen Armmuskel (6 Fig. 12). Der Höcker, welcher nach aussen von dieser Furche liegt, ist der ausgedehntere und heisst deshalb auch der grosse Höcker des Oberarms, und zeigt auf seiner Fläche drei kleine Vertiefungen als Ansatzstellen der schiefen Schultermuskeln (Unter- und Obergrätenmuskel, kleiner runder Muskel). Der einwärts von der Furche gelegene Höcker ist weniger umfangreich, er heisst der kleine Höcker des Oberarms und dient nur einem Muskel (dem Unterschulterblattmuskel) als Ansatzpunkt.

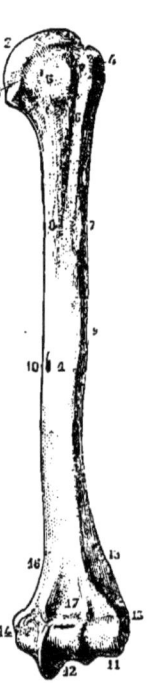

Fig. 12.
Linker Oberarm von vorne. 1 Körper des Knochens. 2 Gelenkkopf. 3 AnatomischerHals. 4 Grosser Höcker. 5 Kleiner Höcker. 6 Furche für den zweiköpfigen Muskel. 7 Rauhigkeit für den Schultermuskel. 11 Köpfchen. 12 Rolle. 13 Aeusserer 14 innerer Knorren. 17 Kronengrube.

Das Schultergelenk kann uns als Beispiel für das Studium der Gelenke im allgemeinen dienen. An jedem Gelenk mus man die gegenseitige Form der sich berühren-den Knochenflächen kennen; man kann dann aus dieser Form die in dem Gelenk möglichen Bewegungen ableiten. Ferner aber muss man sich unterrichten über die Anordnung der Ligamente, d. h. der faserigen Bandmassen, die von einem Knochen zum anderen gehen, und kann wieder aus dieser über die Grenzen der überhaupt ausführbaren Beweg-ungen Schlüsse ziehen.

In dem Schultergelenk sind die Gelenkflächen gebildet, einerseits durch eine ganz flache Grube, die Gelenkgrube des Schulterblattes, andererseits durch den glatten, gleich-mässig runden Kopf des Oberarmbeines. Eine derartige Bildung der sich berührenden Flächen gestattet dem Kopf Gleitbewegungen in der Grube nach jeder beliebigen Rich-tung und ermöglicht somit für den Oberarm Bewegungen in allen Richtungen des Raumes, nach vorne, nach hinten, nach innen gegen die Mittellinie des Körpers (Adduction), nach aussen, von der Mittellinie des Körpers fort (Abduction, Erhebung).

Der Bandapparat des Gelenkes wird durch eine Ge-lenkkapsel gebildet, d. h. durch eine Art Sack aus Sehnen-gewebe, welcher einerseits an dem Umfang der Gelenk-grube, andererseits am Oberarmbein gleich ausserhalb des anatomischen Halses angeheftet ist. Dieser Sack ist schlaff genug, um dem Kopf des Oberarms in seinem Inneren freien Spielraum zu gewähren, so dass er bequem nach allen Rich-tungen auf der Gelenkgrube gleiten kann, ohne dass ein Teil der Kapsel angespannt würde und dadurch die Beweg-ung hemmte. Deshalb ist die Bewegung des Armes nach vorne in sehr ausgiebigem Mass möglich, desgleichen die Bewegung nach hinten und auch die nach innen, welche erst durch die Anlagerung des Armes an die Seite des Rumpfes be-schränkt wird. Aber die Bewegung der Abduction oder die Erhebung des Armes wird schwierig, sobald der Arm sich der Wagerechten nähert; es tritt dann eine ausserordentlich wichtige Einrichtung in Wirksamkeit, deren genauere Betrachtung uns zeigt, dass das obere Glied ausser der Beweglichkeit, welche es dem Schultergelenk selbst verdankt, einen Zuwachs an Beweglichkeit durch die Gelenkverbindungen des Schulterblattes mit dem Schlüsselbein und des Schlüsselbeines mit dem Brustbein erhält.

Wenn man an einem aus der Leiche gelösten mit dem Schulterblatt noch zusammenhängenden Oberarm die Bewegung, welche der Erhebung des Armes entspricht, auszuführen sucht, bemerkt man, dass in dem Augenblick, wo der Arm wagerecht stehen würde, die Höcker des Oberarms an das über der Gelenkgrube ausgespannte Schultergewölbe (s. oben pag. 38) anstossen. Ganz dasselbe geschieht beim lebenden Menschen, wenn er den Arm nach auswärts erhebt, und daher kommt es, dass der Arm, wenn er einmal wagerecht steht, nur sehr schwer durch Bewegung im Schultergelenk selbst, d. h. durch Gleiten des Kopfes in der Gelenkgrube weiter erhoben werden kann. — Dann tritt aber eine andere Gelenkeinrichtung in Thätigkeit, nämlich das Schulterhöhen-Schlüsselbeingelenk; das ganze Schulterblatt pendelt um das äusserste Ende des Schlüsselbeines, seine untere Ecke rückt nach aussen und vorne, seine obere Ecke, d. h. die Gelenkgrube mit dem Schultergewölbe erhebt sich und die Bewegung des Armes wird so durch den Lagewechsel des Schulterblattes, welchen die Schultermuskeln vermitteln, fortgeführt.

Es folgt aus diesen Thatsachen ein beachtenswerter Wechsel in der äusseren Form der Schulter, von dem man sich am besten überzeugen kann, wenn man die Schultern bei einem Menschen, der die Arme über die Wagerechte hinaus erhebt, vom Rücken aus betrachtet. Die Schulter erhebt sich, und da diese Erhebung von einer Pendelbewegung des Schulterblattes begleitet wird, bleibt der innere Rand dieses Knochens nicht in gleicher Richtung mit der Wirbelsäule, sondern er nähert sich derselben mit seinem

oberen, entfernt sich von ihr mit seinem unteren Ende, er
nimmt eine von oben innen, nach unten aussen schiefe Lage
ein. Seine untere Ecke bildet dann einen Vorsprung im
unteren Teil der Achselhöhle, den man ganz gut bei einem
Menschen erkennt, der die Arme emporstreckt und welcher an
einem gekreuzigten Körper sehr scharf vortritt. Wenn die
Erhebung der Arme fast bis zur Senkrechten gesteigert wird,·
legt sich der innere Rand des Schulterblattes fast wagerecht
und man erkennt dann bei Betrachtung der Rücken- und
Schultergegend von hinten nur schwer die Form des Schulterblattes wieder, die man in der gewöhnlichen Lage am
Skelett sich eingeprägt hatte.

Aber wenn der Arm sich zur Senkrechten erhebt, bis
er die Seite des Kopfes berührt, so vollzieht sich diese Bewegung nicht nur in dem Schultergelenk, nicht nur in dem
Schulter-Schlüsselbeingelenk, sondern auch in der Gelenkverbindung zwischen dem inneren Ende des Schlüsselbeines
und Brustbein. Dann wird thatsächlich die Schulter als Ganzes
gehoben (durch die oberen Faserzüge des Kapuzenmuskels),
und das Schlüsselbein bildet für den Arm den Hebel an
dessen Ende, in dem Gelenk desselben mit dem Brustbein
der Drehpunkt der Bewegung liegt. Man sieht daher dann
das Schlüsselbein seine Lage wechseln, aus der wagerechten
kommt es in eine nach oben und aussen schiefe Stellung,
sein äusseres Ende wird gehoben und rückt etwas nach
hinten. Das Schlüsselbein beteiligt sich also in sehr wichtiger Weise an den Bewegungen des Armes und diese Thatsache erklärt es auch, warum dasselbe nur bei den Tieren
ausgebildet ist, die eine besondere Beweglichkeit der vorderen Gliedmassen besitzen; ausser beim Menschen, bei den
Affen, den Fledermäusen. Bei der Katze und dem Löwen,
die ja ihre Vorderbeine nicht nur zum Laufen brauchen,
sondern auch zum Erfassen und Zerreissen ihrer Beute, wobei sie Bewegungen nach auswärts, nach vorne und nach
innen (gegeneinander) damit ausführen, besteht das Schlüsselbein noch, aber in sehr unentwickelter Form; und

bei denjenigen Tieren endlich, die wie das Pferd die Vorderbeine nur zum Laufen benutzen, also mit ihnen nur Schwingungen in einer dem Körper gleichgerichteten Ebene ausführen, giebt es überhaupt kein Schlüsselbein.

Der Anteil des Schlüsselbeines an den Bewegungen des Armes erklärt es auch, warum dieser Knochen bei den einzelnen Menschen verschieden stark ausgebildet ist. Er ist stärker (namentlich an seinem inneren Ende, welches bei Erhebung des Armes den Stützpunkt bildet), beim Mann als bei der Frau, — stärker bei dem Soldaten als bei dem Schreiber, endlich auch auf der rechten Seite meist stärker als auf der linken, weil wir gewohnheitsmässig den rechten Arm zu Handtierungen, welche Kraft und Sicherheit erfordern, benutzen; bei Linkshändigen ist das linke Schlüsselbein stärker als das rechte; kurz dieser Knochen erscheint, wie alle Knochen des Skeletts, um so besser entwickelt, je mehr er an häufigen und kräftigen Bewegungen sich beteiligt.

Daher sind auch «vierschrötige» Schultern eine besondere Eigentümlichkeit ungewöhnlich starker Gestalten, und diese verdanken die besondere Form der oberen Brustgegend im wesentlichen der kräftigen Ausbildung der Schlüsselbeine und Schulterblätter. Das Vorhandensein des Schultergürtels bedingt es, dass der Brustkorb nicht die oben beschriebene Form eines abgestumpften Kegels zeigt; die Gegend der Spitze wird am breitesten und zwar in um so höherem Masse je mehr die Schlüsselbeine ausgebildet sind. Um sich von der Wichtigkeit der Schlüsselbeine für die äussere Form zu überzeugen, braucht man nur diesen Teil des Brustkorbes beim Menschen und bei Tieren (wie Hund oder Pferd) zu vergleichen; diese, denen das Schlüsselbein fehlt, haben einen in der Schultergegend von den Seiten her abgeplatteten Brustkorb und die Schulterblätter sind bei ihnen den Seitenwänden der Brust eng angelagert.

Wir sollten hier noch die verschiedenen Fragen erörtern, die sich auf die Masse und Massverhältnisse der Schulter beziehen; da es aber dabei vor allen Dingen auf eine

Vergleichung der Querdurchmesser von einem Oberarmkopf zum andern, oder von der einen Schulterhöhe zu der andern mit dem Masse der Hüften (dem Querdurchmesser durch die Darmbeinkämme oder die Oberschenkel) beim männlichen und weiblichen Körper handelt, wollen wir diese Besprechung erst nach der Beschreibung des Beckens und der entsprechenden Teile der Oberschenkel vornehmen.

Fünfte Vorlesung.

Der Körper des Oberarmbeines ist in seinem oberen und mittleren Abschnitt prismatisch, in seinem unteren von vorne nach hinten abgeplattet. Da dieser Knochenteil durch dicke Muskeln überlagert ist, haben wir mit Rücksicht auf die äusseren Formen an ihm nur weniges hervorzuheben; nur seine Richtung ist bemerkenswert. Das Oberarmbein steht nämlich, bei ruhig herabhängendem Arm, nicht ganz senkrecht, sondern etwas schief von oben aussen, nach unten innen; wie wir später sehen werden, verläuft die Mittellinie der Vorderarmknochen etwas schief in entgegengesetzter Richtung, und Ober- und Unterarm bilden so in der Ellenbogengegend einen sehr stumpfen, nach aussen offenen Winkel (Fig. 16). Was sonst von Eigentümlichkeiten am Körper des Oberarmbeins zu beachten ist, bezieht sich auf die Endigung der Sehnenfurche für den zweiköpfigen Armmuskel. Diese Furche, die an dem oberen Endstück den grossen und kleinen Höcker des Oberarmbeines von einander scheidet, setzt sich ein Stück weit auf dem Körper des Knochens fort und zeigt hier einen inneren, wenig vorragenden, und einen äusseren, stärker vorragenden Rand, an welchem die platte Sehne des grossen Brustmuskels sich

anheftet. An der Grenze zwischen oberem und mittlerem
Dritteil des Körpers verbreitet sich dieser Rand zu einer
rauhen Fläche von der Gestalt eines V (7. Fig. 12), mit
nach oben gerichteter Oeffnung, welcher der Sehne des Delta-
oder Schultermuskels zum Ansatzpunkt dient. —

Das untere Endstück des Oberarmbeines muss in seinen
Einzelheiten eingehend besprochen werden, denn die Kenntnis
seiner Gestaltung erschliesst uns das Verständnis der »Schar-
nierbewegung« im Ellenbogengelenk und wird zugleich einige
Besonderheiten der äusseren Formen in dieser Körpergegend
erklären. Dieses untere Endstück ist von vorn nach hinten
abgeflacht und verbreitet sich zu einer quergestellten Platte,
deren unterer Rand drei glatte, mit Knorpel überzogene
Vorragungen erkennen lässt. Von diesen drei Vorragungen
bilden zwei miteinander eine richtige Rolle (12. Fig. 12),
welche eine Hohlkehle und zwei erhabene Ränder zeigt.
Man nennt diesen Abschnitt lateinisch Trochlea. Von den
beiden Rändern der Rolle ragt der innere stärker vor, steht
also tiefer als der äussere. Der dritte Vorsprung ist niedrig,
abgerundet und wird das Köpfchen (Condylus — oder eminentia capitata) genannt. An den Seiten des unteren Endstückes vom Oberarmbein befindet sich je ein rauher, nicht
in Gelenkverbindung stehender Vorsprung, welche Muskeln
und Bändern zum Ansatz dienen und als äusserer und
innerer Oberarmknorren bezeichnet werden. (Der
äussere über dem Condylus gelegen, wird auch wohl Epi-
condylus, der innere über der Trochlea gelegene Epi-
trochlea genannt).

Das untere Endstück des Oberarmbeines steht in Gelenkverbindung mit den oberen Enden der beiden Unterarmknochen, deren Gestalt wir zunächst beschreiben müssen, um
über die Bewegungen im Ellenbogengelenk und die Formen
dieses Körperteiles zur Klarheit zu kommen.

Der Unterarm besteht aus zwei Knochen (Fig. 13),
welche, wenn der Arm mit der Handfläche nach vorne ruhig
am Körper herabhängt, gleichlaufend neben einander liegen,

der eine an der Innen-, der andere an der Aussenseite. Der innere heisst die Elle (lateinisch Cubitus); er bildet mit seinem oberen Ende den Knochenvorsprung des Ellenbogens; der innere heisst Speiche (lateinisch Radius), weil er bei gewissen Bewegungen (Pronation und Supination) sich um die Elle dreht. Zunächst werden wir uns nur mit den oberen Endstücken dieser beiden Knochen zu beschäftigen haben.

Das obere Ende der Elle entspricht in seiner Gestalt etwa einem halbierten Kloben (Holzblock, wodurch ein Schiffstau läuft) und legt sich um die Gelenkrolle des Oberarmbeines so herum, dass es dieselbe mittelst eines tiefen Einschnittes, den wir die grosse halbmondförmige Gelenkgrube (cavitus sigmoidea major) nennen, zum Teil umfasst. Diese Gelenkgrube zeigt in ihrer Mitte eine in der Längsrichtung des Knochens verlaufende erhabene Linie (2. Fig. 13), welche der Hohlkehle an der Rolle des Oberarmbeines entspricht. Vorne beteiligt sich ein Knochenvorsprung an der Bildung dieser Gelenkgrube, welcher der Kronenfortsatz (processus coronoideus) genannt wird; da dieser Vorsprung bei der Beugung des Unterarmes gegen den Oberarm sich in die oberhalb der Rolle an der Vorderseite des Oberarmbeines befindliche Vertiefung hineinlegt, wird diese die Kronengrube genannt. An der Rückseite wird die grosse halbmondförmige Gelenkgrube durch einen verhältnismässig sehr mächtigen Fortsatz gebildet, der den vorspringendsten Teil des Knochengerüstes am Ellenbogen darstellt; da er bei Beugung des Unterarmes sehr stark nach hinten vorspringt, hat dieser von uns Ellenbogenfortsatz genannte Vorsprung den anatomischen Namen Olecranon, (von ὠλένη Ellenbogen, κάρηνον Kopf) erhalten. Bei Streckung des Armes legt sich dieser Fortsatz in die auf der Rückseite des Oberarmbeines über der Rolle befindliche Vertiefung (die Ellenbogengrube).

Das obere Endstück der Speiche besteht aus einem kleinen Köpfchen, das durch einen dünneren Abschnitt, den Hals, von dem Körper des Knochens getrennt ist.

(11 und 12 Fig. 13.) Dieses Köpfchen trägt an seinem oberen Ende eine flache, schalenartige Vertiefung, in die das Köpfchen des Oberarmbeines hineinpasst.

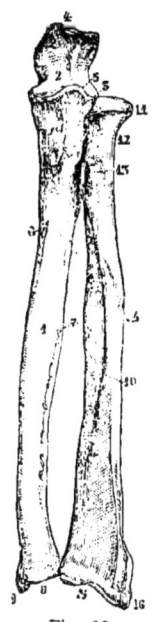

Fig. 13.
Knochen des Unterarmes. 1 Körper der Elle. 2 Grosse halbmondförmige Grube. 3 Kleine halbmondförmige Grube (in Verbindung mit der Speiche). 4 Ellenbogenfortsatz. 5 Kronenfortsatz. 7 Zwischenknochenraum. 8 Unteres Ende der Elle mit dem Griffelfortsatz (a). 10 Körper der Speiche. 11 Köpfchen derselben. 12 Ihr Hals, und 13 ihr Vorsprung für die Sehne des zweiköpfigen Armmuskels. 14 Ansatzpunkt des runden Einwärtsrollers. 15 Unteres Ende der Speiche mit seinem Griffelfortsatz (16).

Wir sehen also, dass das Ellenbogengelenk von seiten des Oberarmbeines durch eine quere Reihe von Vorsprüngen, von seiten der Unterarmknochen durch eine Reihe diesen Vorsprüngen entsprechender Vertiefungen gebildet wird, in der Weise, dass eine Art Verzahnung, ein quergestelltes Scharnier entsteht (Fig. 14). Daraus folgt unmittelbar, dass diese Anordnung der Einzelteile keinerlei seitliche Verschiebung und keine Seitenbewegung der Knochen ermöglicht; es sind im Ellenbogengelenk nur Bewegungen von vorne nach hinten möglich; die Bewegung nach vorne, bei der der Unterarm sich dem Oberarm nähert, ist die Beugung, die entgegengesetzte die Streckung.

Die Anordnung der Bänder, d. h. die sehnige Kapsel, die die Knochen mit einander verbindet, übt auf die Art der Gelenkbewegung, wie wir sie aus der Gestalt der Knochenenden ableiten konnten, keinen ändernden Einfluss aus. Die Kapsel besteht an der äusseren und inneren Seite aus sehr straff gespannten, kurzen Bandmassen, die jede Seitenbewegung verhindern, ist dagegen vorne und hinten schlaff und vermag weder die Beugung noch die Streckung irgendwie einzuschränken. Diese beiden Bewegungen werden erst durch die Berührung der knöchernen Teile der Elle mit dem Oberarmbein gehemmt. Die Beugung geht so weit, bis der Kronenfortsatz in die Kronengrube gelangt und an den Grund derselben anstösst, und da das erst geschieht, wenn die Fleischmassen des Unterarms die Vorderseite des Oberarms berühren, — wenigstens bei kräftig gebauten Menschen — kann man sagen, die Beugung geht so weit, wie überhaupt möglich ist. Die Streckung dagegen wird in ganz bestimmter Weise gehemmt durch das Anstossen des Endes vom Ellenbogenfortsatz auf den Grund der Ellenbogengrube (Fig. 15), welches erfolgt, wenn der Unterarm bei der Streckung mit dem Oberarm eine gerade Linie bildet; die Streckung des Ellenbogengelenkes vermag über das Mass, bei welchem Ober- und Unterarm in einer Ebene liegen, nicht hinauszugehen, der Unterarm kann also mit dem Oberarm niemals einen nach hinten offenen Winkel bilden.

Wenn man die Eigentümlichkeiten der Einrichtung des Ellenbogengelenkes mit denen des Schultergelenkes vergleicht, erscheint es begreiflich, wie man im Stande ist, aus der Untersuchung der Gelenkflächen und der Bänder mit grösster Bestimmtheit die Gesetze der Bewegung für jedes Gelenk abzuleiten und wie beispielsweise der Gelenkkopf des Oberarms, der in einer einzelnen Gelenkgrube spielt, dem Glied jede Art von Bewegung ermöglicht, während die Einrichtung des Ellenbogengelenkes, dessen Teile, wie die eines Scharniers mit Vorsprüngen und Vertiefungen ineinander greifen, nur Bewegungen im Sinne der Beugung und Streckung gestatten.

Fig. 14.
Umrisszeichnung des Knochengerüstes vom Ellenbogen (rechte Seite) von vorne gesehen. 1 unterer Teil des Oberarmbeinkörpers 2 Elle. 3 Speiche. 4 Aeusserer Oberarmknorren. 5 innerer Oberarmknorren. 6 Köpfchen. 7, 8 Rolle des Oberarms. 9 Kronengrube. 10 Kronenfortsatz. 11 Köpfchen der Speiche.

Bezüglich der äusseren Formen werden wir durch die Betrachtung der Knochen, die das Ellenbogengelenk zusammensetzen, über folgende Punkte aufgeklärt: 1. Ueber den Winkel zwischen Ober- und Unterarm; wenn man am Skelett oder am Lebenden bei herabhängendem Arm mit nach vorne gerichteter Handfläche, die Gestalt des Gliedes beobachtet, findet

man, dass der Oberarm (s. oben pag. 45.) leicht von oben
aussen, nach unten innen schief steht und die beiden Unterarmknochen in dem entgegengesetzten Sinne, von oben innen,
nach unten aussen schief gerichtet sind; die beiden Abschnitte
des Armes bilden also an ihrem Vereinigungspunkt in der
Höhe des Ellenbogens einen nach aussen offenen, mit dem
Scheitel nach innen gewandten Winkel. — 2. Ueber die
Vorsprünge, die in der Ellenbogengegend unter der Haut sichtbar werden. — Nach der Betrachtung der Knochenform könnte
man annehmen, dass beim Lebenden 4 Vorsprünge am Ellenbogen unter der Haut zu Tage treten müssten, vorne der
Kronenfortsatz, hinten der Ellenbogenfortsatz und zu beiden
Seiten die Oberarmknorren. Aber der Kronenfortsatz ist von

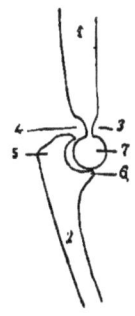

Muskeln überlagert, im Fleisch versteckt und
zeichnet sich äusserlich gar nicht ab; auch
der äussere Oberarmknorren, welcher schon
am Gerippe weniger stark vorspringt, verschwindet an dem unversehrten Körper vollständig, weil er in der Tiefe des nach aussen
offenen Winkels zwischen Ober- und Unterarm
liegt und von den äusseren Unterarmmuskeln,
(namentlich dem langen Auswärtsroller), deren
Ansätze bis an den äusseren Rand des Oberarmbeines hinaufreichen, überdeckt ist.

Fig. 15.

Umrisszeichnung
eines Längsschnit-
tes durch das El-
lenbogengelenk (in
der Längsrichtung
der Elle). 1 Ober-
arm. 2 Elle. 3 Kro-
nengrube. 4 Ellen-
bogengrube. 5 El-
lenbogenfortsatz.
6 Kronenfortsatz.
7 Durchschnitt der
Rolle des Oberarm-
beines.

Dagegen zeichnen sich der innere Oberarmknorren und der Ellenbogenfortsatz sehr
deutlich unter der Haut ab. Der Ellenbogenfortsatz bildet den gemeinhin als Spitze des
Ellenbogens bezeichneten Fortsatz, der bei
der Beugung des Unterarmes stark nach
hinten vorspringt und den Bewegungen des
Unterarms entsprechend, seine Lage wechselt,
gegen den Oberarm sich erhebt bei der Streckung und von
ihm sich nach unten bewegt bei der Beugung. — Der innere
Oberarmknorren erscheint um so stärker vorragend, da er
genau dem Scheitel des durch Ober- und Unterarm gebil-

deten Winkels entspricht; der durch ihn bedingte Vorsprung, ein wenig oberhalb der Gelenkfurche des Ellenbogens gelegen, ist durchaus feststehend. Das ist eine Thatsache, die man nicht vergessen darf, wenn man irgendwie vergleichbare Masse von der Länge des Ober- und Unterarmes erlangen will; man könnte versucht sein, den Ellenbogenfortsatz als Messpunkt zu wählen, würde aber dadurch leicht in schwere Irrtümmer verfallen, da dieser Punkt je nach der Beugung oder Streckung des Unterarmes seine Lage zum Oberarm wechselt; dagegen kann der innere Oberarmknorren, da er durchaus feststeht, als Messpunkt gewählt werden.

Sechste Vorlesung.

Bisher haben wir von den beiden Unterarmknochen nur
die oberen Endstücke betrachtet, um das Ellenbogengelenk
kennen zu lernen. Wir wenden uns jetzt zu der Beschreibung
ihrer Körper und ihrer unteren Endstücke, welche uns über
die Formen des Unterarmes, die Bewegungen der beiden
Knochen gegeneinander und die Gelenkverbindung ihrer
unteren Enden mit der Hand Aufklärung geben wird.

Jeder oberflächliche Blick auf das Knochengerüst des
Unterarmes (Fig. 13) überzeugt uns, dass die beiden Knochen
desselben in jeder Hinsicht in auffallendem Gegensatz zu
einander stehen. Erstens endigen sie sowohl oben wie unten
in verschiedener Höhe; oben überragt die Elle die Speiche
und reicht höher hinauf als diese, unten reicht die Speiche
tiefer herab als die Elle (15, 16, Fig. 13). Diese Thatsache
ist sehr wichtig, und wir werden mehrfach darauf zurückkommen müssen, dass die Speiche, da sie tiefer herabreicht
wie die Elle, der einzige von den Unterarmknochen ist, welcher mit der Hand in Gelenkverbindung steht. — Ferner
sehen wir einen ähnlichen Gegensatz bezüglich der Dicke
der Knochen. — Die Elle ist in ihrem oberen Teil dick

und massig, verjüngt sich nach unten und ihr unteres Ende
erscheint verhältnismässig dünn; die Speiche dagegen beginnt oben mit einem dünnen Ende, nimmt nach unten an
Mächtigkeit zu und ihr unteres Endstück, das zur Aufnahme
des Handgelenkes bestimmt ist, bildet einen verhältnismässig
starken Knochen.

Nach diesen Bemerkungen über die allgemeine Gestaltung der beiden Knochen brauchen wir die Mittelstücke oder
Körper derselben nicht im einzelnen zu beschreiben; sie sind
regelmässig dreikantig, prismatisch. An der Speiche bemerkt
man am oberen Ende des Körpers, unmittelbar unter dem
Halse einen nach vorne und innen gerichteten Vorsprung
(13, Fig. 13), der der Sehne des «zweiköpfigen Armmuskels»
zum Ansatz dient. Von diesem Vorsprung geht eine schiefe
Linie nach unten und aussen und endigt an der Aussenfläche
des Knochens an einer rauhen Stelle, an welcher sich der
«runde Einwärtsroller» ansetzt. Von der Elle ist nur zu bemerken, dass ihre Innenfläche in ihren zwei unteren Dritt-
teilen unmittelbar unter der Haut liegt, und, wie das Schienbein am Unterschenkel die Form des Innenrandes vom Unterarm bestimmt.

Das untere Endstück der Speiche (15, 16, Fig. 13) ist
breit und zeigt unten eine Gelenkfläche, die die beiden ersten
Handwurzelknochen (Schiffbein und Mondbein) aufnimmt, es
verlängert sich an seiner Aussenseite zu einem kurzen pyra-
midenförmigen Vorsprung, dem Griffelfortsatz der Speiche,
welcher den äusseren Knöchel des Handgelenkes bildet. Das
untere Ende der Elle bildet ein kleines, rundes Köpfchen
(8, Fig. 13), dessen innere Kante sich in Gestalt eines
«Griffelfortsatzes» verlängert, der den inneren Knöchel
des Handgelenkes darstellt. — Es ist schon oben gesagt
worden, dass dieses untere Ende der Elle nicht so tief herabreicht wie das entsprechende Ende der Speiche; der Abstand
zwischen den Enden der beiden Knochen wird zum Teil
durch eine Faserknorpelmasse ausgefüllt (das dreieckige Ellen-
speichenband), welche vom inneren Rand des unteren Speichen-

endes an den Griffelfortsatz der Elle, unter dem Köpfchen
dieses Knochens, hinzieht (s. F in Fig. 18). — Die Handwurzelknochen stehen mit der Speiche und diesem dreieckigen
Band so in Gelenkverbindung, dass die Elle selbst an dem
Gelenk zwischen Unterarm und Hand sich nicht beteiligt. —

Bis jetzt haben wir bei unserer Beschreibung die Unterarmknochen als in gleicher Richtung nebeneinander gelegen
betrachtet; sie sind in dieser Stellung durch einen verhältnismässig breiten Zwischenraum, den Zwischenknochenraum getrennt; aber sie haben diese Stellung nur, wenn der
Arm mit nach vorne gerichteter Handfläche in der Ruhelage
am Körper herunterhängt, oder wenn er mit aufwärts gerichteter Handfläche auf 'eine wagerechte Fläche aufgelegt
wird. — Die Hand ruht dann auf dem Handrücken, und
man sagt deshalb, sie befindet sich in Supination (lateinisch:
supinus, auf dem Rücken liegend). Bekanntlich kann aber
die Hand ihre Lage ändern, wir können sie umdrehen, ihre
Rückenfläche nach vorne (Fig. 17) oder, wenn der Arm auf
einer wagerechten Fläche ruht, nach oben wenden. In dieser
neuen Lage erscheint die Hand auf der Handfläche gelagert,
man nennt diese Stellung Pronation (vom lateinischen pro-
nus, auf dem Bauch liegend).

Der Uebergang der Supination in die Pronation erfolgt
durch eine Aenderung in der gegenseitigen Lage der Unterarmknochen; bei der Supination sind sie gleichgerichtet, bei
der Pronation kreuzen sie sich; aber sie spielen bei dieser
Bewegung nicht die gleiche Rolle; der eine, die Elle, bleibt
fest stehen und nur die Speiche dreht sich um dieselbe, so
dass sie sie kreuzt. Wenn wir die Berührungspunkte zwischen
Elle und Speiche, d. h. die Gelenkverbindungen an den
oberen und unteren Endstücken dieser Knochen betrachten,
sehen wir, dass das obere Ellenspeichengelenk durch den
glatten Rand des Speichenköpfchens, welches in einer flachen
Grube am Aussenrand der Elle (sie heisst kleine halbmondförmige Grube unter dem Rand der grossen halbmondförmigen
Gelenkgrube) liegt, gebildet wird (3, Fig. 13). — Das untere

Ellenspeichengelenk besteht umgekehrt aus einer kleinen halbmondförmigen Gelenkgrube an der Innenseite des unteren Speichenendes, die den Rand des Ellenköpfchens aufnimmt. Aus dieser Anordnung folgt, dass in dem oberen Ellenspeichengelenk das Köpfchen der Speiche sich um seine eigene Mittellinie dreht, indem sein Rand an der halbmondförmigen Gelenkgrube gleitet; das obere Endstück der Speiche ändert also seine Lage gegenüber der Elle nicht; dagegen dreht sich in dem unteren Ellenspeichengelenk das untere Endstück der Speiche um die Mittellinie des Ellenköpfchens; es verhält sich zu diesem Knochen wie ein Teil eines Rades zu seiner Axe; die Nabe des Rades wird durch das dreieckige Band gebildet, dessen Spitze, an dem Griffelfortsatz der Elle befestigt, den festen Mittelpunkt der Bewegung darstellt, während seine an die Speiche angeheftete Grundlinie sich mit diesem Knochen zusammen bewegt (s. oben pag. 53).

Man kann die Erörterungen über diese Gelenkeinrichtung am besten verständlich machen an der Hand eines Knochenpräparates, an dem, wie das bei gelenkig aufgestellten Skeletten Brauch ist, die Knochen durch Metallbänder beweglich miteinander vereinigt sind. Man sieht dann, bei der Bewegung der Speiche um die Elle, dass, um die Hand aus der Supinations- in die Pronationsstellung zu bringen, der Speichenkörper den der Elle in der Weise kreuzen muss, dass das untere Ende von der äusseren auf die Innenseite gewandt wird, während das obere Ende unbewegt auf der Aussenseite bleibt. Wenn man diese Bewegung ausführt, versteht man zugleich, warum die Hand, die an der Speiche eingelenkt ist, derselben folgen muss, indem der Daumen, der Speichenrand der Hand, von der Aussenseite auf die Innenseite gelangt; die Hand, welche vorher ihre Fläche nach vorne wandte, zeigt jetzt ihren Rücken vorne; darin beruht der Uebergang von der Supination (Fig. 16) in die Pronation (Fig. 17).

Die allgemeine Gestalt des Unterarmes hängt, abgesehen von den später zu erwähnenden, durch die Muskeln bedingten

Formen von der Lage seiner Knochen ab, und ändert sich,
je nachdem diese gleichlaufend oder gekreuzt sind.   Wenn
die Hand in Supination steht (Fig. 16) und die Speiche also

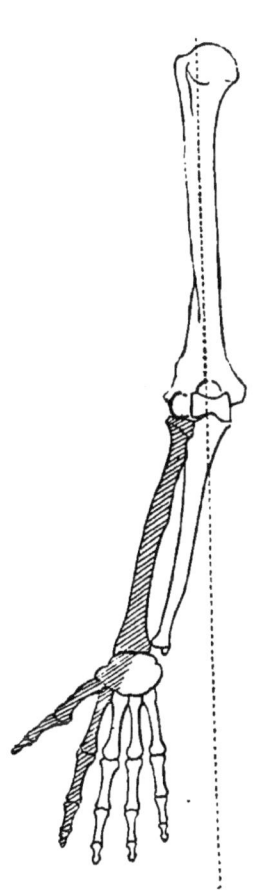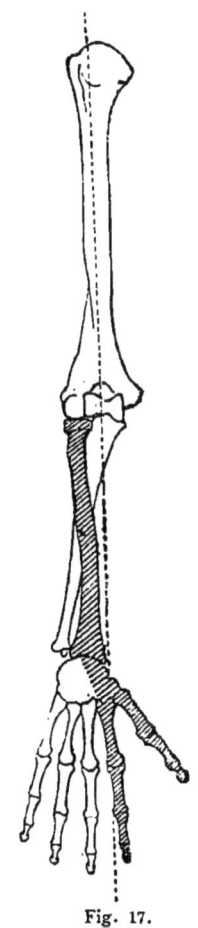

Fig 16.
Rechter Unterarm in Supi-
nation. Die Speiche und die
Speichenhälfte der Hand sind
durch schräge Striche schattiert. Die Speiche ist der
Elle gleichlaufend.

Fig. 17.
Rechter Unterarm in Pro-
nation. DieSpeiche (schattiert) kreuzt die Elle, und
die Speichenseite der
Hand (schattiert) ist nach
innen gekehrt.

mit der Elle gleichgerichtet und von ihr durch einen breiten
Zwischenknochenraum getrennt ist, ist die Gestalt des Unterarmes derart, dass wir an ihm zwei Ränder, einen äusseren

oder Speichenrand und einen inneren oder Ellenrand,
sowie zwei Flächen, eine vordere und eine hintere, unterscheiden können; derselbe ist mit einem Wort leicht von
vorne nach hinten abgeplattet. Wenn aber die Hand aus
der Supination in die Pronationsstellung rückt, kreuzen sich
die beiden Knochen, nähern sich einander, berühren sich
endlich und der Zwischenknochenraum verschwindet (Fig. 17).
Speiche und Elle bilden dann mit Rücksicht auf die Form
des Ganzen nur eine zusammenhängende Masse, etwa wie
zwei Stäbe, die vorher in geringem Abstand nebeneinander
lagen, wenn man sie übers Kreuz aufeinander legt. In dieser
Stellung wird folglich auch die Gestalt des Unterarmes, namentlich in seinen beiden unteren Dritteilen, völlig verändert
anstatt abgeplattet, mit zwei Flächen und zwei Kanten, erscheint er jetzt in der Mitte fast genau rund cylindrisch; nur
das unterste Ende über dem Handgelenk und das oberste
Ende unter dem Ellenbogengelenk haben die von vorne
nach hinten abgeplattete Gestalt behalten.

Der Künstler kann sich diese wichtigen Thatsachen gar
nicht fest genug einprägen; man könnte ja vielleicht glauben,
dass es bei einer Figur, die mit der Hand in Supination dargestellt ist, wenn aus irgend einem Grunde diese Stellung
in die der Pronation geändert werden soll, genüge einfach
die Hand und das Handgelenk umzugestalten, ohne in der
Form des Armes etwas zu ändern; die eben erörterten
Einzelheiten zeigen deutlich, dass in solchem Falle die Gestalt des ganzen Unterarmes, namentlich in seinem Mittelteil,
umgeändert werden muss, und das wird noch augenfälliger
sein, wenn wir später bei Betrachtung der Muskeln dieser
Gegend erfahren werden, dass ihre Richtung sich bei dem
Uebergang aus Supination in Pronation und umgekehrt völlig
verändert und dadurch die Gestalt des Unterarmes noch mehr
wechselt.

Aber der Unterarm ändert nicht nur die Form bei den Bewegungen der Supination und Pronation, sondern auch seine
Richtung. Wir haben früher erfahren, dass, wenn Elle und

Speiche gleichgerichtet sind, die Mittellinie des Unterarmes
mit der des Oberarmes einen nach aussen offenen Winkel
bildet. Man kann das auch so ausdrücken, dass man sagt,
in dieser Stellung fällt die Mittellinie des Oberarmes, wenn
man sie nach unten verlängert (siehe die punktierte Linie
in Fig. 16), nach innen von dem Köpfchen der Elle, und
Speiche sowie Zwischenknochenraum liegen weit nach aussen
von ihr. Aber bei der Pronation, wenn die Speiche mit
ihrem Mittelteil die Elle kreuzt und mit ihrem unteren Teil
auf die Innenseite derselben rückt, gelangt die Gesamtheit
der beiden Unterarmknochen in die Verlängerung des Oberarmbeines; der Winkel am Ellenbogen ist verschwunden, die
Mittellinien des Ober- und des Unterarmes liegen nahezu in
einer Geraden (Fig. 17).

Um alles, was bezüglich der äusseren Formen aus den
beschriebenen Einzelheiten in der Gestalt der Knochen ge-
folgert werden kann, zu erschöpfen, müssen wir vor Besprechung der Hand noch die Knochenvorsprünge erwähnen,
welche in der Höhe des Handgelenkes durch die untersten
Enden der Elle und der Speiche gebildet werden. Von diesen
beiden Vorsprüngen, die an der Hand die gleiche Bedeutung
haben, wie die Knöchel am Fuss, entspricht der äussere dem
Griffelfortsatz der Speiche (16, Fig. 13), der innere dem
Köpfchen der Elle und dem Grund ihres Griffelfortsatzes.
Der erste liegt tiefer als der zweite, was man, in Ermange-
lung eines Skelettes, leicht an sich selbst beobachten kann,
wenn man mit Daumen und Zeigefinger einer Hand das
Handgelenk des anderen Armes umfasst; man fühlt dann,
dass die Speiche viel weiter nach unten reicht als die Elle
(Fig. 13). Daraus folgt, dass die Gelenklinie zwischen Unterarm und Hand schief von oben innen nach unten aussen
verläuft (wenn die Hand in Supination steht) und dass dementsprechend die Hand nicht so an den Unterarm angefügt
ist, dass ihre Mittellinie in der Verlängerung seiner Mittellinie liegt. Die beiden Linien bilden einen sehr stumpfen
Winkel, ähnlich dem, welchen wir am Ellenbogen zwischen

Ober- und Unterarm beschrieben haben, aber hier liegt der Winkel entgegengesetzt, d. h. seine Oeffnung ist bei ruhig herabhängendem Arm nach innen, gegen die Körpermitte, sein Scheitel, der dem Griffelfortsatz der Speiche entspricht, nach aussen gerichtet. Wir können also die aufeinanderfolgenden Knickungen, die der Arm an den Vereinigungsstellen seiner drei Hauptabschnitte (Oberarm, Unterarm, Hand) darbietet, in folgenden Worten zusammenfassen: Der Oberarm steht von oben aussen nach unten innen schief, der Unterarm (bei der Supination) in umgekehrter Richtung von oben innen nach unten aussen; die Hand endlich steht in gleicher Richtung wie der Oberarm von oben aussen nach unten innen schief. Der vom Ober- und Unterarm gebildete Winkel öffnet sich nach aussen, der vom Unterarm und Hand gebildete nach innen.

Siebente Vorlesung.

Die Hand besteht aus drei Teilen, Handwurzel, Mittelhand und Fingern; das Knochengerüst der Handwurzel wird Carpus genannt, das der Mittelhand Metacarpus; die Finger bestehen aus kurzen Gliedern, welche man Phalangen nennt.

Obwohl die Handwurzel fast völlig unter Sehnen und Bandmassen, die über sie hinziehen, versteckt ist, müssen wir doch die Knochen, welche sie zusammensetzen, aufzählen und ihre Gelenkverbindung besprechen, um die Bewegungsart dieses Teiles vom Knochengerüste verstehen zu können. Trotz ihrer geringen räumlichen Ausdehnung enthält die Handwurzel nicht weniger als acht in zwei Reihen übereinandergelagerter Knochen, von denen die obere, oder Unterarmreihe mit dem Unterarm, die untere oder Mittelhandreihe mit der Mittelhand in Verbindung steht. Man pflegt diese Knochen von der Speichenseite anfangend in der Richtung vom Daumen zum kleinen Finger aufzuzählen. Die vier Knochen der ersten Reihe sind das Schiffbein (os

scaphoideum), so genannt wegen der Aushöhlung seiner
Unterfläche, durch welche es einem Schiffchen ähnlich erscheint (σχάφη Schiff, εἶδος Form) (s, S, Fig. 18), ferner
das Mondbein (L, Fig. 18) (os lunatum) und das dreieckige Bein (os triangulare) (C, Fig. 18), deren Gestalt
schon aus ihren Namen ersichtlich ist, und endlich das Erbsenbein (os pisiforme) (P, Fig. 18), welches klein und
rund wie eine Erbse gestaltet ist und nicht an der inneren,
sondern an der vorderen Seite des dreieckigen Beines liegt
(Fig. 19). Die vier Knochen der zweiten Reihe, auch wieder von aussen nach innen aufgezählt,
sind: das grosse und das kleine
vieleckige Bein (os multangulum
majus und minus) (T T, Fig. 18) das
Köpfchenbein (os capitatum) (M,
Fig. 18) und das Hakenbein (os
hamatum) (U, Fig. 18). Wenn man
am Skelett die Handwurzel in ihrer
Gesamtheit von ihrer vorderen (der
Hohlhand angehörigen) Fläche betrachtet, erkennt man, dass diese
Fläche die Gestalt einer senkrecht
verlaufenden Rinne darbietet, welche
innen durch den Vorsprung des Erb-
senbeines in der oberen Reihe, durch
den Hakenfortsatz des Hakenbeines
in der unteren Reihe, aussen durch
einen Vorsprung des grossen vieleckigen Beines begrenzt erscheint.

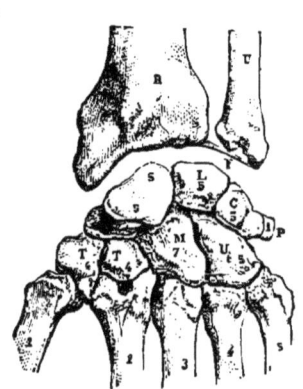

Fig. 18.
Knochengerüst der Handwurzel
von der Rückseite. R Speiche.
U Elle. F dreieckiges Band. S
Schiffbein. L Mondbein. C Dreieckiges Bein. P Erbsenbein. T
und T Grosses und kleines viel-
eckiges Bein. M Köpfchenbein.
U Hakenbein. Unter der Handwurzel 1, 2, 3, 4, 5 die fünf Mittelhandknochen von dem des Daumens an gezählt.

Diese Rinne wird aber zum Kanal vervollständigt durch ein
breites Band (das vordere Ringband der Handwurzel), welches
wie eine Brücke sich von den Knochenvorsprüngen der inneren Seite zu dem äusseren hinüberspannt. Unter dieser
Brücke hin, in dem so gebildeten Kanal, verlaufen die
Sehnen der Beugemuskeln für die Finger, — Muskeln, deren
fleischiger Teil am Unterarm liegt, während ihre Sehnen an

den Fingergliedern endigen. — Dadurch erklärt es sich,
dass diese Sehnen am unteren Teil des Unterarms sichtbar
sind, aber in ihrem Verlauf durch die Hohlhand durch keinerlei Merkmal der äusseren Form kenntlich sind.

Die erste Reihe der Handwurzelknochen bildet durch
die vereinigten oberen Flächen ihrer drei ersten Knochen
eine gewölbte Gelenkfläche, die sich in der Weise mit dem
Unterarm verbindet, dass das Kahnbein und Mondbein in der
Gelenkgrube am unteren Ende der Speiche liegen, während
das dreieckige Bein mit der Unterfläche des dreieckigen
Bandes in Verbindung steht (Fig. 18). Dieses Gelenk, das
Handwurzelspeichengelenk gestattet Bewegungen nach
vorne (Beugung der Hand) nach hinten, (Streckung der
Hand) und nach beiden Seiten (Neigung der Hand gegen
die Ellen- oder Speichenseite des Unterarmes). Andererseits
steht die erste Reihe der Handwurzelknochen mit der zweiten in Gelenkverbindung und dieses Gelenk, das eigentliche oder mittlere Handwurzelgelenk zeigt eine
Art Verzahnung der beiden Reihen untereinander, da der
untere Vorsprung des Schiffbeines entsprechend dem kleinen
vieleckigen Bein in die zweite Reihe hineinragt, und der
Kopf des Köpfchenbeines entsprechend dem Mondbein in
die erste Reihe vorspringt. Beuge- und Streckbewegungen
können also in dem mittleren Handwurzelgelenk ausgeführt
werden, aber seitliche Bewegungen sind sehr beschränkt
oder fast Null.

Es folgt aus dieser Anordnung: 1. dass die Beuge- und
Streckbewegungen der Hand im Handgelenk sehr ausgedehnt sind und sowohl nach vorne wie nach hinten bis zum
rechten Winkel gehen können, da die Beweglichkeit des
Speichenhandwurzelgelenkes und die des mittleren Hand-
wurzelgelenkes bei diesen Bewegungen in gleichem Sinne
zur Geltung kommt; dass dagegen die Seitwärtsbewegung
nur beschränkt ist, da sie sich nur in dem Handwurzelspeichengelenk vollzieht, und dieses Gelenk starke Seitenbänder besitzt, die straff genug sind, um die Ausgiebigkeit

der Bewegung bedeutend zu schmälern. — 2. Dass bei der Beugung der Hand, selbst dann, wenn sie bis zur rechtwinklichen Stellung gegenüber dem Unterarm ausgeführt wird, der Rücken des Handgelenkes keinen scharfen Winkel bildet, sondern eine gerundete Fläche darstellt, weil der rechte Winkel, den die Hand mit dem Unterarm bildet, sich auf zwei Gelenklinien verteilt, zur Hälfte auf das Speichenhandwurzelgelenk, zur Hälfte auf das mittlere Handwurzelgelenk. —

Der Metacarpus oder das Skelett der Mittelhand ist eine Art knöchernes Gitter und besteht aus fünf gleichlaufend nebeneinanderliegenden Knochen (Mittelhandknochen), die durch Zwischenräume (Zwischenknochenräume) von einander getrennt sind. Die Mittelhandknochen (Fig. 19) sind trotz ihrer geringen Grösse zu den langen Knochen zu rechnen, denn sie bestehen aus einem Körper, der mehr oder weniger deutlich dreikantig ist, und zwei Endstücken. Ihr oberes oder Handwurzelende ist würfelförmig, ihr unteres oder Fingerende abgerundet und wird als Köpfchen bezeichnet. — Man unterscheidet die Mittelhandknochen als ersten, zweiten, dritten, indem man sie vom Daumen nach dem kleinen Finger fortschreitend zählt, oder man benennt sie nach den ihnen entsprechenden Fingern (Mittelhandknochen des Daumens, des Zeigefingers u. s. w.

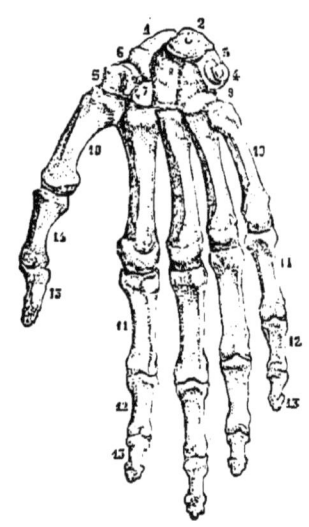

Fig. 19.
Knochengerüst der Hand, von der Hohlhand. 1, 2, 3, 4 die vier Knochen der oberen Handwurzelreihe; 5, 7, 8, 9 die vier Knochen der unteren Handwurzelreihe; 10—10 die Mittelhandknochen; 11 die ersten, 12 die zweiten, 13 die dritten Fingerglieder; 14, 15 die beiden Glieder des Daumens.

Der erste Mittelhandknochen, der dem Daumen gehörige ist sehr kurz und durch einige Merkmale ausgezeichnet, die bei der Besprechung der ihm eigentümlichen Bewegungen erwähnt werden sollen. Der zweite,

der Mittelhandknochen des Zeigefingers, und der dritte, der
des Mittelfingers sind die längsten. Namentlich der dritte
überragt alle anderen an Länge, so dass eine durch das
Köpfchen der Mittelhandknochen gezogene Linie nach unten
gekrümmt erscheint, und in der Höhe des dritten Mittelhandknochens den Gipfel der Krümmung zeigt. Wenn die
Hand fest geschlossen ist, mit gegen die Hohlhand gebeugten Fingern, bildet dieses Köpfchen des dritten Mittelhandknochens den vorspringenden Teil an der Faust. — Die
Mittelhandknochen stehen mit ihren oberen Enden in Gelenkverbindung mit der Handwurzel. Die Einrichtung dieser
Gelenke ist bei dem ersten Mittelhandknochen (Daumen) einerseits und den vier übrigen andererseits eine ganz verschiedene.

1. Die Gelenkverbindung des Daumens mit der Handwurzel wird gebildet durch eine sattelförmige Gelenkfläche
an dem grossen vieleckigen Bein, d. h. eine Fläche, die in
einer Richtung (von hinten nach vorn) gewölbt, in der entgegengesetzten (quer) vertieft ist, und aus dem unteren Endstücke des ersten Mittelhandknochens, dessen Gelenkfläche
im entgegengesetzten Sinn gewölbt und vertieft ist und also
auf die erstgenannte passt. Daraus folgt, dass der Mittelhandknochen des Daumens, so gut wie der Reiter sich im
Sattel nach hinten, nach vorne und nach beiden Seiten bewegen kann, auch in allen diesen Richtungen beweglich ist
und selbst eine Bewegung in der Runde, bei welcher die
Spitze des Daumens einen Kreisbogen beschreibt, auszuführen
vermag. Diese besondere Beweglichkeit ermöglicht es dem
Daumen sich vom Zeigefinger zu entfernen, den anderen
Fingern gegenüberzustellen und ihnen in dieser Lage wieder zu nähern. Wir nennen diese Bewegung die Oppo-
sition des Daumens; nur durch die Möglichkeit der Oppo-
sition des Daumens ist die menschliche Hand ein so ausge-
zeichnetes Werkzeug zum Festhalten und zur Ausführung aller
Handarbeiten. Das Daumenhandwurzelgelenk, in welchem
diese Bewegung ausgeführt wird, verdiente deshalb eine gesonderte Erwähnung und wir wollen zur Ergänzung seiner Be-

schreibung noch hinzufügen, dass seine Gelenkkapsel weit genug ist, um den Knochen alle Bewegungen freizugeben, welche die Gestalt der Gelenkflächen ermöglicht.

2. Im Gegensatz dazu sind die Handwurzelgelenke der vier anderen Mittelhandknochen fast ohne jede Beweglichkeit. Während das obere Endstück des ersten Mittelhandknochens frei, mit dem zweiten nicht in Verbindung ist, berühren sich die oberen Endstücke der vier anderen mit ihren Seitenflächen und sind durch Bänder an dem Handrücken, an der Hohlhand und selbst durch Zwischenknochenbänder mit einander vereinigt. Ausserdem ist die quere Linie, in der sich die untere Reihe der Handwurzelknochen und die oberen Enden der Mittelhandknochen vereinigen, geknickt, da Handwurzel und Mittelhand abwechselnd gegen einander vorspringen, namentlich in der Gegend des zweiten und dritten Mittelhandknochens, wo diese Linie etwa die Form eines M zeigt, weil von dem dritten Mittelhandknochen ein Fortsatz zwischen die Handwurzelknochen vorragt und zugleich das kleine vieleckige Bein sich in einen Ausschnitt am oberen Endstück des zweiten Mittelhandknochens einsenkt (Fig. 19). Die Handwurzel und die vier letzten Mittelhandknochen bilden also zusammen ein Ganzes, dessen einzelne Teile gegen einander wenig beweglich sind und nur um die Elastizität der Gesamtmasse zu erhöhen, geringe Verschiebungen zulassen. — Es ist ja verständlich, dass bei heftigem Druck oder Stössen, wenn die Mittelhand aus einer einzigen zusammenhängenden Knochenplatte bestände, leicht Brüche eintreten würden, und dass diesen Unfällen durch die Zusammensetzung aus einer Anzahl einzelner Knochenstücke, die geringe Verschiebungen zulassen, ohne doch wirklich unter einander beweglich zu sein, vorgebeugt wird. Von demselben Gesichtspunkte aus erklärt es sich, warum die beiden Reihen der Handwurzelknochen, anstatt je einen einzigen Knochen zu bilden, vorteilhafter aus einer Anzahl neben einanderliegender, durch vordere, hintere und Seitenbänder fest verbundener Knochen zusammengesetzt sind.

Die Finger bestehen aus kleinen, langen Knochen, die
an einander gereiht sind und Phalangen genannt werden;
jeder Finger besitzt drei Phalangen oder Fingerglieder, mit
Ausnahme des Daumens, welcher nur zwei hat. Man unterscheidet die Fingerglieder als erstes, zweites, drittes, indem
man sie von oben nach unten, von der Ansatzstelle der
Finger zu ihrem freien Ende hin zählt (11, 12, 13, Fig. 19),
das dritte heisst auch das Nagelglied, weil es den Nagel
trägt. — Die Fingerglieder bestehen wie alle langen Knochen
aus einem Körper und zwei Endstücken. Der Körper ist
von vorne nach hinten abgeplattet und zeigt eine vordere
etwas vertiefte Fläche zur Aufnahme der Beugesehne für die
Finger. Die Beschaffenheit der Endstücke werden wir bei
Besprechung der Fingergelenke kennen lernen. —

Solcher Gelenke giebt es für jeden Finger 1. ein Mittel-
handfinger-Gelenk — 2. ein Gelenk zwischen erstem und
zweitem Glied und ein in der gleichen Weise gestaltetes
zwischen zweitem und drittem Glied.

1. Die Mittelhandfingergelenke werden durch den
Kopf des Mittelhandknochens und eine Gelenkgrube am unteren Endstück des ersten Fingergliedes gebildet (Fig. 19).
Eine derartige Anordnung muss alle Bewegungen ermöglichen und es lässt sich leicht feststellen, dass jeder Finger
sich beugen (gegen die Hohlhand), strecken und wechselnd
seitlich bewegen kann, (Spreizen der Finger und Annäherung
derselben bis zur völligen Berührung); — nur die Gelenkkapsel, die Faserhülle, welche jedes Mittelhandfingergelenk
umgiebt, setzt den Bewegungen bestimmte Schranken. So
kann die Streckung nicht über die Stellung fortgeführt werden, bei der die Mittellinie des Fingers mit der des Mittelhandknochens einen ganz stumpfen, nach hinten offenen
Winkel bildet, denn in dieser Lage wird der vordere Teil
der Gelenkkapsel angespannt, und setzt, da er dick und aus
festen Fasern gewebt ist, der weiteren Streckung bedeuten-
den Widerstand entgegen. Ausserdem ist diese Kapsel beiderseits durch ein Seitenband verstärkt, welches an dem

hinteren Teil des Mittelhandköpfchens entspringt und bei
der Beugung angespannt wird, wenn dieselbe den rechten Winkel erreicht hat, und durch seine Spannung eine
weitere Beugung verhindert. Man kann an sich selbst sich
leicht davon überzeugen, dass man nicht im Stande ist,
das erste Fingerglied über dieses Mass hinaus zu beugen,
d. h. dass man unter keinen Umständen die Vorderfläche
des ersten Fingergliedes zur Berührung mit der Handfläche
zu bringen vermag; nur die übrigen Fingerglieder können
bis zur Berührung mit der Handfläche kommen, wie wir
bei Besprechung der Gelenke zwischen erstem und zweitem,
sowie zweitem und drittem Fingerglied sehen werden.

2. Die Gelenke der Fingerglieder, sowohl die der
ersten mit den zweiten, wie die der zweiten mit den dritten sind
nach einer ganz anderen Grundform gebaut, wie die Mittelhandfingergelenke. — Anstatt eines in eine Gelenkgrube
eingefügten Kopfes finden wir hier an dem unteren Endstück des Fingergliedes eine rollenförmige Gelenkfläche, die
aus zwei vorspringenden Rändern und einer zwischen ihnen
liegenden Hohlrinne besteht, und andererseits an dem oberen
Endstück des folgenden Gliedes zwei Vertiefungen, die den
beiden Rändern der Rolle entsprechen und durch einen der
Hohlrinne entsprechenden Vorsprung getrennt sind.

Es ist demnach allemal leicht, wenn man ein einzelnes
Fingerglied vor sich hat, zu entscheiden, ob es ein erstes,
zweites oder drittes ist, weil das erste an seinem unteren
Ende nur eine einzige Gelenkgrube hat, während das zweite
und dritte zwei nebeneinanderliegende Gelenkgruben auf-
weisen, und im übrigen das dritte auf den ersten Blick von
dem zweiten dadurch zu unterscheiden ist, dass sein freies
Ende spatelförmig verbreitert erscheint zur Aufnahme des
Nagels. — Aber die wichtigste Folgerung, die wir aus dieser
Beschreibung der Gelenkflächen an den Fingergliedern zu
ziehen haben, ist die, dass dieselben, sowie sie in ihrer
Rollengestalt der Grundform des Ellenbogengelenkes gleichen,
auch die gleiche Bewegungsart zeigen müssen, d. h. dass

sie wie jedes Scharniergelenk nur Beuge- und Streckbewegungen zulassen. Jeder kann an der eigenen Hand beobachten, dass zwar die Finger in ihren Mittelhandgelenken
gebeugt, gestreckt und seitwärts geneigt werden können, dass
aber die Fingerglieder sich nur zu beugen und zu strecken
vermögen, — d. h. dass der Finger, während er an seinem
oberen Endstück (an der Verbindungsstelle mit der Mittelhand)
nach allen Richtungen beweglich ist, in den Gelenken seiner
Einzelglieder nur gebeugt und gestreckt werden kann. — Die
Streckbewegungen der Fingerglieder sind begrenzt, da die
Kapsel an der Vorderseite der Gelenke die bei dieser Bewegung angespannt wird, kurz und stark genug ist, um derselben ein Ziel zu setzen; übrigens findet man in dieser Hinsicht grosse Unterschiede bei den einzelnen Menschen, und
bisweilen ist die Elasticität und Geschmeidigkeit der Finger
eine so bedeutende, dass sie nach hinten umgeschlagen werden können. Für die Beugung giebt es dagegen so zu sagen
gar keine Grenze, sie geht so weit, bis die Weichteile an der
Vorderseite eines Fingergliedes die des anderen berühren.

Nachdem wir hiermit die einzelnen Teile des Knochengerüstes vom Arme mit Rücksicht auf ihre Bewegungen und
ihre Gestalt beschrieben haben, wenden wir uns zu dem
Studium ihrer Proportionen, und werden da zu untersuchen
haben, in welchen Beziehungen die Länge des Armes zur
Körpergrösse steht und wie sich andererseits die Hauptabschnitte der Glieder in ihrer Länge zu einander verhalten.

Die Beziehung der Armlänge zur Körpergrösse kann in
doppelter Weise ausgedrückt werden; 1. indem man beide
Arme in wagerecht ausgestreckter Stellung misst; das so
gewonnene Mass von der Spitze einer Hand zu der andern
nennen wir Klafter; dasselbe umfasst nicht nur die Länge
beider Arme, sondern auch die Schulterbreite; — 2. indem
man untersucht, wie weit bei senkrecht herabhängendem
Arm das untere Ende der Hand (der Nagel des Mittelfingers)
an dem Bein herabreicht. —

1. Das Verhältnis des Klafters zur Körpergrösse ist schon

.seit alten Zeiten durch eine Figur ausgedrückt worden, die man das Quadrat der Alten nennt (Fig. 20); wenn man zwei wagerechte Linien zieht, deren eine (c d) die Fusssohle und deren andere (a b) den Scheitel berührt, und zwei senkrechte, die die beiden Enden der wagerecht ausgestreckten Arme berühren (a c und b d),

bilden diese vier Linien ein regelmässiges Viereck; mit anderen Worten: ein Mensch mit wagerecht ausgestreckten Armen kann in ein Quadrat eingezeichnet werden, da der Klafter der Körperlänge gleich ist. — Diese Angabe trifft aber nur für den mittelgrossen Menschen kaukasischer Rasse zu, dagegen gilt sie nicht für die gelben und

Fig. 20.
Das Quadrat der Alten.

schwarzen Rassen, bei welchen die Klafterlänge die Körpergrösse überwiegt. Wenn man vom Menschen zum menschenähnlichen Affen übergeht (Schimpanse, Gorilla u. s. w.), findet man, dass bei diesen die Klafterlänge gegenüber der Körpergrösse immer mehr zunimmt und schliesslich fast das Doppelte beträgt. Beim Gorilla beträgt die Körperlänge 1,70 m, die Klafterweite 2,70 m und beim Schimpanse entspricht eine Klafterweite von 2 m der Körperlänge von 1,49 m.

2. Untersucht man den am Körper frei herabhängenden Arm, so findet man bei dem mittelgrossen Europäer die Spitze des Mittelfingers im allgemeinen der Mitte des Oberschenkels entsprechend; bei Leuten von kleiner Gestalt reicht die Spitze der Hand etwas tiefer als die Schenkelmitte herab, und erreicht diese andererseits nicht ganz bei sehr hochgewachsenen Personen. Bei den gelben und schwarzen Rassen liegt die Handspitze unterhalb der Schenkelmitte, und wenn wir vom Menschen zum menschenähnlichen Affen herabsteigen, beobachten wir, dass beim Schimpansen die Spitze der Hand bis unter das Knie reicht, beim Gorilla der Mitte

des Unterschenkels entspricht und endlich beim Orang, namentlich aber beim Gibbon, bis an die Knöchel geht. — Wenn wir unter den verschiedenen Abschnitten der oberen Gliedmassen einen Teil suchen, welcher als gemeinsames Mass unter ihnen gelten könnte, finden wir nichts Entsprechendes; die Länge der Hand, welche als natürliches Mass gegeben erscheinen könnte, geht in den Massen der übrigen Teile nicht mit ganzen Zahlen auf, weder in denen der Schulterknochen, noch in der Länge des Ober- und Unterarms. Wenn man aber von der Länge der Hand das letzte Glied des Mittelfingers abzieht, gewinnt man ein Mass, das ziemlich genau der Länge des inneren Schulterblattrandes, und also auch der des Schlüsselbeines entspricht, und wenn man dieses als Handlänge bezeichnet, kann man sagen, dass der Oberarm zwei, der Unterarm eine und eine halbe Handlänge messen; jedoch sind diese Massverhältnisse so wechselnd, dass wir nicht weiter dabei verweilen wollen. Vielleicht könnte noch mehr Gewicht darauf gelegt werden, dass die Hand als Massstab für die Gesamtlänge des Körpers gelten kann, da diese zehn Handlängen ausmacht; aber es ist das ein Massverhältnis, welches zwar oft der Wirklichkeit entspricht, aber zu häufig Ausnahmen zeigt, um als Regel gelten zu können. —

Uebrigens sei hier ein für allemal bemerkt, dass für den Anatomen ein allgemein gültiger K a n o n, d. h. eine Regel für die Massverhältnisse, welche auf alle Personen, sowohl grosse wie untersetzte Gestalten gleich gut passt, nicht vorhanden ist. Wenn man dagegen unter Kanon eine ideale Regel versteht, nach welcher eine menschliche Gestalt gebildet sein mus, um dem Schönheitsgefühl zu entsprechen, so werden wir die Frage nach den Massen eines solchen als ausserhalb des Gebietes der Anatomie liegend bezeichnen müssen; wir haben uns hier aber nicht mit den Lehren der Aesthetik zu befassen und werden uns deshalb darauf beschränken, wo wir die Frage nach den Massverhältnissen berühren, zu erwähnen, innerhalb welcher mehr

oder weniger weiter Grenzen wir durch unmittelbare Beobachtung feststellen können, dass ein Teil eines Gliedes als
gemeinsamer Massstab für dieses Glied und für die gesamte
Körperlänge dienen kann.

Deshalb wollen wir hier nur mit Rücksicht auf die geschichtliche Wichtigkeit, aber ohne uns über den anatomischen Wert Täuschungen hinzugeben, an die Theorie des
ägyptischen Kanon, wie sie Karl Blank aufgestellt hat,
erinnern, nach welcher die Länge des Mittelfingers
als gemeinsames Mass genommen, neunzehnmal in der
Körperlänge aufgeht. Es findet sich thatsächlich in der »Aus-
wahl von Grabmonumenten« von Lepsius (Leipzig 1852)
die Zeichnung einer sehr beachtenswerten ägyptischen Figur,
welche durch Querlinien in neunzehn Abschnitte (ungerechnet
den Kopfputz) geteilt ist. Da nun an verschiedenen Stellen bei Schriftstellern des
Altertums sich Hinweise darauf finden, dass
die egyptischen Bildhauer den Mittelfinger
als Grundmass für den Kanon angesehen hätten, hat Karl Blank in sehr
geistreicher Weise darauf aufmerksam gemacht, dass an der betreffenden Figur
eine der wagrechten Linien, die achte von
unten an gezählt, genau durch das obere
Ende des Mittelfingers geht (an der geschlossenen rechten Hand, die den Schlüssel
trägt), während die siebente das untere
Ende des völlig ausgestreckten Mittelfingers
der linken Hand berührt. — Es scheint
darnach sehr wahrscheinlich, dass die Anordnung dieser Querlinien eine Masscin-
teilung der Körpergestalt gibt, und dass
der Zwischenraum zwischen der siebenten

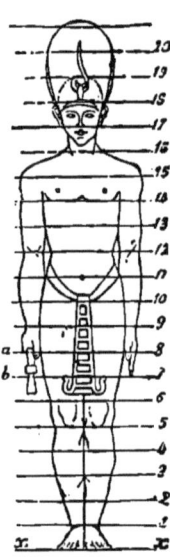

Fig. 21.

Der egyptische Kanon.

und achten die Länge des Mittelfingers anzeigt, die demnach
als Grundmass für dieses System der Proportionen diente.
Nach dem egyptischen Kanon müsste sich die Länge

des Mittelfingers neunzehnmal in der Körperlänge finden;
vielleicht ist dieser Kanon auch von den griechischen
Künstlern angenommen worden und Karl Blank nimmt
an, dass Polykletos, der nach den Angaben von Pli-
nius und Cicero eine Abhandlung über die Proportionen
geschrieben hat, für welche eine unter dem Namen des
Speerträgers bekannte Marmorsäule als Beispiel diente, kein
anderes System, als den egyptischen Kanon befolgt habe;
jedenfalls findet man bei vielen aus dem Altertum stammen-
den Bildsäulen dieses Massverhältnis, dass die Körperhöhe
der neunzehnfachen Länge des Mittelfingers entspricht, wie z. B.
beim Achilles, wo die Körperlänge nur um zwei Milli-
meter die mit neunzehn vervielfältigte Länge des Mittelfingers übertrifft.

Ein Längenverhältnis, welches noch der Erwähnung bedarf, ist das des Unterarms zum Oberarm, namentlich da es
für den Anthropologen Gegenstand wichtiger Untersuchungen
gewesen ist, und uns Gelegenheit gibt, mit der Bezeichnung
»Index« uns vertraut zu machen, die wir im Folgenden
mehrfach anwenden werden, namentlich bezüglich der Ver-
hältniszahlen des queren und geraden Schädeldurchmessers.
— Man bezeichnet in der Anthropologie als Index die Zahl,
welche das Verhältnis einer Grösse zu einer zweiten Grösse
angibt, wenn die letztere gleich 100 gerechnet wird. —
Nehmen wir an, dass wir eine Länge A, die einen Meter beträgt, mit einer zweiten Länge B, die zwei Meter beträgt,
vergleichen wollten, so würden wir in diesem Fall, da die
erste Länge die Hälfte der zweiten ausmacht, sagen, dass
der gesuchte Index 50 ist. (Da 50 die Hälfte von 100 ist,
und man die zweite Länge gleich 100 setzt). Da der Unterarm kürzer als der Oberarm ist, ungefähr $^3/_4$ desselben ausmacht, ergibt sich, wenn man zur Bezeichnung der Ober-
armlänge die Zahl 100 setzt, die Zahl 75 als Länge des
Unterarms, und wenn man als «Index brachialis» das Längenverhältnis des Unterarms (des kürzeren) zu dem Oberarm
(dem längeren) bezeichnet, sagt man einfach, der Index bra-

chialis ist 75. — Diese Art der Bezeichnung, die im Grunde
nur darauf beruht, irgend ein Zahlenverhältnis durch ein
Prozentverhältnis auszudrücken, ist sehr wertvoll, da sie es
ermöglicht, in leicht verständlicher Form die Verschiedenheiten der Massverhältnisse bei verschiedenen Rassen und
Arten auszudrücken. —

So bezeichneten wir eben den Index brachialis (das Verhältnis des Unterarms zum Oberarm) als 75, und wählten
diese Zahl, um das Beispiel möglichst einfach zu gestalten;
thatsächlich ist bei erwachsenen Europäern der Index nur 74
(der Unterarm verhält sich zum Oberarm wie 74 zu 100).
Wenn man diese Gliedmassen bei dem erwachsenen Neger
misst und in die Prozentzahl umrechnet, findet man, dass
der Index brachialis hier 79 ist. Bei dem Neger erscheint
also der Unterarm im Verhältnis zum Oberarm länger.

Endlich, wenn man zu den Affenarten übergeht, sieht
man, dass der Index 80 und selbst 100 erreicht, d. h. die
Länge des Unterarmes der des Oberarmes gleichkommt, und
wir begreifen so, dass die bedeutende Länge der oberen
Gliedmassen bei den menschenähnlichen Affen besonders
durch die beträchtliche Länge des Unterarmes bedingt ist.
Aber von grösserer Bedeutung für uns ist die Thatsache,
dass bei derselben Menschenart der Index brachialis in verschiedenem Alter nicht der gleiche ist; so beträgt er bei
dem Kinde des Europäers zur Zeit der Geburt 80; vor
dem Ende des ersten Jahres nur noch 77 und sinkt im weiteren Verlauf des Kindesalters allmählich, um beim Erwachsenen die Zahl 74 zu erreichen. Daraus geht deutlich
hervor, dass während des Wachstums der Oberarm verhältnismässig schneller an Länge zunimmt, als der Unterarm. Wenn
wir jetzt noch einen Augenblick bei der vergleichenden
Anatomie verweilen dürften, würden wir an dem Skelett des
Löwen oder des Pferdes sehen, dass bei diesen Tieren der
Unterarm in gleichem Masse wächst, wie der Oberarm, so
er die Länge desselben bei dem ausgewachsenen Tier erreicht oder überschreitet.

Achte Vorlesung.

Das Becken, der Knochenring der Hüftgegend, bildet
den unteren Abschnitt des Rumpfes, sowie der Brustkorb
den oberen; es hat für die unteren Gliedmassen dieselbe
Bedeutung wie der Schultergürtel für die oberen. — Aber
während Brustkorb und Schultergürtel aus einer grösseren
Zahl getrennter, beweglicher Knochen (Brustbein, Rippen,
Schlüsselbeine, Schulterblätter) zusammengesetzt sind, besteht
das Becken nur aus vier grossen, dicken, unter einander
unbeweglichen Stücken. Von diesen vier Teilen sind zwei
hinten in der Mittellinie gelegen, unpaar, symmetrisch, das
ist das Kreuzbein und das Steissbein; die beiden anderen
sind paarig und zu beiden Seiten des Beckens gelegen, das
sind die Hüftbeine, von denen wir ein rechtes und ein
linkes unterscheiden.

Das Kreuzbein oder Heiligenbein (os sacrum),
(s. Fig. 3, 5, 6 und Fig. 24 und 27), angeblich so genannt,
weil es den Körperteil bildet, den die Alten als Opferstück
den Göttern darzubringen pflegten, besteht aus fünf, fest
unter einander verschmolzenen Wirbeln, den Kreuzbein-
wirbeln, deren einzelne Teile man aber bei genauer Betrachtung noch leicht wiedererkennt. Als Ganzes bildet es eine

Pyramide, deren Grundfläche (2, Fig. 24) nach oben und
vorne gerichtet ist, und dem sehr stark entwickelten Körper
des fünften Kreuzbeinwirbels entspricht. Da diese Pyramide
schief von oben vorne nach hinten unten gerichtet ist (Fig. 5),
zeigt sie eine vordere untere (hauptsächlich untere) Fläche,
an der man fünf verschmolzene Wirbelkörper erkennt (Fig. 3),
eine hintere oder richtiger obere Fläche, an der man die
unausgebildeten Dornfortsätze (s, Fig. 6) und die Bögen der
fünf Wirbel, die alle unter einander verschmolzen sind, bemerkt, und endlich zwei Seitenränder, die sich oben zu je
einer Fläche verbreitern für die Gelenkverbindung mit dem
entsprechenden Hüftbein, welche, da ihre Form der einer
Ohrmuschel entspricht, den Namen Ohrfläche (facies auri-
cularis) des Kreuzbeines erhalten hat (s. C, Fig. 5).

Das Steissbein (os coccygis), (21, Fig. 3), ist ein unentwickelter Schwanz, der, anstatt wie bei der Mehzahl der
Säugetiere, frei und beweglich zu sein, beim Menschen nach
dem Binnenraum des Beckens hin gekrümmt ist und die untere
Oeffnung desselben zum Teil mit verschliesst. Diese Einrichtung, die wir auch bei den menschenähnlichen Affen finden, steht in Beziehung zur aufrechten Haltung, da bei dieser
das Gewicht der Baucheingeweide auf das Becken trifft und
besondere Einrichtungen des Knochensystems zur Verstärkung
der unteren Oeffnung des Beckenringes erforderlich macht.
Das Steissbein besteht aus einer Reihe von fünf unter einander verbundenen und so schlecht ausgebildeten Wirbeln,
dass ein jeder von ihnen nur einen kleinen rundlichen Knochen
darstellt, einen unentwickelten Wirbelkörper; das Steissbein
erscheint also nur als eine Kette aus fünf Knöchelchen.

Die Hüftbeine (ossa ilei) sind zwiefach vorhanden,
eines an jeder Seite, stehen hinten mit dem Kreuzbein in
Gelenkverbindung und verbinden sich vorne unter einander
in der Schamgegend (Fig. 24, 27). Um die Anordnung und
die Namen der einzelnen Teile, die wir am Hüftbein unterscheiden, zu verstehen, müssen wir bemerken, dass dieser
Knochen zuerst, beim kleinen Kind, aus drei getrennten

Stücken besteht, die erst in späterem Alter verschmelzen.
Von diesen Stücken heisst das eine, obere, das Darmbein
(ileum); von den beiden anderen, unteren, heisst das vordere
das Schambein (os pubis) und das hintere das Sitzbein
(os ischii). Wie die Fig. 22 zeigt, vereinigen sich diese

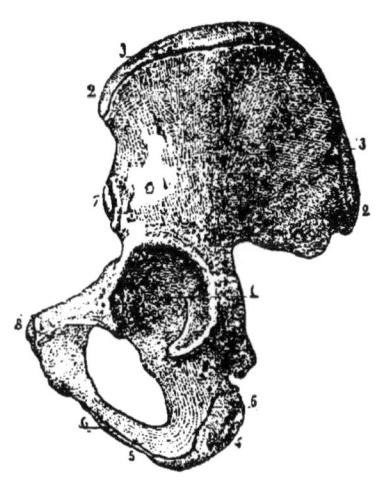

drei Stücke in der Mitte des
Knochens, in der Gegend der
grossen Hüftgelenkspfanne und
bilden hier eine Art drei-
strahligen Stern, dessen Mittelpunkt fast genau dem Mittelpunkt der genannten Gelenkpfanne entspricht. Wir werden
sehen, dass die Namen fast
aller Teile des Hüftbeines von
den Namen der drei es zu-
sammensetzenden Knochen-
stücke, Darmbein, Schambein,
Sitzbein, abgeleitet sind.

Fig. 22.

Das Hüftbein des Kindes, seine drei ursprünglichen Stücke. — 1 Gelenkpfanne.
— 2, 2 und 3, 3 Darmbein und Darmbeinkamm. — 7. Unterer, vorderer Darmbeinstachel. — 5, 4, 5, 6 Sitzbein. — 8. Schambein.

1. An der Aussenfläche des
Hüftbeines (Fig. 23) unterscheidet man oben eine grosse
Fläche, die die äussere Darmbeingrube genannt wird

(5, 6, Fig. 23), und durch zwei gebogene Linien, die Ansatzpunkte der Gesässmuskeln, ausgezeichnet ist (4, 5, Fig. 23).
Unter dieser Fläche des Darmbeines liegt eine grosse, tiefe,
runde Grube, deren Form mit der einer Pfanne verglichen
worden ist, und die man deshalb die Gelenkpfanne nennt;
sie ist dazu bestimmt, den Schenkelkopf zur Bildung des
Hüftgelenkes aufzunehmen. Den Umfang dieser Grube bildet
überall ein wallartig vorragender Rand mit Ausnahme des
untersten Teiles, wo derselbe eine tiefe Einkerbung, den
grossen Hüftgelenkseinschnitt, zeigt; derselbe bildet ein wert-
volles Merkmal, um sich über die natürliche Lage des Knochens,
wenn man ein einzelnes Hüftbein oder auch ein ganzes Becken

vor sich hat, leicht zu unterrichten. Bei aufrechter Körperstellung muss nämlich dieser Einschnitt, wie es die Fig. 23 zeigt,
senkrecht nach unten gerichtet sein. — Unterhalb der Gelenkpfanne zeigt das Hüftbein eine grosse Oeffnung, die das
verstopfte Loch (foramen obturatorium) genannt wird
(22, Fig. 23), weil es durch eine Sehnenfaserschicht überdeckt und fast völlig geschlossen wird. Die Knochen, die

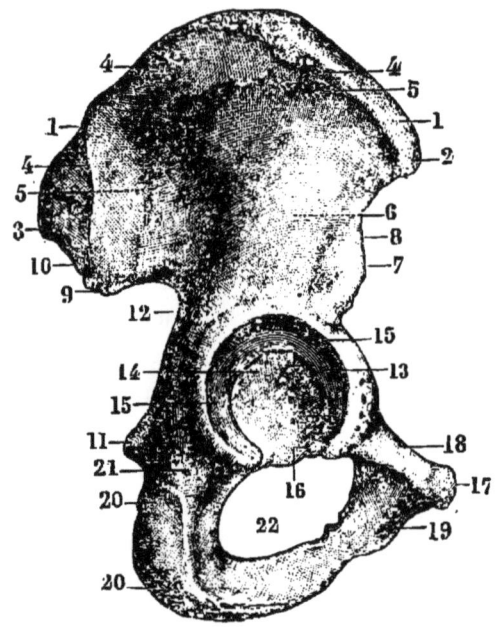

Fig. 23.

Rechtes Hüftbein, Aussenseite. 1, 1 Darmbeinkamm. 2 Vorderer, oberer Darmbeinstachel. 3 Hinterer, oberer Darmbeinstachel. 4 Hintere halbkreisförmige Linie. 5 Vordere
oder untere halbkreisförmige Linie. 7 Vorderer, unterer Darmbeinstachel. 11 Sitzbeinstachel. 12 Grosser Hüftbeinausschnitt. 13, 14, 15 Gelenkpfanne. 16 Ihr nach unten
gewandter Ausschnitt. 17 Schambeinstachel. 18 Wagerechter Schambeinast. 19 Körper
und absteigender Ast des Schambeines. 20 Sitzbeinknorren. 22 Verstopftes Loch.

diese Oeffnung umgeben, sind hinten der Tuber ischii, der
Sitzbeinknorren, vorne und oben der wagerechte Schambeinast (ramus horizontalis pubis), unten eine Knochenspange, die durch die Vereinigung des absteigenden Schambeinastes und des aufsteigenden Sitzbeinastes gebildet wird.

2. Die Innenseite des Hüftbeines zeigt oben die innere

Darmbeingrube, darunter eine ebene Fläche, die dem Grunde
der Gelenkpfanne entspricht und darunter das «verstopfte
Loch», dessen Begrenzungen oben angegeben wurden.

3. Als Ränder des Hüftbeines unterscheiden wir einen
oberen, vorderen, hinteren, unteren. Der obere Rand, der
Darmbeinkamm, ist dick und in der Form eines lateinischen
S gekrümmt; er zeichnet am Lebenden die Hüftlinien ab,
die Grenzen zwischen den Seitenteilen des Bauches und dem
Becken. Vorne endigt er in den oberen, vorderen Darmbeinstachel (spina iliaca anterior superior), (2, Fig. 23).
Der vordere Rand beginnt an diesem oberen, vorderen Darmbeinstachel und zeigt in der Reihenfolge von oben nach
unten eine Einbuchtung, dann wieder einen Vorsprung,
der der untere, vordere Darmbeinstachel genannt wird
(17, Fig. 23), und unter diesem eine Einbuchtung für den
Lendenmuskel (Psoas), und läuft endlich in den horizontalen Schambeinast aus, an dessen innerem Ende der
Schambeinstachel hervorragt (7, Fig. 23). Der hintere
Rand des Hüftbeines bildet eine tiefe Einbuchtung, die oben
von dem hinteren Darmbeinstachel (9, Fig. 23) begrenzt
wird und unten durch den Sitzbeinknorren. Diese Einbuchtung wird durch einen spitzen Vorsprung, Sitzbeinstachel
(11, Fig. 23), wieder in zwei ungleiche Teile geteilt, von
denen der obere, grössere der grosse Hüftbeinausschnitt
(12) und der untere, kleinere der kleine Hüftbeinausschnitt genannt wird. Der untere Rand endlich wird durch
den absteigenden Schambeinast und den aufsteigenden Sitzbeinast gebildet. Wir schliessen die Beschreibung dieses
wichtigen Knochens mit der Bemerkung, dass von seinen
vier Ecken die obere, vordere (2) durch den oberen, vorderen
Darmbeinstachel, die untere, vordere durch das Schambein,
dessen rauhe Endfläche mit dem Schambein der anderen
Seite in Verbindung steht (17), gebildet wird. Die hintere,
untere Ecke wird durch den Sitzbeinknorren gebildet, und
die hintere, obere, welche dick und stumpf ist, trägt an
ihrer Innenseite eine grosse rauhe Gelenkfläche, nach ihrer

Form Ohrfläche genannt, ebenso wie die Oberfläche des Kreuzbeins, womit sie in Verbindung steht.

Zur Bildung des Beckens verbinden sich die beiden Hüftbeine unter einander und mit dem Kreuzbein durch Gelenke, die mit den bisher an den Gliedmassen beschriebenen, wie das Schulter- oder Ellenbogengelenk, nichts gemein haben. In den Gelenken der Gliedmassen zeigen die Knochen glatte, einander entsprechende Gelenkflächen, zwischen die nichts zwischengelagert ist und die daher aneinander gleiten können; daher sind diese Gelenke durch ihre Beweglichkeit ausgezeichnet. — Das Kreuzbein steht beiderseits mit den Hüftbeinen in Gelenkverbindung, aber im Gegensatz zu den eben genannten wird diese Verbindung durch rauhe Flächen gebildet, zwischen die mehr oder weniger starke Lagen von Fasergewebe eingeschoben sind (ähnlich den Zwischenwirbelknorpeln), die also nicht aneinander gleiten können, sondern fest miteinander vereinigt sind. Diese Gelenke, die wir Fugen, Symphysen nennen (σύν, zusammen, Φύομαι, wachsen), sind nicht durch Beweglichkeit, wohl aber durch Festigkeit ausgezeichnet. Hinten halten die beiden Kreuzbein-Hüftbeinfugen das Kreuzbein fest zwischen den beiden Hüftbeinen eingeklemmt, und starke, hinter den Fugen gelegene Bänder ermöglichen es dem Kreuzbein, die Lasten zu tragen, die ihm durch die Wirbelsäule aufgebürdet werden. Auch an der Vorderseite wird die Schamfuge ausser der Bandmasse, die zwischen die Flächen der Schambeine eingefügt und mit diesen verwachsen ist, durch oberflächlich gelegene Bänder, die von einem Knochen zum andern gehen, verstärkt. Diese Symphysen bedingen es, dass das Becken, Kreuzbein, mit den beiden Hüftbeinen ein einheitliches Ganzes bildet; gleichzeitig kann aber das Becken, dank dieser Gelenkverbindungen, denen zwar keine Beweglichkeit, wohl aber eine gewisse Elasticität eigen ist, Stössen, die durch die Wirbelsäule oder durch die unteren Gliedmassen auf dasselbe übertragen werden, Widerstand leisten, ohne zu brechen, wie das leicht geschehen könnte, wenn das Becken durch einen einzigen

in sich geschlossenen Knochenring gebildet wäre. Die Fugen
zwischen Darmbein und Kreuzbein, sowie die Schamfuge wirken wie eingeschobene elastische Kissen, welche die Bewegung
oder den Stoss dämpfen, wie er beispielsweise das Becken
trifft, wenn wir von einem erhöhten Punkt herabspringen
und mit den Fusssohlen auf den Boden auftreffen.

Ausser diesen Fugen zeigt das Becken noch Bänder,
die sich zwischen mehr oder weniger von einander entfernten
Knochenteilen ausspannen. So finden sich hinten die beiden
Kreuzbein-, Sitzbeinbänder, die gemeinsam vom Rande des
unteren Kreuzbeinabschnittes in Gestalt eines breiten, faserigen
Bandes entspringen und in ihrem Verlauf nach aussen auseinanderweichen, um sich endlich, die grössere Abteilung an
den Sitzbeinknorren, die kleinere an den Sitzbeinstachel anzuheften. Diese Bänder verwandeln die Hüftbeinausschnitte
in Löcher, durch welche wichtige Muskeln austreten, und
werden auch nur aus diesem Grunde hier erwähnt, denn in
der äusseren Form treten sie nicht zu Tage, da sie von der
dicken Fleischmasse der Gesässmuskeln bedeckt sind. Das
gilt aber nicht von denjenigen Band- oder Fadensträngen,
die an der Vorderseite des Beckens liegen und von dem
vorderen, oberen Darmbeinstachel zum Schambeinstachel
ziehen. Dieses Band, das sogenannte Poupartische Band,
liegt unmittelbar unter der Haut und entspricht der Weichenfurche; an der Stelle, wo es liegt, nimmt das Unterhautzell-
gewebe wenig oder gar kein Fett auf, und da dieses die
Lederhaut in der ganzen Länge dieses Bandes fest an dasselbe anheftet, muss demselben entsprechend sich eine Furche
bilden, die von dem Darmbeinstachel an den Schambeinstachel verläuft. Diese Furche ist die Weichenfurche oder
Schenkelbeuge, die die Grenze zwischen der Haut des
Bauches und der Vorderfläche des Oberschenkels bildet.

Das Becken als Ganzes bildet eine Pyramide, deren
Grund nach oben, deren abgestumpfte Spitze nach unten
gerichtet ist. Diese Spitze liegt bei dem menschlichen Körper
völlig versteckt, da die Beine sich jederseits an dieselbe an-

setzen und in der Mittellinie einander so nahe stehen, dass
der zwischen ihnen liegende Raum, das Perinaeum, der Damm,
ganz schmal ist. Aber die Grundfläche der Pyramide, der
obere Rand des Beckens, zeichnet seinen Umriss im ganzen
Umfang, oder wenigstens an den Seiten und vorne deutlich
ab; an jeder Seite bilden die Darmbeinkämme, die oberen
Ränder der Darmbeine, eine leicht geschwungene Linie, die
in der Mitte am höchsten ist und deren vorderes Ende steil
nach unten abfällt, um in dem vorderen, oberen Darmbeinstachel zu endigen, einem Knochenvorsprung, der bei Personen ohne starkes Fettpolster stets deutlich sichtbar ist.
Vorne zeigt der obere Rand des Beckens einen grossen Ausschnitt, dessen Oeffnung nach oben gewandt ist, dessen Mitte
der Schambeinfuge entspricht, und dessen Seitenteile durch
die Poupartischen Bänder, die jederseits vom Schambeinstachel zum oberen, vorderen Darmbeinstachel ziehen, gebildet werden. —

Dieser vordere, in der Mittellinie gelegene Ausschnitt
des Beckens bezeichnet die untere Grenze des Bauches und
gibt zusammen mit dem unteren Ausschnitt des Brustkorbes,
der Magengrube, welcher er gegenüberliegt, der vorderen
Bauchgegend die Gestalt eines am oberen und unteren Rand
abgerundeten Schildes; eine Form, die die Künstler des Altertums in der Weise zu übertreiben pflegten, dass sie der
Magengrube statt der Gestalt des Spitzbogens, die sie am
Skelett zeigt, eine abgerundete Form gaben. Wir haben oben
angegeben, dass diese von den Bildhauern des Altertums in
zahlreichen Fällen angenommene Form eine gewisse Berech-
tigung hat.

Nachdem wir das Becken in Bezug auf seinen Bau und
seine Beteiligung an den äusseren Körperformen betrachtet
haben, müssten wir die Massverhältnisse desselben studieren,
d. h. die Querdurchmesser der Beckengegend. Da aber die
Vorragung der Hüften nicht nur durch die oberen Ränder
der Darmbeine, sondern auch durch die grossen Rollhügel
des Oberschenkels gebildet wird, werden wir uns dieser

Aufgabe erst zuwenden können, nachdem wir die Beziehungen
der Schenkelknochen zu dem Becken kennen gelernt haben;
wir werden uns deshalb zunächst auf eine vergleichende Betrachtung des Beckens an sich beim männlichen und weiblichen Körper beschränken.

Unter allen Abschnitten des Knochengerüstes zeigt das
Becken den Geschlechtsunterschied in der ausgebildetsten

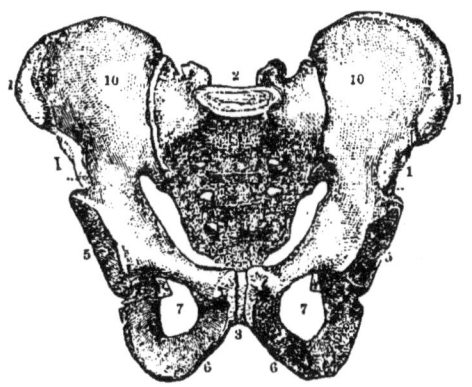

Fig. 24.

Männliches Becken. 1, 1 Darmbeinkämme. 2 Kreuzbein. 3 Schamfuge. 6, 5 Gelenk-
pfannen. 6 Absteigende Schambein- und aufsteigende Sitzbeinäste. 7. Verstopftes Loch.
10, 10 Innere Darmbeingruben.

Weise, und nichts ist leichter, wenn man nur ein wenig
Uebung besitzt, als auf den ersten Blick zu entscheiden, ob
ein Becken dem Körper eines Mannes oder dem einer Frau
angehört hat.   Das männliche und weibliche Becken unterscheiden sich so wohl durch ihre Gestalt im allgemeinen, wie
durch gewisse einzelne Formunterschiede.

Was die Gestalt im allgemeinen anlangt, ist das weibliche Becken weiter und kürzer als das des Mannes (Fig. 24).
Beim Mann misst der obere Querdurchmesser, die Ver-
bindungslinie der am weitesten nach aussen vorspringenden
Punkte an beiden Darmbeinkämmen 25—32 cm, im Mittel
28 cm, während diese Linie beim Weib 26—35 cm, im
Mittel 30 cm beträgt.   Dagegen ist das Höhenmass des
Beckens beim Mann ungefähr 20 cm, während es beim Weibe
nur 18 cm erreicht.   Wenn wir (s. Fig. 24 und 27) ein

männliches und weibliches Becken vergleichend betrachten,
finden wir, dass das erstere an seinem unteren Ende sehr
eng, das letztere dagegen verhältnismässig weit ist; denken
wir uns beiderseits an die Seitenwandungen des Beckens
eine dieselben berührende Ebene gelegt, so würden beim
weiblichen Becken diese Ebenen sich erst weit unterhalb
seines Endes schneiden, während sie beim männlichen Becken
in ganz geringem Abstand vom unteren Ende zusammen-
treffen müssten. Wir können also, angesichts der Figuren
25 und 26, die diese Anordnung schematisch wiedergeben,

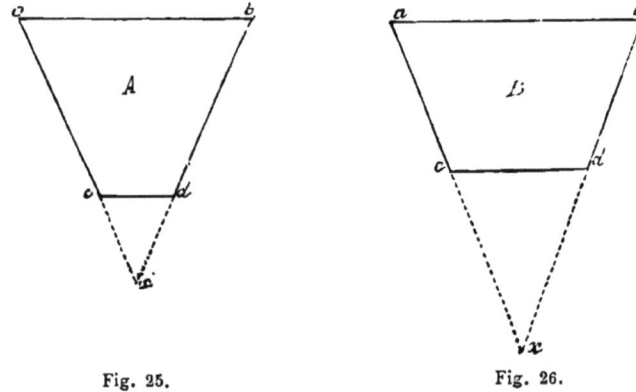

Fig. 25.   Fig. 26.

Umrisszeichnungen, welche zeigen, dass das Becken des Mannes einen (A) langen Abschnitt
(a, b, c, d) eines kurzen Kegels (a, b, x) und das des Weibes (B) einen kurzen Abschnitt
(a, b, c, d) eines langen Kegels (a, b, x) bildet.

wenn wir daran festhalten, dass die Beckenform einem Pyra-
miden oder Kegelabschnitt entspricht, die obigen Betrachtungen in folgender einfachen Form zusammenfassen: Das
Becken des Mannes entspricht einem langen Abschnitt eines
kurzen Kegels (Fig. 25), das des Weibes einem kurzen Abschnitt eines langen Kegels.

Die einzelnen Formunterschiede bei den Becken beider
Geschlechter beziehen sich 1. auf die Wanddicke; beim Mann
sind die Wandungen dicker, die Darmbeinkämme stärker,
die verschiedenen, als Muskelansätze dienenden Knochenvorsprünge ausgeprägter; 2. auf den Schambeinbogen und
die verstopften Oeffnungen. Da wir oben gesehen haben,

dass das weibliche Becken in seinem unteren Abschnitt bedeutend weiter als das männliche ist, erscheint es selbstverständlich, dass wir alle Teile dieses unteren Abschnittes
in querer Richtung ausgedehnter, breiter beim Weibe als
beim Mann finden; so erscheint der Schambeinbogen,
welcher oben durch die Schamfuge und zu beiden Seiten
durch die absteigenden Schambeinäste begrenzt wird, beim

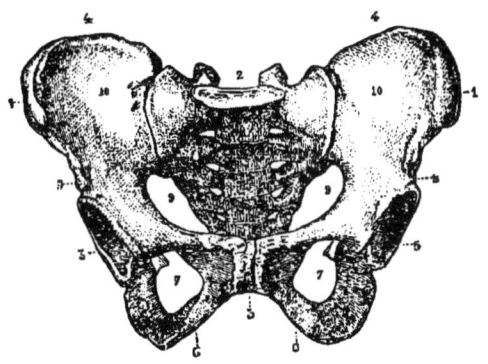

Fig. 27.
Weibliches Becken. Die Buchstaben wie in Fig. 24.

Weibe sehr weit und niedrig und entspricht in seiner Form
einem niedrigen Rundbogen, während derselbe beim Mann
(vergl. Fig. 24 und 27, 3, 6, 6) schmal und hoch, fast dreieckig ist, also einen Spitzbogen darstellt. Aus demselben
Grunde stehen die Sitzbeinknorren beim Weib weiter auseinander als beim Mann, und die verstopften Oeffnungen sind
beim Weib breit und dreieckig, während sie beim Mann
schmal und eiförmig gestaltet erscheinen.

Neunte Vorlesung.

Der Femur, oder Oberschenkelknochen, ist ein langer Knochen, der mächtigste im ganzen Skelett, und besteht, wie alle langen Knochen, aus einem Körper und zwei Endstücken (Fig. 28). Wir werden zuerst sein oberes Endstück betrachten, um uns über seine Gelenkverbindung mit dem Hüftbein zu unterrichten.

Das obere Ende des Oberschenkelknochens besteht aus einem durch einen Hals getragenen Kopf und zwei Rollhügeln, die an der Vereinigungsstelle des Halses mit dem Körper des Knochens sitzen. — Der Kopf des Oberschenkelknochens (5, Fig. 31) ist regelmässig rund und entspricht drei Vierteilen einer Kugel; seine runde Oberfläche ist nach innen gewandt, glatt und mit Knorpel überzogen mit Ausnahme einer kleinen Grube (6, Fig. 31), die unterhalb ihrer Mitte liegt und einem im Inneren des Gelenkes verlaufenden Bande, dem runden Bande, als Ansatzpunkt dient. — Der Hals des Oberschenkelknochens geht, in Gestalt eines von vorne nach hinten etwas abgeplatteten Cylinderabschnittes von dem Grunde des Kopfes nach unten und aussen, und setzt sich in einem stumpfen, nach unten innen offenen

Winkel an den Körper des Knochens an (Fig. 28). Der
Winkel, den die Mittellinie des Halses mit der des Körpers
bildet, ist bei den einzelnen Personen in bestimmter Weise
verschieden; beim Mann beträgt er ungefähr 135 Grad, beim

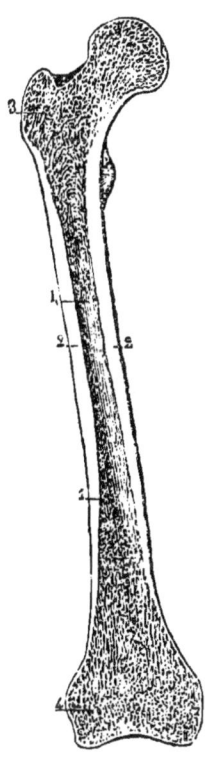

Weib ist seine Oeffnung geringer, d. h.
er nähert sich mehr dem rechten Winkel
von 90 Grad und das trägt zur Ver-
mehrung der Hüftbreite beim Weibe
bei; ausserdem nähert sich aber dieser
Winkel bei beiden Geschlechtern mit
zunehmendem Alter allmählich dem rechten und wirkt so mit zur Verminderung
der Körpergrösse bei alten Leuten. —
An der Vereinigungsstelle zwischen
Schenkelhals und Schenkelkörper finden
wir zwei Knochenvorsprünge, von denen
der oben und aussen gelegene der grosse
Rollhügel (Trochanter major)
(3, Fig. 28 und 8, Fig. 31), der unten
und innen, in dem einspringenden Winkel
zwischen Hals und Körper gelegene, der
kleine Rollhügel heisst (10, Fig. 31).
Der grosse Rollhügel ist dick, viereckig,
überragt den oberen Rand des Halses
und zeigt auf seiner äusseren und inneren
Fläche, sowie an seinen Rändern zahlreiche Eindrücke, die Ansatzstellen für
die Muskeln der Gesässgegend; der
kleine Rollhügel dagegen ist von geringer Mächtigkeit, kegelförmig, und
dient nur dem Schenkelbeuger als
Ansatzpunkt.

Das Gelenk des Oberschenkels mit dem Hüftbein, das
Hüftgelenk, wird durch den von der Gelenkpfanne all-
seitig umschlossenen Gelenkkopf des Oberschenkels gebildet;
der Rand der Pfanne wird durch einen Faserknorpelring

überragt, welcher sich über den Hüftpfanneneinschnitt (s. oben
pag. 76) wegspannt und so die Oberfläche gleichmässig gestaltet. Da es sich hier um gleichgestaltete Gelenkflächen
handelt, einen kugelrunden Kopf, der in einer gleichfalls
kugelrunden Gelenkhöhle liegt, dürfen wir erwarten, in diesem
Gelenk Beweglichkeit in jeder Richtung zu finden; das ist
auch der Fall, der Gelenkkopf kann in jeder Richtung in
seiner Gelenkhöhle gleiten, und diese Gleitbewegungen
äussern sich an dem Schenkel als Abduction (Bewegung
nach aussen, von der Mittellinie fort), Adduction (Annäherung an die Mittellinie), Flexion (Beugung, wobei die
Vorderfläche des Schenkels sich der vorderen Bauchfläche
nähert und Extension (Streckung, Bewegung nach hinten).
Aber diese Bewegungen werden durch die Einrichtung
der Gelenkbänder in sehr verschiedenem Grade beeinflusst,
so dass einige sehr wenig ausgiebig, andere fast unbe-
schränkt sind.

Der Bandapparat des Hüftgelenkes besteht aus einer
langen Kapsel, einem sehnigen Sack, der von dem Rand
der Gelenkpfanne ausgeht, den ganzen Hals des Schenkelknochens umschliesst und sich am Grunde des Halses ansetzt; aber der Bau dieses Sackes ist an der Vorder- und
Rückseite ein ganz verschiedener.

1. Hinten setzt sich die Kapsel nicht an den Hals des
Oberschenkelknochens an, sondern endet frei mit einem halb-
ringförmigen Bande; da also dieser hintere Abschnitt der
Kapsel nur an dem Hüftbein angeheftet ist, nicht an dem
Schenkelknochen, kann er auch nicht angespannt werden;
wenn sich dieser Kapselabschnitt mit beiden Enden am Knochen
ansetzte, würde er die Bewegung nach vorne, die Beugung
hemmen können, diese kann aber so ohne jede Anspannung
der Kapsel so weit wie möglich ausgedehnt werden. — Deshalb kann man die Beugung der Schenkel als unbegrenzt
bezeichnen, da wir sie thatsächlich so weit ausführen können, dass die vordere Schenkelfläche die vordere Bauchfläche
berührt.

2. Vorne ist die Kapsel vollständig fest an den Grund
des Schenkelhalses angeheftet an einer rauhen Linie, die von
dem grossen zum kleinen Rollhügel geht, und sie muss also
bei Bewegung des Schenkels nach hinten, bei der Extension
angespannt werden, und diese Bewegung in einem bestimmten
Maasse einschränken. Das ist auch der Fall; aber ehe wir
die Stellung genauer bezeichnen, bei welcher die Grenze
der Bewegung erreicht wird, müssen wir bemerken, dass dieser
vordere Teil der Kapsel sehr stark und dick ist, und aus
Faserzügen besteht, die vom Rand der Gelenkpfanne geradlinig gegen den Zwischenraum der Rollhügel hinabziehen;
man bezeichnet diese Fasermasse als Bertinsches Band.
Vermöge der Stärke dieses Bandes wird die Streckbewegung
an einem bestimmten Punkt durch eine starke, unüberwindliche Gewalt gehemmt. Wenn man den Versuch an sich
selbst ausführt, indem man nach Beugung des Oberschenkels
denselben allmählich streckt, überzeugt man sich, dass diese
Bewegung in dem Augenblick gehemmt wird, wo die Mittellinie des Oberschenkels in der Verlängerung der Mittellinie
des Rumpfes liegt, das heisst also, wenn bei der aufrechten
Stellung der Schenkel in die Senkrechte gelangt ist. — Bei
Wiederholung dieses Versuches an einer zergliederten Leiche
sieht man, dass das Bertinsche Band, so lange der Oberschenkel gegen das Becken gebeugt ist, schlaff und faltig
erscheint, aber sich in dem Masse, wie man diesen Knochen
streckt, anspannt, und dass die Spannung ihren höchsten
Grad in der Stellung erreicht, wo der Oberschenkel in einer
Ebene mit dem Rumpf liegt und dann jeder weitergehenden
Streckung ein unüberwindliches Hindernis bietet.

Uebrigens kann der Mensch, wenn er steht, sein Bein
nach hinten bewegen; aber, darauf ist wohl zu achten, wenn
zum Beispiel das rechte Bein nach hinten ausgestreckt wird,
erfolgt diese Bewegung nicht in dem rechten Hüftgelenk,
sondern in dem linken, wo sich der Rumpf auf dem linken
Oberschenkelkopf vornüberbeugt. — Das besagt also, dass
bei gestrecktem Schenkel, wenn derselbe mit dem Rumpf

in einer Ebene liegt, Rumpf und Schenkel ein zusammenhängendes Ganze bilden, dessen Teile gegen einander unbeweglich sind, soweit es sich um eine weitere Streckung
handelt, und dass folglich, wenn ein Schenkel über die senkrechte hinaus nach hinten gestreckt werden soll, der Rumpf
in gleichem Mass nach vorne gebeugt werden muss, wie wir
eben an dem Beispiel des rechten Beines zeigten, bei dessen
Ueberstreckung Rumpf und Schenkel sich als ein Ganzes
in dem linken Hüftgelenk drehen.

Das Bertinsche Band, oder richtiger, seine unteren vorderen Faserzüge hemmen auch die Abduction, das Spreizen
der Schenkel. Da dieses Band bei der aufrechten Stellung
ausgespannt ist, erschwert es die Abduction, und beschränkt
sie in hohem Masse; wenn aber der Schenkel nur leicht
gegen das Becken gebeugt ist, wird das Band erschlafft und
die Schenkel können leicht gespreizt werden. —

Die Adduction, oder die Annäherung der Schenkel
aneinander, zeigt die Eigentümlichkeit, dass sie bei senkrechter Stellung fast unmöglich, dagegen bei nur geringer
Beugung des Gelenkes sehr leicht auszuführen ist. — Wenn
wir an einem Gelenk, an dem das Bertinsche Band durchschnitten ist, Bewegungsversuche machen, finden wir, dass
in gestreckter Stellung die Adduction noch gerade so schwer
ausführbar ist, wie wenn dieses Band erhalten wäre. Das
Hindernis für die Annäherung der Schenkel muss also an
einer anderen Stelle liegen, als in dem vorderen Teil des
Kapselbandes, und wir finden die Erklärung dafür in dem
Vorhandensein eines innerhalb des Gelenkes verlaufenden
Bandes. — Dieses Band, das runde Band (ligamentum
teres) setzt sich einerseits an die rauhe Stelle des Oberschenkelkopfes unterhalb seines Mittelpunktes an und andererseits, indem es sich in zwei Schenkel spaltet, an die beiden
Ränder des Gelenkpfannenausschnittes. Da nun, wie wir
früher gesehen haben, bei dem aufrecht stehenden Menschen
der Hüftgelenksausschnitt senkrecht nach unten gerichtet ist,
(s. pag. 76), verläuft bei dieser Körperstellung das runde

Band auch senkrecht und ist angespannt, wie wenn das Becken
mittelst desselben an dem Oberschenkelkopf hienge, weshalb
auch einige Anatomen es als Aufhängeband (Ligamentum
suspensorium) bezeichnen. Bei senkrechter Körperhaltung
und senkrechter Stellung des Schenkels würde jede Ad-
ductionsbewegung des Letzteren durch ein Aufwärtsgleiten
seines Kopfes in der Gelenkpfanne vermittelt werden müssen;
ein solches Aufwärtsgleiten kann aber in dieser Stellung
nicht mehr stattfinden, da der Schenkelkopf durch das gespannte runde Band festgehalten wird. Wenn man dagegen
den Schenkel leicht beugt, wird das runde Band erschlafft,
und gestattet dem Schenkelkopf die zur Adduction des
Schenkels in gebeugter Stellung nötigen Gleitbewegungen
von vorne nach hinten, und wir können dann diese Bewegung leicht und kräftig ausführen. Einen Versuch, der
diese Thatsachen deutlich macht, ohne die anatomischen
Gründe dafür klarzulegen (denn diese letztern können nur
an zergliederten Leichenteilen erkannt werden), kann jeder
mit überraschendem Erfolg an sich selbst ausführen. Wenn
man stramm aufgerichtet steht und den Oberkörper so weit
wie möglich zurückhält, wird man sich überzeugen, dass es
fast unmöglich ist, die Kniee einander so weit zu nähern,
dass durch die Adduction der Schenkel der kleine Zwischenraum zwischen ihnen verschwindet; — ja die Adductionsbe-
wegung ist bei vielen Personen überhaupt gleich Null, so dass
sie ausser Stande sind, in dieser Körperstellung einen zer-
brechlichen Gegenstand, wie etwa ein Ei, zwischen den
Knieen zu zerquetschen. Wenn man aber nur ein wenig
die Schenkel gegen das Becken beugt, oder, was einfacher
ist, den Rumpf gegen die Beine neigt, kann die Adduction
sehr leicht ausgeführt werden, und man vermag dann mit
grosser Kraft die Kniee aneinander zu pressen. —

Das Hüftgelenk bietet, wie wir gesehen haben, eine
Fülle wichtiger Einzelheiten in seinem Bau und seinen Bewegungseinrichtungen; es verdient aber auch noch deshalb
unsere Beachtung, weil an ihm ein für alle Gelenke giltiges

Gesetz am leichtesten durch den Versuch bewiesen werden kann; wir haben aus diesem Grunde die Erwähnung dieses Gesetzes bis zur Besprechung des Hüftgelenkes verschoben; es betrifft den Einfluss des Luftdruckes auf den Zusammenhalt, die gegenseitige Berührung der Gelenkflächen. — Wir haben bisher bei dem Studium der Gelenke von der Form der Gelenkflächen gesprochen und aus der Gestaltung derselben die Art der in dem betreffenden Gelenk möglichen Bewegungen abgeleitet; wir haben ferner die das Gelenk umgebenden Bänder besprochen und aus ihrer Anordnung über die mehr oder weniger engen Grenzen der Bewegungen Schlüsse gezogen. Aber wir haben noch gar nicht erwähnt, welche Gründe es bedingen, dass die Gelenkflächen fest aneinander gleiten, ohne sich jemals von einander zu trennen; weshalb die Gelenkflächen dauernd in innigster Berührung bleiben. Man könnte glauben, dass die Gelenkbänder diese Wirkung hätten, aber das wäre irrig; der Luftdruck veranlasst die innige Berührung. Zur Erklärung dafür soll ein Beispiel, welches nicht der Mechanik des Körpers entnommen ist, und ein beweisender Versuch, den man an dem Hüftgelenk ausführen kann, hier angegeben werden.

Von Beispielen, welche beweisen, dass der Luftdruck zwei Körper fest aneinander gelagert halten kann, giebt es eine fast unendliche Zahl. Schröpfköpfe zum Beispiel, bleiben, wenn man sie auf ein Spiegelglas wirken lässt, fest haften, weil zwischen ihnen und dem Glas verdünnte Luft ist, und deshalb der Luftdruck auf ihre Oberfläche wirkt und sie andrückt. Es gibt ein Spielzeug, welches wir oft in den Händen der Knaben sehen, und welches ein noch einfacheres Beispiel für die Wirkung des Luftdruckes gibt. Dasselbe besteht aus einer Scheibe von dickem, weichem Leder, in deren Mitte auf einer Seite eine Schnur befestigt ist; wenn man nun die andere Seite dieser Scheibe fest auf die Oberfläche eines Steines, (beispielsweise eines Pflastersteines) legt, und genau anschmiegt, so dass alle Luft zwischen der Scheibe und der

Oberfläche des Steines entfernt wird, kann man bei starkem
Zug an der Schnur den Stein aufheben und von der Stelle
rücken, weil der Luftdruck genügt, um die Lederscheibe und
den Stein, zwischen welchen keine Luft vorhanden ist, an-
einandergedrückt zu halten. —

Der Schenkelkopf befindet sich nun aber in der Gelenkpfanne unter ganz gleichartigen Verhältnissen, wie die eben
angegebenen. Einerseits ist der Schenkelkopf genau in den
Grund der Pfanne hineingepasst und berührt denselben überall
vollständig, da die Unregelmässigkeiten, die die Pfanne am
Skelett zeigt, durch Fettpolster ausgeglichen werden; andererseits schmiegt sich der Rand der Pfanne ganz eng an den
Grund des Schenkelkopfes an und entspricht so dem Rand
des Schröpfkopfes, von dem eben in einem Beispiel gesprochen
wurde. Da also zwischen den beiden Gelenkflächen, wenn
sie sich von einander entfernen würden, ein leerer Raum
entstehen müsste, und, da die Luft nicht zwischen sie ein-
dringen kann, haften sie sehr fest aneinander und können
nur aneinander gleiten, indem der Kopf sich in der Pfanne
dreht. — Aber, wenn auf irgend eine Weise der Luft Zutritt zwischen die beiden Gelenkflächen gestattet wird, lösen
sie sich sofort von einander, da dann der Luftdruck innerhalb
wie ausserhalb der Gelenkhöhle gleich wirkt. — Der klassische
Versuch, der diese Thatsache beweist, wurde von den Ge-
brüdern Weber in Leipzig angestellt und kann in folgender
Weise wiederholt werden: An einem in der Schultergegend
aufgehängten Körper zerschneidet man die Weichteile, Haut
und Muskeln in der Umgebung des Hüftgelenkes und entfernt dieselben, so dass die Gelenkkapsel blossliegt; wenn
man dann die Kapsel selbst ringförmig in ihrer ganzen Dicke
durchtrennt, findet man, dass das Bein nicht herabsinkt, obwohl kein Band den Oberschenkel mehr an das Becken
heftet, (denn das runde Band kann hier nicht gerechnet
werden, da es ein Herausgleiten des Schenkels aus der Pfanne
leicht zulässt), der Luftdruck hält also die beiden Gelenkflächen in Berührung. Und thatsächlich hört man, wenn

man von der Innenseite des Beckens aus den Grund der
Hüftpfanne anbohrt, ein leises, pfeifendes Geräusch als Zeichen
dass Luft in die Gelenkhöhle eindringt und sich zwischen
den Gelenkflächen ausbreitet, und sofort stürzt das Bein
herab, da der Schenkelkopf jetzt keinen Halt mehr hat. —
Aber das ist nicht Alles. Man kann an demselben Körper,
an demselben Gelenk den Versuch wiederholen und noch
überzeugender gestalten, wenn man nämlich das losgelöste
Glied nimmt, und den Schenkelkopf wieder in die Gelenkpfanne einsetzt, nachdem vorher die Oeffnung im Grund der
Pfanne mit etwas Wachs verschlossen worden ist, und durch
einige drehende Bewegungen die Gelenkflächen in innige
Berührung bringt, so dass die Luft zwischen ihm ausgetrieben
wird, beobachtet man, dass der Schenkelkopf wieder in der
Pfanne haftet, das Bein wieder am Becken hängt; wenn man
aber dann von der Innenseite des Beckens aus den Wachspfropfen
wieder entfernt und der Luft den Zutritt gestattet, sieht man
sofort das Bein herabsinken, den Schenkelkopf sich wieder
aus der Pfanne lösen. Der Versuch kann in dieser Weise
beliebig oft wiederholt werden.

Es erschien uns notwendig, hier ein für allemal auf die
wichtige Rolle des Luftdruckes bei dem Mechanismus der
Gelenke hinzuweisen; gleichartige, aber in ihrer Ausführung
schwierigere Versuche an anderen Gelenken zeigen, dass
dieser Druck überall in gleichem Sinne wirkt, indem er die
Gelenkflächen in gegenseitiger Berührung erhält. —

Um nun auf das Studium der Hüftgegend, und zwar
besonders der Gegend des grossen Rollhügels, zurückzukom-
men, erübrigt uns, zu untersuchen, wie gross die queren
Durchmesser dieser Gegend sind, und welche bestimmte Gestaltung der äusseren Körperform durch das Vorhandensein
des grossen Rollhügels bedingt wird. —

Der Querdurchmesser von einem grossen Rollhügel zum
andern ist mit dem von einem Oberarmkopf zum andern zu
vergleichen, d. h. wir haben Hüft- und Schulterbreite vergleichend zu betrachten. Was in dieser Beziehung bei einer

Anzahl von Skeletten oder unversehrten Körpern auf den
ersten Blick am meisten auffällt, ist die starke Vorwölbung
der Hüften beim Weibe. Man hat dieses Verhalten in verschiedenen Formeln auszudrücken versucht, indem man den
Rumpf als ein mehr oder weniger regelmässiges länglichrundes
Gebilde auffasste, dessen eines Ende die Schultern, dessen
anderes die Hüften bilden. — Die Alten drückten die Formel
folgendermassen aus. Beim Mann, wie bei der Frau ist der
Rumpf eiförmig, mit einem spitzen und einem stumpfen Pol,
aber beim Mann ist der stumpfe Pol oben, während er beim
Weib unten liegt. Damit würde gesagt sein, dass beim
Weib die Hüftbreite die Schulterbreite übertrifft, während
beim Mann umgekehrt die Schulterbreite bedeutender ist.
Diese Formel enthält bezüglich des Weibes eine Uebertreibung, wie wir bei dem Vergleich der wirklichen Zahlen
sehen werden; sie erschien auch Salvage und Malgaigne
übertrieben, welche in ihren anatomischen Abhandlungen
vorschlagen, dieselbe durch folgende Formel zu ersetzen. —
Während beim Mann ber Rumpf die Gestalt eines Eies mit
nach oben gerichtem, stumpfen Pol zeigt, entspricht er beim
Weib einer Ellipse, einem Ei mit gleich gerundeten Polen,
mit anderen Worten: beim Mann ist die Schulterbreite grösser
als die Hüftbreite, beim Weibe ist sie der Hüftbreite gleich.

Aber auch diese letzte Formel übertreibt die wirklichen
Massverhältnisse der Hüften beim Weib. — Die genaue, der
Wirklichkeit entsprechende Formel ist folgende: Beim Mann
wie beim Weib hat der Rumpf die Gestalt eines Eies mit
nach oben gerichtetem, stumpfem Pol. Aber während beim
Mann der Breitenunterschied zwischen dem oberen und unteren Ende ein sehr bedeutender ist, erscheint er beim Weib
viel geringer. — Wir werden durch die Zahlen erfahren,
dass beim Weib die Hüftbreite, obwohl sie immer geringer
bleibt, als die Schulterbreite, doch nur wenig von dieser ab-
weicht; beim Mann beträgt der Abstand der Aussenfläche
eines Oberarmkopfes von der des anderen, die S c h u l t e r -
b r e i t e im Mittel 39 cm, und der Abstand von einem grossen

Rollhügel zum anderen, die Hüftbreite, 31 cm, es besteht also zwischen diesen beiden Durchmessern ein Unterschied von etwa $^1/_5$. Beim Weib, wo die Schulterbreite im Mittel 35, die Hüftbreite 32 ist, beträgt der Unterschied nur $^1/_{12}$. — Diese Zahlen zeigen zugleich, dass die Schulterbreite beim Mann grösser ist, als beim Weib, (39 zu 35), und dass umgekehrt die Beckenbreite beim Weib bedeutender ist, als beim Mann (32 zu 31). Wenn man also sich vorstellte, dass der Schattenriss eines Mannes und eines Weibes von mittlerer Grösse auf derselben Stelle eines Schirmes sich abzeichneten, so würde in der Schultergegend der Schatten des Mannes den des Weibes weit überragen, und umgekehrt in der Hüftgegend der Schatten des Weibes den des Mannes bedecken, aber doch nur um ein Geringes überragen. —

Wir haben in den vorstehenden Betrachtungen den Abstand der beiden grossen Rollhügel als Hüftbreite bezeichnet. Man kann die Verhältnisse übrigens auch in einer Weise betrachten, welche die von den genannten Autoren angenommene Formel in gewissem Masse gerechtfertigt erscheinen lässt, wenn man nämlich bei beiden Geschlechtern den Durchmesser des Beckens nach Entfernung der Oberschenkel, und den Durchmesser des Schultergürtels nach Entfernung der Oberarme vergleicht; es wird dann die Schulterbreite durch den Abstand der beiden Schulterhöhen, die Hüftbreite durch den Abstand der beiden Darmbeinkämme bestimmt. Die auf diese Weise gewonnenen Masse ergeben beim Mann als Schulterbreite 32 cm und als Hüftbreite 28; also auch hier bietet der Rumpf ohne Gliedmassen eine Eiform mit nach oben gewandtem stumpfem Pol. Bei dem Weib dagegen, wo der Abstand der Schulterhöhen 29, der der Darmbeinkämme 30 cm beträgt, bildet der Rumpf ohne Glieder eine Ellipse, oder eine Eiform mit nach unten gewandtem stumpfem Pol, deren oberes Ende aber nur sehr wenig von dem unteren in der Breite verschieden ist. Aber diese Art zu messen nimmt zu wenig auf die Wirklichkeit Rücksicht; der Künstler hat doch den Rumpf nur wenn er vollständig

ist, d. h. wenn die Arme und Beine daran vorhanden sind,
zu betrachten, und soll darauf achten, inwieweit die Ur-
sprungstellen der Gliedmassen (der Kopf des Oberarms und
der grosse Rollhügel) die Querdurchmesser des oberen und
unteren Rumpfendes bedingen. Wir haben übrigens diese
Art der Messung namentlich deshalb erwähnt, weil sie sehr
deutlich das Ueberwiegen der Beckenbreite beim Weibe erkennen lässt (worauf wir schon oben pag. 83 hingedeutet
haben).

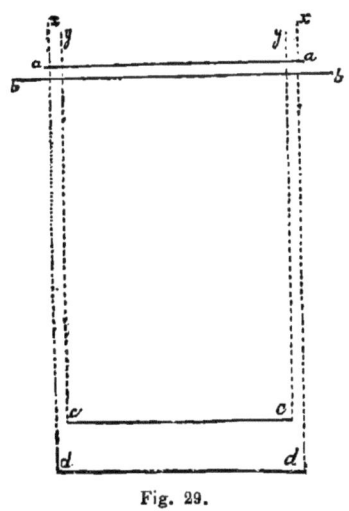

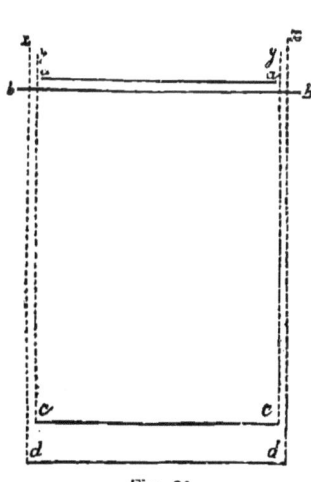

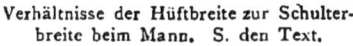

Fig. 29.	Fig. 30.
Verhältnisse der Hüftbreite zur Schulter- breite beim Mann. S. den Text.	Verhältnisse der Hüftbreite zur Schulter- breite beim Weib. S. den Text.

Wenn man die oben angegebenen Masse der Schulter
und Hüfte-, der Schulterhöhen und Beckenbreite beim Mann
und Weib durch Linien von entsprechender Länge angibt,
wie wenn man in den Umriss einer männlichen oder weiblichen Gestalt die Schulterdurchmesser und die Durchmesser
der Hüfte und Beckengegend hineinzeichnete und durch die
Endpunkte der die Becken- und Hüftbreite angebenden
Linien Senkrechte zieht, erhält man zwei Figuren, die alle
eben dargestellten Verhältnisse in der Zeichnung wiedergeben (Fig. 29 und 30). Man erkennt daran, dass beim

Mann (Fig. 29) die senkrechten Linien (x und y), welche der
Becken- (c, c) und der Hüftbreite (d, d) entsprechen, beide
oben noch in die Schulterbreite (b, b) und auch in die
Schulterhöhenbreite (a, a) fallen; dagegen sieht man beim
Weib, dass dieselben Linien beide ausserhalb der Schulter-
höhenbreite, aber innerhalb der Schulterbreite liegen.

Nach diesen Betrachtungen über die Massverhältnisse
der Hüftgegend haben wir noch eine Bemerkung über die
Beteiligung des grossen Rollhügels an der Gestaltung der
äusseren Körperform hinzuzufügen. Wenn man am Skelett
sieht, wie der grosse Rollhügel sich scharf abzeichnet und
einen ansehnlichen Vorsprung nach aussen bildet, könnte
man erwarten, auch an der äusseren Körperform einen der
Gestalt des grossen Rollhügels entsprechenden Vorsprung zu
finden. Davon ist aber nichts zu bemerken. Die Muskeln,
welche vom Becken entspringen und sich an den grossen
Rollhügel ansetzen, sind zahlreich, liegen in mehreren dicken
Lagen übereinander und die Fleischmassen der oberflächlich
gelegenen sind mächtig genug, um den Vorsprung des Rollhügels noch um etwas zu überragen. — In der Höhe desselben
gehen ihre Fleischmassen in mehr oder weniger platte Sehnen
über, so dass schliesslich die Aussenfläche des Rollhügels in
der äusseren Körperform durch eine Vertiefung angedeutet ist, die nach vorne durch den vorspringenden Anspanner der breiten Schenkelbinde, oben und hinten durch
die Wülste des mittleren und grossen Gesässmuskels begrenzt
wird. Nach unten hin setzt sich diese Vertiefung unmittelbar in die breite Furche an der Aussenseite des Oberschenkels
fort, die der breiten Schenkelbinde entspricht.

Einem derartigen Verhältnis begegnen wir häufig. Viele
der Knochenvorsprünge des Skelettes erscheinen an dem unversehrten Körper mehr oder weniger vertieft, und zwar
immer aus denselben Gründen, wie eben besprochen, weil
diesen Knochenvorsprüngen Muskeln als Ansatz dienen, deren
fleischiger Körper in kurzer Entfernung von dem Knochenvorsprung aufhört und vermöge seiner Dicke eine Vor-

wölbung in der Umgebung des Knochenvorsprungs bedingt.
In allgemeinerer Form kann man das so ausdrücken, dass
mit wenigen Ausnahmen (z. B.˙ bei den Knöcheln oder Hand-
gelenken), überall, wo eine Knochenfläche nur von Haut bedeckt ist, die Oberfläche der umgebenden Muskeln über ihre
Höhe hinausragt und es so bedingt, dass dieselbe sich äusserlich als eine Einsenkung darstellt, die um so tiefer ist, je
muskelkräftiger der Mensch gebaut ist. So bildet die Mittellinie des Brustbeines an der Vorderseite der Brust eine senkrechte Rinne, die beiderseits durch die Vorwölbungen der
grossen Brustmuskeln begrenzt wird; die Innenfläche des
Schienbeins erscheint als lange und breite Furche, wenn die
vorderen und hinteren Unterschenkelmuskeln stark entwickelt
sind, — und wir könnten solcher Beispiele noch viele anführen. —

Zehnte Vorlesung.

Nachdem wir das obere Endstück des Schenkelknochens
unter Berücksichtigung seiner Gelenkverbindung, sowie der
Massverhältnisse und der Gestaltung der Hüften besprochen
haben, setzen wir das Studium desselben fort durch Betrachtung seines Körpers und seines unteren Endstückes,
was uns dann zur Besprechung des Kniegelenkes führt.

Der Körper des Schenkelknochens ist nicht gerade,
sondern leicht gekrümmt, mit nach vorne gerichteter Rundung,
man erkennt diese Rundung auch an der Gestalt der vorderen
Schenkelfläche bei dem unversehrten Körper, welche sich
sehr deutlich nach vorne vorgewölbt zeigt, da die den
Knochen an seiner Vorderseite bedeckenden Muskeln so angeordnet sind, dass sie die Wölbung vermehren, denn ihre
Fleischkörper liegen alle zusammen in der Mitte der vorderen Schenkelknochenfläche. Andererseits ist der Schenkelknochen bei dem aufrecht stehenden Menschen nicht senkrecht, sondern schief von aussen oben nach innen unten gerichtet (Fig. 31), so dass die unteren Endstücke beider
Schenkelknochen einander in der Kniegegend sehr nahe kom-

kommen. Beim Weib ist diese Schiefstellung noch ausgesprochener, weil die oberen Endstücke der Schenkelknochen weiter auseinander stehen, wie das aus unseren Erörterungen über die Hüftbreite des Weibes sich ergiebt.

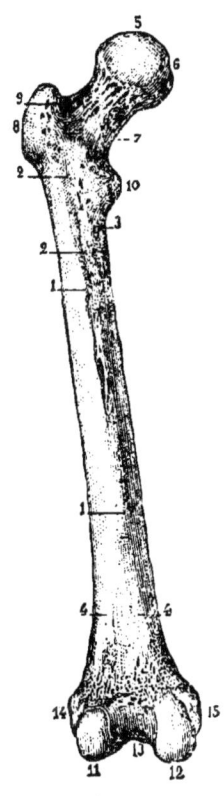

Fig. 31.
Linker Oberschenkel von hinten gesehen. — 1 rauhe Linie. 2 Ihr oberer äusserer, 3 Ihr oberer innerer Abschnitt, 4, 4 ihre unteren Abschnitte. 5 Kopf des Oberschenkels. 6 Eindruck am Kopf für das runde Band. 7 Hals des Oberschenkels. 8 Grosser Rollhügel. 9 Seine Innenfläche. 10 Kleiner Rollhügel. 11 äusserer, 12 innerer Gelenkknorren. 14 u. 15 äusserer und innerer Schenkelhöcker.

Die Gestalt des Oberschenkelkörpers entspricht der eines dreiseitigen Prisma, welches drei Flächen, eine vordere, eine hintere äussere und eine hintere innere zeigt und drei Kanten, zwei seitliche und eine hintere. Die beiden Seitenkanten sind stumpf abgerundet; dagegen erscheint die hintere Kante stark vorspringend in Form einer rauhen Linie (linea aspera) (1 Fig. 31), die für eine grosse Zahl von Muskeln als Ansatzpunkt dient. Diese rauhe Linie gabelt sich nach oben in zwei wenig auseinanderweichende Aeste, von denen der äussere (2 Fig. 31) gegen den grossen Rollhügel, der innere (3) gegen den kleinen Rollhügel zieht. — Auch an dem Unterende teilt sich die rauhe Linie in zwei Teile, deren einer an den äusseren, der andere an den inneren Höcker des Oberschenkels geht.

Das untere Endstück des Oberschenkelknochens ist stark verdickt, sowohl in querer Richtung, wie von vorne nach hinten verbreitert. Wenn man dieses Endstück von der Rückseite betrachtet (Fig. 31), sieht man, dass es durch zwei grosse, stark nach hinten vorspringende Knochenwülste gebildet wird, welche man Schenkelknorren (condylus femoris), oder Gelenkknorren des Schenkels nennt,

und als äusseren und inneren Gelenkknorren unterscheidet;
die untere und hintere Fläche dieser Knorren ist glatt und
mit Gelenkknorpel überzogen; zwischen ihnen findet man eine
tiefe Einkerbung, den Zwischenknorrenraum. Wenn man
dagegen das untere Endstück des Oberschenkelbeins von
vorne ansieht, zeigt sich, dass hier die Gelenkknorren sich
vereinigen, mit einander verschmelzen, und dass ihre glatten
Flächen sich nach vorne in eine rollenförmige Gelenkfläche
fortsetzen, die deshalb auch die Rolle des Oberschenkels
(Trochlea femoris) heisst. Diese Rolle zeigt in der Mitte eine
Hohlrinne und zwei erhabene Ränder, von denen der äussere,
in den äusseren Gelenkknorren übergehende, stärker vorragt
und höher entspringt als der innere, welcher in den inneren
Gelenkknorren übergeht. — Diese Einzelheiten sind sehr
wichtig, denn die Ränder der Schenkelrolle zeichnen sich,
wie wir am stark gebeugten Knie sehen werden, deutlich
durch die Haut ab und lassen die Verschiedenheiten ihrer
Vorwölbung und ihrer Höhe erkennen. —

Zur Bildung des Kniegelenkes vereinigt sich das
untere Ende des Schenkels mit der Kniescheibe und dem
oberen Endstück des Schienbeines, und steht in mittelbarer
Verbindung mit dem oberen Endstück des Wadenbeines.
Wir müssen also zunächst nach einander die Kniescheibe
und die oberen Enden der beiden Unterschenkel studieren.

Die Kniescheibe (patella) ist von dreieckiger Gestalt,
zeigt eine einheitliche leicht gewölbte vordere, und eine nach
der Schenkelrolle geformte Hinterfläche, die in der Mitte
entsprechend der Hohlrinne der Rolle erhaben und auf beiden Seiten entsprechend den Rändern derselben vertieft ist.
Der Umfang der Kniescheibe besteht aus zwei schiefen, seitlichen Rändern, der nach oben gerichteten Grundlinie des
Dreiecks, die den Ansatz für den grossen Schenkelstrecker
darstellt, und der nach unten gewandten Spitze, dem Ansatzpunkt für ein starkes Band, dessen anderes Ende an den
Schienbeinhöcker angeheftet ist und welches man das Kniescheibenband (ligamentum patellae) nennt. In Wahrheit

bildet dieses Band die Fortsetzung der Sehne des grossen
Schenkelstreckers, und die Kniescheibe ist als ein Ses am-
bein, d. h. als ein in den Verlauf einer dicken Sehne ein-
geschalteter Knochenkern aufzufassen. —

Fig. 32.
Die beiden Knochen des linken Unterschenkels von vorne.
1 Körper des Schienbeines.
2 Seine Innenfläche. 3 Seine
Aussenfläche. 4 Stachel des
Schienbeines. 5 Vorderer
Höcker des Schienbeines. 6
Kante des Schienbeines. 7
Unteres Ende des Schienbeines mit dem inneren Knöchel
(8). 9 Körper des Waden-
beins. 10 Köpfchen desselben.
11 unteres Ende desselben oder
äusserer Knöchel.

Der Unterschenkel besteht wie der
Unterarm aus zwei Knochen, von denen
der dickere, vorne gelegene Schienbein (Tibia) heisst (1 Fig. 32), der dün-
nere mehr nach aussen und hinten gelegene wird Wadenbein (Fibula) genannt.
Ebenso wie die Unterarmknochen endigen auch die beiden Unterschenkelknochen in verschiedenen Höhen, sowohl
am oberen wie am unteren Ende des
Gliedes. — Oben überragt das Schienbein das Wadenbein und beteiligt sich
deshalb allein unmittelbar an der Bildung des Kniegelenkes; unten reicht das
Wadenbein über das Schienbein herab,
und der äussere Knöchel liegt deshalb
niedriger wie der innere. — Aber wir
wollen jetzt nur die oberen Enden der
beiden Knochen genauer betrachten.

Das obere Endstück des Schienbeines ist sehr kräftig gebaut, namentlich in querer Richtung breit und zeigt
an seiner oberen Fläche zwei seichte Vertiefungen, die Gelenkflächen, welche
man als äussere und innere unterscheiden kann, da sie je dem äusseren oder
inneren Gelenkknorren des Schenkels
entsprechen. — Der zwischen diesen
beiden Gelenkflächen freibleibende, von vorne nach hinten
sich ausdehnende Zwischenraum zeigt in seiner Mitte eine
ziemlich stumpfe kegelförmige Vorragung, der Schienbeinstachel genannt, welche dem Zwischenknorrenraum am

Schenkelknochen entspricht. Was den äusseren Umfang des oberen Schienbeinendes anbetrifft, so finden wir hier alle für uns wichtigen Einzelheiten an seiner vorderen äusseren Fläche; es sind das 1. ganz nach vorne gerichtet, an der Vereinigungsstelle zwischen dem oberen Endstück und dem Körper des Schienbeins ein breiter abgerundeter Vorsprung, der vordere Schienbeinhöcker (5 Fig. 32), welcher dem oben genannten Kniescheibenband als Ansatzstelle dient. 2. Nach aussen und etwas nach hinten gelegen eine runde, glatte, mit Knorpel überzogene Fläche, welche zur Gelenkverbindung mit dem Kopf des Wadenbeines bestimmt ist (10 Fig. 32). 3. In der Mitte einer leicht gekrümmten Linie mit nach oben gerichteter Rundung, die von dem Schienbeinhöcker an die Gelenkfläche verläuft, eine bei den einzelnen Körpern mehr oder weniger stark ausgeprägte Vorragung, die der Vorsprung des vorderen Schienbeinmuskels heisst, nach dem Muskel, der daselbst entspringt. — Wenn man in dieser hier aufgezählten Reihe an Stelle der Gelenkfläche für das Wadenbein, das Köpfchen des Knochens selbst setzt, hat man das Verzeichnis der drei wesentlichen Knochenvorsprünge, die in dieser Gegend äusserlich zu Tage treten, Schienbeinhöcker, Vorsprung des vorderen Schienbeinmuskels, Wadenbeinköpfchen. —

Das obere Ende oder das Köpfchen des Wadenbeines (10 Fig. 32) ist unregelmässig rundlich und liegt aussen und etwas nach hinten an dem oberen Schienbeinende, erreicht aber nicht die Höhe wie die Gelenkflächen dieses Knochens. Es zeigt hinten einen spitzen, senkrechten Fortsatz, welcher der Griffelfortsatz (processus styloideus) genannt wird, der jedoch, da er von dem äusseren Seitenband des Kniees umfasst wird, welches sich an ihn anheftet, in der äusseren Form nicht zur Geltung kommt.

Das sind die Knochenteile, die unmittelbar (Schenkel, Schienbein, Kniescheibe) oder mittelbar (Wadenbein) zu dem Kniegelenk gehören. Bei dem aufrecht stehenden Körper ruhen die Gelenkknorren des Schenkels mit ihrer Unter-

fläche auf den Gelenkgruben des Schienbeines und ihre
gegenseitige Berührung wird eine um so genauere, weil (für
die äussere Form hat diese Thatsache keine weitere Bedeutung) der Rand einer jeden Gelenkgrube des Schienbeines von einem Knorpelhalbring (cartilago semilunaris)
überlagert ist, welcher dieselbe zu einer wirklichen Höhlung
zur Aufnahme des Gelenkknorrens vervollständigt. Die Kniescheibe ist gleichzeitig bei der aufrechten Stellung der Schenkelrolle aufgelagert. —

Bei der Lage auf den Knieen, oder allgemeiner, wenn
man den Unterschenkel beugt (nach hinten bewegt), gleitet
die Kniescheibe, da sie durch das Kniescheibenband unver-
rückbar an dem Schienbein befestigt ist, auf der Schenkelrolle von oben nach unten, und berührt den vorderen Teil
der Gelenkknorren, während diese mit ihren hintersten Abschnitten die Gelenkgruben des Schienbeines berühren. Nach
diesen kurzen Bemerkungen über die Knochenteile des Kniegelenkes und ihre Beziehungen zu einander, werden wir
eingehender die sie vereinigenden Bänder betrachten müssen,
um uns über die Einzelheiten der Gelenkbewegung Rechenschaft geben zu können.

Die Bänder des Kniegelenkes bestehen im wesentlichen aus einer Kapsel, einem sehnigen Sack, der, wie
wir das schon bei den früher erwähnten Gelenken gesehen
haben, sich mit seinen Enden an die Ränder der Gelenkflächen ansetzt. An dem Schenkelknochen ist die Ansatzlinie bezeichnet durch die Grenzen der Rolle und des Knor-
pelüberzuges der Gelenkknorren, an dem Schienbein durch
die Ränder der Gelenkgruben, und endlich setzt sich die
Kapsel auch ringsum am Rande der Kniescheibe an. Aber
wenn auch diese Ansatzstellen leicht verständlich sind, müssen wir doch noch bei dem Bau der Kapsel, d. h. ihrer
Länge und Weite an der Vorder- und Rückseite, sowie den
Seitenteilen etwas verweilen und uns darüber klar werden,
warum sie einige Bewegungen leicht und ausgiebig gestattet,
während sie andere beschränkt, oder geradezu unmöglich macht.

Vorne (a a Fig. 33) ist die Kapsel sehr schlaff und weit; der Abschnitt derselben, der von dem vorderen Rande der Rolle an den oberen Rand der Kniescheibe reicht, bildet eine weite Tasche, einen Blindsack, der nach oben unter die Sehne des Schenkelstreckers reicht, und als obere Ausbuchtung (recessus superior) (a, Fig. 33) des Kniegelenkes bezeichnet wird. Diese Anordnung erklärt die Leichtigkeit und Ausgiebigkeit der Beugung; es würde ja in der That bei der Beugung, wenn das Schienbein sich nach hinten bewegt und die Kniescheibe, wie eben dargestellt wurde, von oben nach unten nachzieht, der über der Kniescheibe gelegene Abschnitt der Kapsel sich anspannen und die Bewegung hemmen,

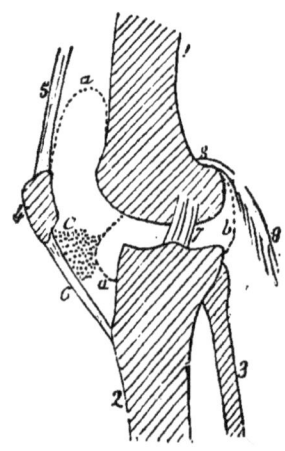

Fig. 33.
Umrisszeichnung der Gelenkteile des Kniees, senkrechter Schnitt von vorne nach hinten. 1 Oberschenkel. 2 Schienbein. 3 Wadenbein. 4 Kniescheibe. 5 Sehne des dreiköpfigen Schenkelmuskels. 6 Kniescheibenband. 7 Das eine der Kreuzbänder im Inneren des Gelenkes. 8, 8 Der eine Zwillingsmuskel. a a vorderer, b hinterer Teil der Gelenkkapsel. c Fettpolster unterhalb der Kniescheibe.

wenn er kurz und straff wäre; aber die Kapsel ist in diesem Teile so weit und schlaff, dass sie auch bei weiter getriebener Beugung des Beines niemals im geringsten angespannt werden kann; so kann denn auch die Beugung des Kniegelenkes so weit gehen, bis die Weichteile an der Rückseite des Unterschenkels (die Wade), die Weichteile an der Rückseite des Oberschenkels berühren. —

Hinten ist die Kapsel kurz und dick und bildet über jedem Gelenkknorren eine Art Band, an welches sich der Zwillingsmuskel der Wade anheftet. Wenn der Unterschenkel gegen den Schenkel gebeugt ist, ist dieser hintere Abschnitt der Gelenkkapsel erschlafft, aber in dem Mass, wie der Unterschenkel aus der Beugung in die gestreckte Stellung übergeht, spannt er sich an und diese Spannung erreicht, wenn der Unterschenkel in die geradlinige Verlängerung des Oberschenkels gekommen ist, eine solche Höhe,

dass sie jede weitere Bewegung verhindert, sie hält also
den Unterschenkel in der angegebenen Lage zum Oberschenkel fest.

Aber es giebt noch eine andere wichtige Einrichtung,
die in demselben Sinne aber mit grösserer Kraft wirkt, d. h.
welche auch die Streckung hemmt; das sind die inneren
und äusseren Seitenteile der Kapsel, die jederseits durch ein
besonderes Band, S e i t e n b a n d (Ligamentum laterale) verstärkt werden. —

Das innere Seitenband hat die Form eines platten Rie-
mens und ist mehr oder weniger innig mit dem entsprechen-

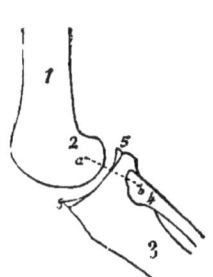

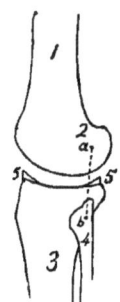

Fig. 34.
Kniegelenk. Zustand der
Seitenbänder (a b) bei
der Beugung. 1 Ober-
schenkel. 2 Gelenkhöcker
des Oberschenkels. 3
Schienbein. 4 Waden-
bein. 5, 5 Stück von dem
halbmondförmigen
Knorpel.

Fig. 35.
Kniegelenk. Anspan-
nung der Seitenbänder
bei Streckung des Bei-
nes. Der Abstand a b
ist hier grösser, wie
in der vorhergehenden
Figur. Die Ziffern ha-
ben die gleiche Bedeu-
tung, wie bei dieser.

den Teil der Kapsel verschmolzen. Das äussere Seitenband
dagegen hat die Gestalt einer starken, runden Schnur, die
sich scharf von der Kapsel sondert, um so mehr, als ihr
unteres Ende nicht an das Schienbein, sondern an das Köpfchen des Wadenbeines neben dem Ansatzpunkt des zweiköpfigen Schenkelmuskels angeheftet ist (21, 21 Fig. 60).
Aber das Bemerkenswerteste an diesen Bändern ist die
Thatsache, dass ihre oberen Enden, die an den Seitenflächen der Gelenkknorren angeheftet sind, sich nicht in

dem Krümmungsmittelpunkt derselben ansetzen, sondern ausserhalb der Mitte nach rückwärts von dieser (a Fig. 34 u. 35). Daraus folgt, dass diese Bänder während der Beugung erschlafft sind, dass aber bei zunehmender Streckung, in dem Masse, wie das Schienbein auf den Gelenkknorren weiter nach vorne gleitet, diese Bänder allmählich angespannt werden, da ihre Ansatzpunkte weiter auseinander rücken, weil sie hinter dem Mittelpunkt liegen. Wenn der Unterschenkel soweit gestreckt ist, dass er mit dem Oberschenkel in einer Ebene liegt, ist die Spannung der Seitenbänder so stark geworden, dass sie die Bewegung hemmt und den Unterschenkel ganz unbeweglich an dem Oberschenkel befestigt; wie das bei Betrachtung der Fig. 34 u. 35 leicht zu verstehen ist. Wir sehen also, um das Gesagte zusammenzufassen, dass das Kniegelenk vermöge der Anordnung seiner vorderen, hinteren und seitlichen Bänder unbegrenzte Beugung, aber eine nur beschränkte Streckung zulässt, welche nicht über die Stellung hinaus geht, bei der der Unterschenkel die geradlinige Verlängerung des Oberschenkels bildet. —

Dieselben Anordnungen der Bänder erklären es uns, inwieweit Seitwärtsbewegungen im Kniegelenk möglich sind. Da dieses Gelenk aus zwei Gelenkflächen besteht, liegt es auf der Hand, dass Seitwärtsbeugungen unmöglich sind, dabei müsste sich je eine der Gelenkflächen des Schenkels von der entsprechenden Gelenkgrube des Schienbeins abheben. Es kann also hier nur die Rede sein von geringen Gleitbewegungen eines Gelenkknorrens auf seiner Gelenkgrube, bei welchen eine Drehung um den anderen Gelenkknorren als Mittelpunkt zustande kommt. Diese leichten Drehungen, die zu der Bewegung beitragen, in der wir die Fussspitze nach innen oder aussen wenden, sind bei völliger Streckung unmöglich: es ist leicht verständlich, dass in dieser Lage nach der Feststellung des Schienbeines am Schenkel durch Anspannung der Seitenbänder und des hinteren Kapselabschnittes, jede einseitige Seitwärtsbewegung unausführbar ist,

denn es müssten dadurch an der betreffenden Seite die Gelenkbänder weiter gespannt werden, die schon den höchsten Grad der Spannung erreicht haben. Aber sobald das
Bein gebeugt wird und namentlich wenn die Beugung bis
zum rechten Winkel gediehen ist, wie bei einer sitzenden
Gestalt, werden leichte Drehbewegungen des Unterschenkels
möglich. Sie sind zwar wenig ausgiebig und namentlich in
der Richtung nach innen beschränkt, d. h. wir können das
Knie leichter so bewegen, dass die Fussspitze nach aussen
gewandt wird, wie umgekehrt. Der Unterschied zwischen
der Drehung nach aussen und nach innen wird durch das
Vorhandensein von zwei Bändern im Inneren des Gelenkes
bedingt, die Kreuzbänder, die von dem Schienbeinstachel
zwischen den beiden Gelenkgruben ausgehen und einander
kreuzend nach oben verlaufen, um sich in dem Zwischenknorrenraum an den einander gegenüberstehenden Flächen
der Gelenkknorren anzusetzen. Die Art, wie sich diese
Bänder kreuzen, ist so, dass sie durch die Drehung des
Schienbeines nach innen umeinander gedreht und dadurch
verkürzt werden müssen, wodurch natürlich das Schienbein
an den Oberschenkel angedrückt und die weitere Bewegung
gehindert wird. — Die Drehung nach aussen dagegen dreht
die beiden Bänder auseinander, vermindert ihre Kreuzung
und richtet sie mehr gleichlaufend, erschlafft sie also, und
es könnte deshalb diese Bewegung sehr ausgedehnt sein,
wenn nicht die Seitenbänder bedeutendere Verschiebungen
zwischen den Gelenkgruben des Schienbeins und den Gelenkknorren des Oberschenkels verhinderten.

Wir haben noch einige Einzelheiten in dem Bau des
Kniegelenkes mit Rücksicht auf die äussere Form dieser
Körpergegend zu besprechen. Die Rückfläche des Knies ist
von zahlreichen Muskeln und Sehnen bedeckt, welche die
sogenannte Kniekehle bilden; wir werden deshalb diese
Rückfläche erst nach der Beschreibung der Ober- und Unterschenkelmuskeln betrachten können. — Dagegen sind an
beiden Seitenflächen und an der Vorderfläche alle Einzel-

heiten der äusseren Form nur durch die uns jetzt bekannten
Knochen und Bänder bedingt, und diese werden wir eingehender schildern. —

Die Vorderseite des Knies muss in zwei verschiedenen
Stellungen betrachtet werden, in der Streckung oder schwachen
Beugung und in der stärksten Beugung. 1. Bei stärkster
Beugung sieht man nur die Form der Oberschenkelrolle
(s. oben pag. 101). 2. Bei der Streckung findet man an der
Vorderfläche des Kniees der Reihe nach von oben nach
unten eine dreieckige Fläche oberhalb der Kniescheibe, die
durch die Sehne des Schenkelstreckers gebildet wird, darunter den Abdruck der Kniescheibe, deren dreieckige Gestalt mit nach oben gerichteter Grundfläche deutlich unter
der Haut sichtbar ist. Die beiden oberen Ecken der Kniescheibe sind oft besonders kenntlich in Gestalt von zwei
kleinen rundlichen Vorsprüngen; — unter der Kniescheibe
bildet das Kniescheibenband einen in der Mittellinie senkrecht
verlaufenden Vorsprung, der bis an den Schienbeinhöcker
sich erstreckt und stark vorspringt. Aber ausserdem finden
wir meist auf jeder Seite des oberen Teiles vom Kniescheibenbande unmittelbar unter der Kniescheibe eine sanfte,
leicht eindrückbare Vorwölbung, welche Teilen der Gelenk-
gegend entspricht, die bisher noch nicht erwähnt wurden,
und zu dem unter dem Kniescheibenbande gelegenen, vom
unteren Rand der Kniescheibe bis zum vorderen Rande der
Schienbeingelenkfläche reichenden Abschnitt der Gelenkkapsel gehören. — Dieser Abschnitt der Kapsel (c Fig. 33)
ist dick und wird fast allein durch ein grosses Polster
aus Fettgewebe gebildet, welches sich bis in den Innen-
raum des Gelenkes erstreckt und ausserhalb desselben an der
Vorderseite des Kniees eine Vorwölbung bildet, welche durch
das Kniescheibenband in der Mitte niedergedrückt und so
in zwei seitliche Abteilungen geschieden wird. Wenn der
Schenkelstrecker stark an der Kniescheibe und dem Kniescheibenband zieht, drückt dieses in erhöhtem Masse auf
das Fettpolster, so dass es nach beiden Seiten ausweichen

muss, und dann zeichnet sich die erwähnte Vorwölbung auf
beiden Seiten sehr deutlich ab. —

Für die Aussenseite des Kniegelenkes können drei Vorsprünge als Marksteine dienen, das ist vorne der Schienbeinhöcker, den man von der Seite sieht, hinten das Köpfchen
des Wadenbeines und zwischen beiden der Vorsprung des
vorderen Schienbeinmuskels. An jedem dieser drei Vorsprünge endigen Sehnen, die vom Oberschenkel kommen,
und auf der Aussenfläche des Kniegelenkes drei starke, senkrechte Stränge bilden, nämlich vorne das Kniescheibenband
(Sehne des Schenkelstreckers), welches man von der Seite
sieht, hinten die Sehne des zweiköpfigen Schenkelmuskels,
die sich an das Wadenbeinköpfchen ansetzt, und in der
Mitte der untere Teil der breiten Schenkelbinde, die sich
an ihrem unteren Ende in Gestalt einer wirklichen Sehne verschmälert und verdickt, um sich an den Vorsprung des vorderen Schienbeinmuskels anzusetzen.

So vielseitig wechselnd die Gestalt der vorderen und
äusseren Seite des Kniees ist, so einfach ist die Form ihrer
Innenfläche; hier bilden die Innenflächen des Gelenkhöckers
vom Schenkel und der entsprechende Teil des oberen Schien-
beinendstücks eine ganz gleichmässige, halbkugelige Vorragung, denn es zeichnet hier weder ein Band, noch eine
Sehne ihre Umrisse ab, da das innere Kniegelenksband platt
ist und keine Vorwölbung nach aussen bedingt und eben-
sowenig die Sehnen, die das Endstück des Schienbeines
hinten und unten an seiner Innenseite umkreisen, um sich
in Form einer breiten Platte, die man «Gänsefuss» (pes
anserinus) nennt, an ihm anzuheften.

Elfte Vorlesung.

Die beiden Unterschenkelknochen liegen, wie wir oben
gesehen haben, gleichlaufend nebeneinander, das Schienbein
innen, das Wadenbein aussen und hinten (s. Fig. 32). Der
Körper des Schienbeines (Tibia) ist dreikantig prismatisch, und zeigt also drei Flächen und drei Kanten;
eine Innenfläche, die nur von Haut bedeckt und an der
äusseren Form des Beines ohne weiteres als lange, oben,
wo sie etwas nach vorne gerichtet ist, breitere Fläche kenntlich ist, die sich in ihrem unteren Abschnitt gerade nach
innen wendet und in den inneren Knöchel ausläuft (s. Fig. 61).
Die Aussenfläche ist leicht ausgehöhlt zur Aufnahme der vorderen, äusseren Unterschenkelmuskeln, unter denen der «vordere Schienbeinmuskel» (tibialis anticus) der wichtigste
ist. Unten wendet sich diese Fläche nach vorne, der Richtung des genannten Muskels folgend, welcher von der vorderen, äusseren Seite des Unterschenkels an den Grund der
grossen Zehe, also an die Innenseite des Fusses zieht (Fig. 59).
Die hintere Fläche des Schienbeines ist völlig von den zahlreichen, dicken Muskeln der hinteren Unterschenkelgegend
bedeckt. Von den drei Kanten des Schienbeines ragt die
vordere besonders stark vor und wird wohl als Schienbein-
kamm (6, Fig. 32) bezeichnet.

Das Wadenbein (Fibula) zeigt einen langen, dünnen

Körper von dreiseitig prismatischer Gestalt, an welchem man
auf den ersten Blick nicht gleich die drei Flächen und drei
Kanten sich merken kann, weil der Knochen von vorne innen
nach hinten aussen um sich selbst gedreht erscheint; aber
man kann sich die Gestalt und Lage dieser windschiefen
Flächen einprägen, wenn man auf die Thatsache achtet, dass
die äusseren Wadenmuskeln, welche die Aussenseite des
Knochens bedecken, sich unten nach rückwärts umbiegen,
um hinter dem äusseren Knöchel den Fuss zu erreichen
(s. Fig. 60); es wird dementsprechend die Aussenseite des
Knochens unten zur hinteren, und da die übrigen Flächen
dieselbe Drehung mitmachen, wird die innere unten zur
vorderen, und die hintere zur inneren.

Die beiden Unterschenkelknochen sind in ihrer ganzen
Länge durch einen Zwischenraum, den Zwischenknochenraum, getrennt, welcher oben breiter ist als unten und durch
eine Haut, das Zwischenknochenband, geschlossen wird,
die von einem Knochen zum anderen sich ausspannt; dieselbe dient den tiefen, vorderen und hinteren Unterschenkelmuskeln als Ansatz. Oben steht das Wadenbein in Gelenkverbindung mit der hinteren, äusseren Fläche des oberen
Schienbeinendes, aber dieses Gelenk gestattet nur fast unmerkliche Gleitbewegungen. Unten ist das Wadenbein durch
eine Art Fuge (Symphyse) mit dem Schienbein verbunden,
welche keinerlei Beweglichkeit darbietet, sondern nur dazu
dient, dem Klammergelenk, in das der Fuss eingefügt ist,
eine gewisse Elasticität zu verleihen.

Wir sehen also, dass sich in Bezug auf die Beweglichkeit die beiden Knochen des Unterschenkels von denen des
Unterarmes wesentlich unterscheiden; am Unterarm ist der
eine der beiden Knochen um den anderen beweglich, kann
sich mit ihm kreuzen und so die Pronation und Supination
der Hand erzeugen; zwischen Wadenbein und Schienbein
ist keinerlei ähnliche Verbindung, und der Fuss vermag deshalb auch keine Bewegung auszuführen, die wir mit der
Pronation und Supination der Hand vergleichen könnten. —

Es sei hier nebenbei bemerkt, dass auch bei den Affen, den
«Vierhändern», eine Pronation und Supination des Hinter-
fusses nicht möglich ist, und dass derselbe in dieser Hinsicht
wie in jeder anderen Beziehung als richtiger Fuss, nicht als
hintere Hand erscheint, wie man das nach der alten Bezeichnung Vierhänder annehmen könnte.

Durch ihre Vereinigung bilden die unteren Enden des
Wadenbeines und Schienbeines eine Gelenkgrube, in welcher
der Fuss, d. h. der obere Knochen der Fusswurzel, liegt.
Diese Grube zeigt drei Wandflächen, von denen zwei, die
obere und die innere durch das Schienbein gebildet werden,
und nur eine, die äussere, durch das Wadenbein. Die beiden
Seitenwandungen entsprechen zwei Knochenteilen, die die
K n ö c h e l bilden, anatomisch als M a l l e o l i bezeichnet,
und als innerer oder Schienbeinknöchel, und äusserer oder
Wadenbeinknöchel unterschieden werden (Fig. 32). Da der
innere Knöchel (8, Fig. 32) in Gestalt und Lage von dem
äusseren (11, Fig. 32) verschieden ist, erscheint es wichtig,
bei der Gestaltung dieser Knochenteile, deren Form unmittelbar unter der Haut zu Tage tritt, zu verweilen.

Wir haben zu bemerken, dass die Knöchel sich unterscheiden in ihrer Höhe gegenüber einer wagerechten Ebene,
in ihrer Lage gegenüber einer quergerichteten Ebene und
endlich in ihrer Gestalt. — 1. Bezüglich der Lage zu einer
wagerechten Ebene überzeugt man sich auf den ersten Blick,
dass der äussere oder Wadenbeinknöchel tiefer liegt wie der
innere, was mit der schon erwähnten Thatsache im Einklang
steht, dass das Wadenbein oben nicht bis an die Höhe des
Schienbeines heranreicht, dafür aber sich weiter nach unten
erstreckt als das Schienbein. — 2. Was die Lage der Knöchel
zur queren Ebene (transversalen) anlangt, erklärt uns
die Erwägung, dass das Wadenbein aussen und innen vom
Schienbein liegt, und dass diese Lage auch an den unteren
Enden der Knochen beibehalten ist, warum der äussere
Knöchel weiter nach hinten, der innere weiter nach vorne
gelegen ist. Eine durch den Mittelpunkt des inneren Knöchels

gelegte Querlinie würde auf der anderen Seite des Sprung-
gelenkes auf den vorderen Rand des äusseren Knöchels treffen,
und umgekehrt eine durch den Mittelpunkt dieses Knöchels
gelegte würde auf den hinteren Rand des inneren treffen.
3. Die Unterschiede in der Gestalt folgen ohne weiteres aus
der Gestaltung der Knochen. Der Knöchelteil des Schienbeines, der innere Knöchel ist viereckig, zeigt einen unteren
wagerechten Rand und zwei senkrechte Kanten vorne und
hinten; dagegen ist das untere Ende, der Knöchelteil des
Wadenbeines, dreieckig oder richtiger wie die Spitze eines
Speeres, oder wie ein Schlangenkopf gestaltet; von dem
Körper ist er durch eine leichte Einschnürung getrennt, und
endet unten in einer Spitze mit je einer vorderen und hinteren scharfen Kante.

Ehe wir das Gelenk zwischen Unterschenkel und Fuss,
das Sprunggelenk, besprechen, müssen wir einen flüchtigen
Blick auf das Knochengerüst des Fusses im ganzen werfen,
um die Verbindungen des Knochens, welcher in dem Sprunggelenk liegt, kennen zu lernen.

Wie die Hand aus drei Teilen besteht, die vom Grunde
nach dem freien Ende hin als Handwurzel, Mittelhand und
Finger unterschieden werden, ist auch der Fuss aus gleichartigen Abschnitten zusammengesetzt, nämlich, von hinten
nach vorne, Fusswurzel, Mittelfuss und Zehen. Aber
während an der Hand, deren Hauptthätigkeit die Greif-
bewegung ist, die Finger lang und die Handwurzel sehr
kurz erscheinen, sehen wir am Fuss, der als Grundlage bei
der aufrechten Haltung dienen soll, die Finger (Zehen) ziemlich verkümmert, während die Fusswurzel, welche der Handwurzel entspricht, eine ansehnliche Entwickelung zeigt; sie
bildet thatsächlich etwa die Hälfte der gesamten Fusslänge.
Um also die Gestalt des Fusses und seine Einrichtung zu verstehen, müssen wir vor allen Dingen die Knochen, die die
Fusswurzel zusammensetzen, betrachten.

Ebenso wie die Handwurzel aus zwei Knochenreihen,
besteht auch die Fusswurzel aus zwei Gruppen von Knochen,

oder zwei Hälften, einer hinteren und einer vorderen. —
Die hintere Hälfte umfasst nur zwei übereinander liegende
Knochen, von denen der untere mit einem mehr oder weniger
grossen Teil seiner Unterfläche auf dem Boden aufliegt; das
ist das Fersenbein (Calcaneus), (3, Fig. 36. — 1—6, Fig. 38),
welches sich nach hinten zu dem Vorsprung der Hacke
verlängert. Der zweite oben gelegene ist
das Sprungbein (Astragalus), (1, 2, Fig.
36. 7, 8, Fig. 38), welches allein in dem
Sprunggelenk mit dem Unterschenkel in
Verbindung steht. — Die vordere Hälfte
ist in zwei seitliche Abteilungen geschieden,
eine äussere einfache, d. h. nur aus einem
Knochen, dem Würfelbein (os cuboi-
deum), (8, Fig. 36. 7, 8, Fig. 38) bestehende, und eine innere, die durch einen
hinteren Knochen, das Kahnbein (os
scaphoideum), (4, Fig. 36) und drei
kleine, vordere, die Keilbeine (ossa cu-
neiformes), (5, 6, 7, Fig. 36) gebildet wird.

Nach dieser kurzen Schilderung des
Baues der Fusswurzel und da wir die Einzelheiten seiner Teile beschrieben, haben
wir wegen der besonderen Stellung, die
das Sprungbein einnimmt, die Gelenkverbindung desselben mit den Unterschenkelknochen im Sprunggelenk zu besprechen.
Die Gelenkgrube ist uns schon bekannt;
der Teil des Sprungbeines, der in derselben
eingeschlossen ist, wird durch die hinteren
drei Vierteile (1, Fig. 30) des oberen Abschnittes vom Sprungbein gebildet, die von

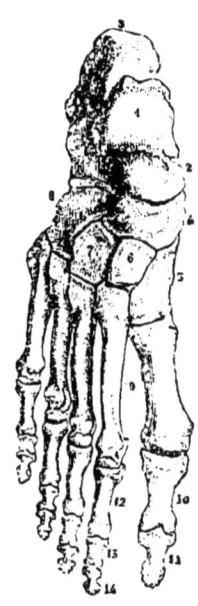

Fig. 36.

Das Knochengerüst des
rechten Fusses vom Fuss-
rücken aus gesehen. 1
Sprungbein mit seinem
Hals und Kopf (2). 3
Fersenbein. 4. Kahnbein.
5, 6, 7 Erstes, zweites,
drittes Keilbein. 8. Wür-
felbein. 9 Mittelfuss. 10
und 11 die zwei Glieder
der grossen Zehe. 12, 13,
14 Erstes, zweites, drittes
Glied der übrigen Zehen.

dem vorderen Vierteil durch einen schmalen Abschnitt, welchen man Hals nennt (2, Fig. 36) geschieden wird. Dieser
dem Gelenk angehörige Abschnitt des Knochens hat die Gestalt einer Rolle mit ganz seichter, von vorne nach hinten

verlaufender mittlerer Hohlrinne und glatten Kanten, die sich
auf die Seitenflächen des Knochens fortsetzen und mit den
gegen einander gewandten Gelenkflächen des Schienbeines
und Wadenbeines, die dem äusseren und inneren Knöchel
entsprechen, in Verbindung stehen. Diese Gestaltung der
Gelenkflächen gestattet uns von vornherein den Schluss, dass
das Sprunggelenk nur Bewegungen in einer senkrecht von
vorne nach hinten verlaufenden Ebene gestattet, d. h. Bewegungen nach vorn (Beugung) und nach hinten (Streckung
des Fusses). In der That liegt das Sprungbein in seiner Gelenkgrube wie in einer Klammer, und eine derartige Anordnung gestattet keinerlei Seitwärtsbewegungen, sondern lässt
nur Beugungen nach vorne und hinten, d. h. in der Ebene,
welche den Seitenwänden der Klammer gleichgelegen (pa-
rallel) ist, zu. Allerdings kann jeder mit seinem Fuss seitliche Bewegungen ausführen und namentlich Bewegungen,
durch welche der Innenrand des Fusses gehoben, der Aussenrand gesenkt wird und umgekehrt; aber an einem zergliederten Fuss überzeugt man sich leicht, dass diese Bewegungen
nicht in dem Sprunggelenk, sondern zwischen Sprungbein
und dem übrigen Teil des Fusses ausgeführt werden, wie
wir gleich erfahren, und dass das Sprunggelenk nur Beugung
und Streckung zulässt. Von diesen beiden Bewegungen ist
die Streckung ziemlich ausgedehnt, sie kann fortgesetzt werden, bis die Mittellinie des Fusses in der Verlängerung des
Unterschenkels liegt und wird in dieser Stellung durch das
Anstossen des hinteren Randes der Gelenkgrube an die
Knochenvorsprünge am hinteren Rand des Sprungbeines gehemmt; die Beugung dagegen, durch die der Fussrücken
sich der Vorderfläche des Unterschenkels nähert, ist sehr beschränkt, denn es ist unmöglich, den Fuss dem Unterschenkel
gegenüber in einen (nach oben offenen) spitzeren Winkel zu
bringen, als den von 45 Grad. Die Form der Sprungbein-
rolle erklärt uns diese Thatsache, denn diese Rolle ist vorne
breiter als hinten (1, Fig. 36), hat also die Form eines mit
der Grundfläche nach vorne gerichteten Keiles; da nun in

dem Maasse, wie die Beugung vermehrt wird, dieser breitere Abschnitt des Keiles weiter in die Gelenkklammer hinein-rückt, befindet sich bald das Sprungbein unter gleichen Bedingungen, wie ein Keil, dessen Grundfläche breiter ist als die Oeffnung, in die man ihn hineintreibt; seine Fortbewegung wird dann gehemmt und das Sprunggelenk ist überhaupt völlig unbeweglich. — Man könnte die Beugung nur weiter fortführen, wenn man die Klammer des Waden- und Schienbeines sprengte, so wie man ein Holzstück durch gewaltsames Eintreiben eines Keiles sprengt.

Zwölfte Vorlesung.

Wir wollen in Folgendem die Fusswurzelknochen unter besonderer Berücksichtigung der Einzelheiten, die auf ihre Gelenkverbindungen Bezug haben, kurz besprechen. — Die Unterfläche des Sprungbeines zeigt zwei durch eine in querer Richtung schief verlaufende Rinne getrennte Gelenkflächen; dieselben stehen in Verbindung mit gleichgestalteten Flächen, die an der oberen Fläche des Fersenbeines, aber ganz an dem inneren Teil derselben gelegen sind, weil das Sprungbein nicht genau über dem Fersenbein liegt, sondern etwas nach innen über dasselbe vorragt, etwa um ebensoviel, wie das Fersenbein nach aussen vorspringt (Fig. 36). Die beiden Gelenkflächen des Fersenbeines sind ebenso durch eine quere, schiefe Rinne getrennt, und folglich ergänzen sich, wenn die Knochen übereinander liegen, die Rinne des Sprungbeines und die des Fersenbeines zu einem Kanal, dessen weite Eingangsöffnung man am Skelett des Fusses auf der Aussenseite (9, Fig. 38) erkennt, und den man Sinus tarsi, den Fusswurzelkanal nennt. In diesem Kanal heften sich die wichtigen Bandmassen an, die das Sprungbein mit dem Fersenbein verbinden; da dieselben zwischen zwei Gelenkflächen sich befinden, deren eine vor ihnen, die andere hinter ihnen liegt, bilden sie eine Art Zapfen, um den die

Bewegungen zwischen Sprungbein und Fersenbein stattfinden, und da, wie wir gleich erfahren werden, die übrige Fusswurzel und der gesamte Fuss mit dem Fersenbein ein Ganzes bilden, vollziehen sich also die Bewegungen, durch die die Fussspitze nach innen oder aussen gewandt wird (abgesehen von der Beweglichkeit des Kniegelenkes), um diese Bänder zwischen Sprungbein und Fersenbein als ihren Drehpunkt und ebenso die, durch welche der innere oder äussere Fussrand gehoben wird.

In der That zeigen die beiden Gelenke, durch welche die hintere Hälfte der Fusswurzel mit der vorderen verbunden ist, — d. h. das Gelenk zwischen Fersenbein und Würfelbein nach aussen, und das zwischen Sprungbein und Kahnbein nach innen, untereinander ganz verschiedenen Bau derart, dass der übrige Fuss mit dem Fersenbein ein Ganzes bildet und mit diesem zusammen auf dem Sprungbein leicht beweglich ist. — Das Gelenk des vorderen Fersenbeinendes mit der Hinterfläche des Würfelbeines zeigt ein nur wenig ausgesprochenes Ineinandergreifen der Knochenflächen, es ist aber zugleich von dicken und festen Bandmassen umgeben, namentlich an der Unterseite (grosses Fusssohlenband) derart, dass zwischen Fersenbein und Würfelbein nur unmerkliche Verschiebungen möglich sind, dass diese Knochen also bei Bewegungen ein einziges, aber elastisches Knochenstück darstellen. — Im Gegensatz dazu wird das Sprungbein-Kahnbeingelenk durch das vordere Ende des Sprungbeins, durch einen vor dem Halse gelegenen, als Kopf bezeichneten Knochenvorsprung gebildet (9, Fig. 37), welcher diesen Namen auch wegen seiner nach vorne abgerundeten Gestalt verdient; der Knorpelüberzug dieses Kopfes hängt unten mit dem Knorpel der vorderen Sprungbein-Fersenbeingelenkfläche zusammen. Es folgt aus dem Gesagten, dass das Sprungbein eine Art Zwischenglied zwischen Unterschenkel und Fuss bildet, und dass der Fuss in den Gelenken zwischen Fersenbein und Sprungbein, sowie zwischen Sprungbein und Kahnbein, —

das wir unter der Bezeichnung unteres Sprungbein-
gelenk zusammenfassen können, Seitwärtsbewegungen auszuführen vermag, vermittelst derer seine Spitze nach innen
und aussen gewandt, oder sein Innenrand gehoben, sein
Aussenrand gesenkt wird und umgekehrt. Dagegen erfolgen
die Beuge- und Streckbewegungen ausschliesslich in dem
oberen Sprunggelenk, d. h. in der oben beschriebenen Gelenkverbindung des Sprungbeins mit den Unterschenkelknochen.

Die Knochen der vorderen Fusswurzelhälfte, das Würfelbein auf der Aussenseite, das Kahnbein mit den drei
Keilbeinen auf der Innenseite, vereinigen sich untereinander
mittelst ebener Flächen, die aber an ihren unteren, der Fusssohle zugewandten Rändern Rauhigkeiten zum Ansatz von
Zwischenknochenbändern besitzen; es genügt hier die Bemerkung, dass alle diese Gelenke nur geringe Verschiebungen zulassen, zu dem Zweck, um der Gesamtheit
der vereinigten Knochen, dem Fussgewölbe eine gewisse
Elasticität zu verleihen, ohne dass doch die einzelnen Knochen wirklich gegen einander beweglich sind. — Bezüglich
der Besonderheiten an den einzelnen Knochen haben wir
anzuführen: An dem Kahnbein die von vorne nach
hinten abgeplattete, seitlich verbreitete Gestalt, — an dem
Würfelbein eine schiefe Rinne (14, Fig. 38) an der unteren
oder Fusssohlenfläche zur Aufnahme der Sehne vom langen
Wadenmuskel. — Von den drei Keilbeinen endlich, welche
man von innen nach aussen als erstes, zweites, drittes zählt,
ist das zweite das kürzeste, es reicht weniger weit nach
vorne als das erste und dritte, zwischen denen es liegt, so
dass in seiner Höhe die Linie zwischen Fusswurzel und
Mittelfuss eine Knickung zeigt, eine Einkerbung, in der das
hintere Ende des zweiten Mittelknochens liegt.

Nach vorne von der Fusswurzel befindet sich der Mittelfuss, der der Mittelhand entspricht, sowie die den Fingern
entsprechenden Zehen. Wir haben über diese Teile des
Skeletts nur wenige Worte zu sagen, da sie den ihnen
entsprechenden Teilen an der Hand gleichartig sind. —

Die fünf Mittelfussknochen sind lange Knochen, aus einem prismatischen Körper und zwei Endstücken bestehend, von denen das hintere oder Fusswurzelende genau wie die Keilbeine geformt ist, so dass diese Enden zusammen wie die Steine eines Gewölbes angeordnet sind; das vordere oder Zehenende bildet ein Köpfchen, das mit dem ersten Zehenglied gelenkig verbunden ist. Die Knochen liegen gleichgerichtet nebeneinander, auch der der grossen Zehe ist von seinen Gefährten nicht getrennt, wie der Mittelhand-knochen des Daumens; deshalb entbehrt auch die grosse Zehe einer ähnlichen Beweglichkeit wie der Daumen. Von besonderen Einzelheiten wäre endlich anzuführen: bei dem ersten Fusswurzelknochen seine bedeutende Dicke (19, Fig. 37), bei dem zweiten seine ansehnliche Länge (20, Fig. 38), denn er überragt die benachbarten nach rückwärts (indem er in die dem zweiten Keilbein entsprechende Vertiefung hinein-reicht), und reicht auch weiter nach vorne, so dass die zweite Zehe die längste von allen ist. — Bei dem fünften endlich haben wir die Gestalt seines Fusswurzelendes zu erwähnen, welches nach hinten in einem Fortsatz (19, Fig. 38) ausläuft, der den vorspringendsten Teil am äusseren Fuss-rand bildet. Dieser Vorsprung des fünften Mittelfussknochens dient dem kurzen Wadenmuskel als Ansatzpunkt.

Die Zehenglieder entsprechen in Zahl und Anordnung den gleichartigen Teilen der Hand, sie sind nur viel kürzer, besonders die der kleinen Zehe, von denen die beiden letzten nur kleine Knochenkerne bilden; deshalb ist auch die fünfte Zehe immer sehr viel kürzer als die übrigen. Die Bezeich-nung der einzelnen Glieder ist die gleiche wie an der Hand.

Das Knochengerüst des Fusses in seiner Gesamtheit bildet ein wirkliches Gewölbe, welches doppelte Krümmung zeigt, von vorne nach hinten und in querer Richtung. Die Fuss-sohle bildet also eine Aushöhlung, die von dem hinteren Ende des Fersenbeines bis zu dem vorderen Ende der Mittel-fussknochen reicht, aber die Höhlung der Fusssohle ist innen viel höher als am Aussenrande (Fig. 37 und 38) und wir

müssen demnach, um über die Gesamtform des Fusses klar
zu werden, beachten, dass sein Rücken nach oben und
aussen, seine Sohlenfläche nach unten und innen gerichtet,
sein äusserer Rand dünn ist und fast den Boden berührt,
während der innere, dicke, sehr hoch gewölbt ist, also in
weitem Abstand von dem Boden.

Das richtig zusammengesetzte Knochengerüst des Fusses
berührt, wenn es auf eine ebene Fläche gesetzt wird, diese
letztere nur mit dem hinteren Ende des Fersenbeines (der
Hacke) und den Köpfchen der Mittelfussknochen (mit den
Zehen). Bei dem mit Weichteilen bekleideten Fuss sind

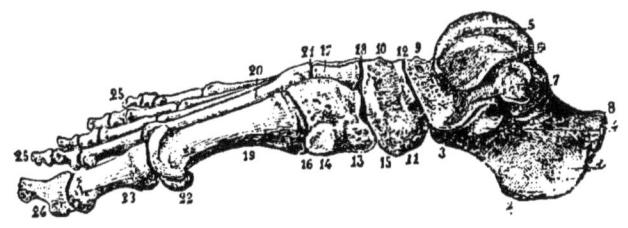

Fig. 37.

Rechter Fuss von der Innenseite. 1, 2, 3, 4 Fersenbein, 5, 6, 7 Sprungbein. 8 Hinteres
Fersenbein-Sprungbeingelenk. 9 Kopf und Hals des Sprungbeines. 10, 11 Kahnbein.
12 Sprungbein-Kahnbeingelenk. 13, 14 erstes Keilbein. 15 Gelenkverbindung des ersten
Keilbeines mit dem Kahnbein. 16 Gelenkverbindung desselben mit dem Mittelfussknochen
der grossen Zehe. 17 Zweites Keilbein. 18 Sein Gelenk mit dem Kahnbein. 19 Erster
Mittelfussknochen. 20 Zweiter Mittelfussknochen. 21 Gelenk zwischen zweitem Mittelfussknochen und den Keilbeinen. 23, 24 Glieder der grossen Zehe. 25 Glieder der
übrigen Zehen.

diese Berührungspunkte kaum anders, man findet nur, dass
ausser der Hacke und dem vorderen Ende auch der äussere
Rand, namentlich in dem Abschnitt, welcher dem fünften
Mittelfussknochen entspricht, den Boden berührt, aber nur
leicht, wenigstens wenn der Mensch nicht eine schwere Last
trägt, die durch Druck auf das Fussgewölbe dasselbe vermöge seiner Elasticität leicht abflacht. — Wir werden weiter
unten sehen, dass gewisse Muskeln (namentlich der lange
Wadenmuskel), wie die Sehne an einem Bogen auf das Gewölbe wirken, d. h. durch ihre Anspannung die Wölbung
der Fusssohle erhalten.

Wie wir das für die Hand und den Arm gethan, haben
wir auch hier die Frage zu erörtern, ob die Betrachtung
des Fusses uns irgend ein Grundmass für die Massverhältnisse des Körpers ergibt. — Aber es ist am Fuss noch
weniger, wie an der Hand möglich, einen gemeinsamen
Massstab für die Gesamtlänge des Körpers und für die des
Beines im besonderen zu finden. — Wir können uns da
nur auf einige Angaben beschränken, die nur für eine mittlere Grösse zutreffend sind. So ist es leicht, sich am Skelett
davon zu überzeugen, dass der Abstand des oberen Endes
des Oberschenkels von dem inneren Gelenkknorren des

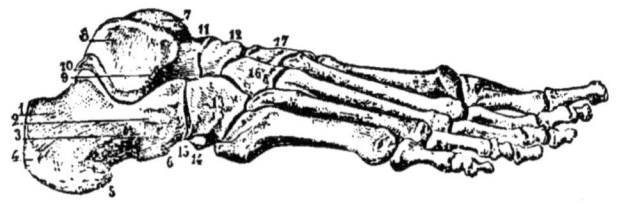

Fig. 38.

Rechter Fuss, Aussenseite. 1—6 Fersenbein. 7 Rolle des Sprungbeines. 8 Seitenfläche
des Sprungbeines (in Verbindung mit dem äusseren Knöchel). 9 Sinus tarsi. 10 Hinteres
Sprungbein-Fersenbeingelenk. 11 Kopf und Hals des Sprungbeines. 12 Kahnbein.
13 Würfelbein. 14 Anfang der Rinne an der Unterfläche des Würfelbeins für den langen
Wadenbeinmuskel. 16 Drittes Keilbein. 17 Zweites Keilbein.

Schenkels gleich der doppelten Fusslänge ist; aber diese
Bemerkung hat keinen thatsächlichen Wert, sie kann uns
am Lebenden nicht von Nutzen sein, denn es ist hier das
obere Ende des Oberschenkelkopfes schwer zu finden. —
Wenn man anstatt des oberen Endes vom Gelenkkopf den
oberen Rand des grossen Rollhügels nimmt, eines Knochen-
teiles, welcher sehr deutlich durch die Haut zu erkennen
ist, findet man, dass die doppelte Fusslänge fast niemals
der Entfernung vom oberen Rand des Rollhügels zum unteren Rand des äusseren Gelenkknorren gleich ist, weil der
grosse Rollhügel in beträchtlich geringerer Höhe liegt, als
der Schenkelkopf.

Der Unterschenkel gibt, auch wenn man die Dicke des Fusses dazu rechnet, niemals eine Mehrheit der Fusslänge in ganzen Zahlen; man überzeugt sich, dass der Abstand vom unteren Rande des inneren Gelenkknorren am Schenkel bis auf den Boden, oder bis an die Fusssohle nicht ganz die doppelte Fusslänge erreicht; aber im allgemeinen findet man, und das ist eine wichtige Thatsache, dass die Länge des Unterschenkels mit der Dicke des Fusses dem Abstand des oberen Randes des grossen Rollhügels vom unteren Rande des äusseren Gelenkknorren gleich ist, d. h. also, dass die Gelenklinie des Kniees genau in der Mitte der ganzen Beinlänge liegt.

Wenn man die Länge des Fusses mit der des Unterschenkels vergleicht, indem man das Mass von unten nach oben anlegt, findet man eine ziemlich regelmässige und nicht unwichtige Verhältniszahl; nämlich, dass von dem Mittelpunkt der Kniescheibe bis auf den Boden in der Regel zwei Fusslängen gemessen werden. —

Auch als Massstab für die Körperlänge gibt uns die Fusslänge keine ganzen Zahlenwerte; nach zahlreichen Untersuchungen über diesen Gegenstand beträgt die gesamte Körperlänge im allgemeinen $6^{1}/_{3}$ der Fusslänge. Die Zahl bietet immerhin etwas Beachtenswertes, wenn man $^{1}/_{3}$ der Fusslänge als Einheit nimmt; die Gesamtkörpergrösse würde 19 solcher Einheiten, 19 Drittel-Fusslängen entsprechen, und das ist ganz dieselbe Zahl, welche nach Carl Blank in dem egyptischen Kanon das Massverhältnis der Länge des Mittelfingers zu der gesamten Körperlänge bezeichnet.

Was den Fuss, für sich allein betrachtet, anlangt, können wir nur sagen, dass am Skelett die Linie zwischen Fusswurzel und Mittelfuss ein sehr bequemes Merkmal für die Einteilung des Fusses gibt. Diese Linie verläuft schief von vorne innen nach hinten und aussen, so dass ihr inneres Ende, am Grunde des ersten Mittelfussknochens den Fuss in eine vordere und eine hintere Hälfte teilt, während ihr äusseres Ende am Grunde (dem Fortsatz) des fünften Mittelfussknochens den Fuss in ein hinteres und zwei vordere Drittel abteilt.

Dreizehnte Vorlesung.

Das Knochengerüst des Kopfes besteht aus zwei untereinander fest vereinigten Teilen, einem oberen und hinteren, welcher aus platten, einfach gestalteten Knochen zusammengesetzt ist und Schädelgewölbe oder Hirnschädel (Cranium) genannt wird, und das grosse und kleine Gehirn, die Organe des Verstandes und Willens, einschliesst; und ferner aus einem unteren, vorderen Teil, dem Gesichtsschädel, dessen zahlreiche, sehr mannigfach gebaute Knochen vielfache Hohlräume umgeben für die Hauptsinnesorgane und die Mundwerkzeuge.

Vom Hirnschädel. Die Schädelhöhle hat die Gestalt eines Eies, dessen längster Durchmesser von vorne nach hinten gerichtet ist, und die Wandungen derselben werden unterschieden als Grundfläche, Basis, mit welcher wir uns hier aber nicht zu beschäftigen haben, und Schädeldach (Seitenwandungen und Oberfläche), welches wir genauer betrachten müssen. Die Knochen, welche an der Bildung des Schädeldaches sich beteiligen, sind hinten das Hinterhauptsbein (os occipitale), vorne das Stirnbein (os frontale), oben die beiden Scheitelbeine (ossa parietalia), seitlich die Schläfenbeine (ossa temporalia).

Das Hinterhauptsbein (os occipitale), (3, Fig. 39)
bildet den hintersten Teil des Schädelgrundes und des Schädeldaches. Man unterscheidet an ihm zwei Abschnitte: 1. einen
unteren, wagerechten, der von einer grossen Oeffnung (dem
Hinterhauptsloch (foramen occipitale) durchbrochen
wird, der Verbindungsöffnung zwischen Schädelhöhle und
Wirbelkanal. — Nach vorne von diesem Loch ist der zur

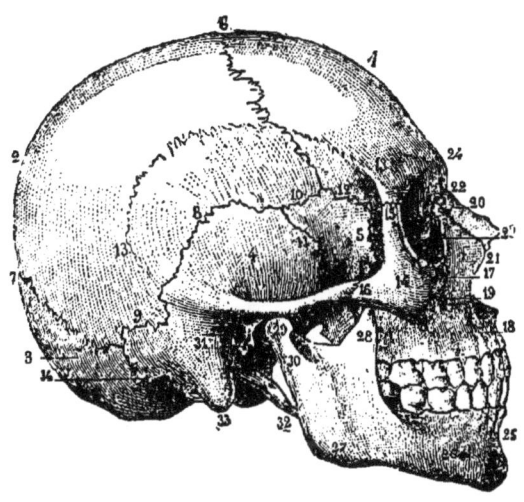

Fig. 39.

Schädel. Seitenansicht. 1 Stirnbein. 2 Scheitelbein. 3 Hinterhauptsbein. 4 Schläfenbein.
5 grosser Keilbeinflügel. 6 Kronennaht. 7 Lambdanaht. 8, 9 Schläfennaht. 13 krumme
Grenzlinie der Schläfengrube. 14, 15, 16 Jochbein. 18 Oberkiefer mit dem Unteraugenhöhlenloch (19). 20, 21, 22 Nasenknochen. 23 Thränenkanal. 24 Augenbrauenwulst.
25 Unterkiefer. 26 Foramen mentale. 27 Kieferwinkel.

Grundfläche gehörige Teil (Basalfortsatz) des Hinterhauptbeines; an jeder Seite sind Gelenkvorsprünge (Condylen),
mittels deren der Kopf und die Wirbelsäule, d. h. die Seiten-
massen des Atlas (s. oben S. 18) in Gelenkverbindung stehen.
2. Eine hintere als Schuppe des Hinterhauptes bezeichnete
Abteilung (3, Fig. 29) von dreieckiger Gestalt mit nach oben
gerichteter Spitze. Die Ränder dieser Schuppe sind vielfach
unregelmässig gezähnt und greifen in ähnliche Zähne am
Hinterrande der Scheitelbeine (7, Fig. 39) ein. Die äussere
oder hintere Fläche zeigt in der Mitte eine querverlaufende

erhabene halbkreisförmige Linie als Ansatz für die oberflächlichen Nackenmuskeln, deren Mitte einen Vorsprung, den
Hinterhauptstachel (spina occipitalis) bildet.

Die Scheitelbeine (ossa parietalia), (2 und 13, Fig. 39)
liegen vor der Hinterhauptsschuppe zu beiden Seiten der
Mittellinie; sie sind viereckig, und jedes Scheitelbein zeigt
vier ausgezähnte Ränder, von denen der obere mit dem
Scheitelbein der entgegengesetzten Seite, der hintere mit der
Hinterhauptsschuppe, der vordere mit dem Stirnbein, und der
untere eingebuchtete mit dem Schläfenbein durch Verzahnung
verbunden ist (vergl. 7, 6, 8, Fig. 39). Das Scheitelbein
zeigt an seiner Aussenfläche nichts Besonderes ausser 1. einer
Knochenvortreibung, den sogenannten Scheitelhöcker,
welche bei jüngeren Personen stärker vorspringt als beim
Erwachsenen und den Punkt bezeichnet, an welchem im
Mutterleibe die Verknöcherung dieses Knochens beginnt. —
2. Unter diesem Vorsprung eine leicht gekrümmte rauhe
Linie (13, Fig. 39) als Grenze der Schläfengrube, d. h. des
Ansatzgebietes für den Schläfenmuskel, — deshalb auch
Schläfenlinie genannt.

Das Stirnbein (os frontale), (6, Fig. 39) zeigt wie das
Hinterhauptsbein einesteils einen zur Schädelgrundfläche und
zum Gesichtsschädel gehörigen Abschnitt (9, 9, Fig. 40), welcher den Augenhöhlenbogen bildet, und eine Schuppe, die
die vordere und obere Wand der Schädelhöhle darstellt.
Diese Schuppe hat einen oberen gerundeten Rand (11, Fig. 40),
der mit den Scheitelbeinen verzahnt ist (11, Fig. 40). Wenn
wir von diesem Rande aus nach der Gesichtsgegend hin
den Knochen durchmustern, finden wir folgende, für die äussere
Form wichtige Teile: Die Stirnhöcker (1, 1, Fig. 40), die
ebenso wie die Scheitelhöcker bei Kindern und bei Weibern
stärker ausgeprägt sind als beim erwachsenen Mann; —
ferner die Augenbrauenbogen (2, 2, Fig. 40), schief nach
oben und aussen gerichtet, und im Gegensatz gegen die eben
genannten Vorsprünge bei dem Erwachsenen stärker ausgeprägt, da sie ihre Wölbung der Vorbuchtung des Stirnbeines

in der Gegend der «Stirnhöhlen» verdanken, und diese letzteren mit zunehmendem Alter weiter werden. — Endlich die
Augenhöhlenbogen (4, 4, Fig. 40), die den oberen Rand
der Augenhöhle bilden. Jeder derselben ist krumm, mit nach
unten gewandter Oeffnung, und zeigt aussen den äusseren
Augenhöhlenfortsatz (5, 5, Fig. 40), der mit dem Jochbein in Verbindung steht, und innen einen inneren Augen-

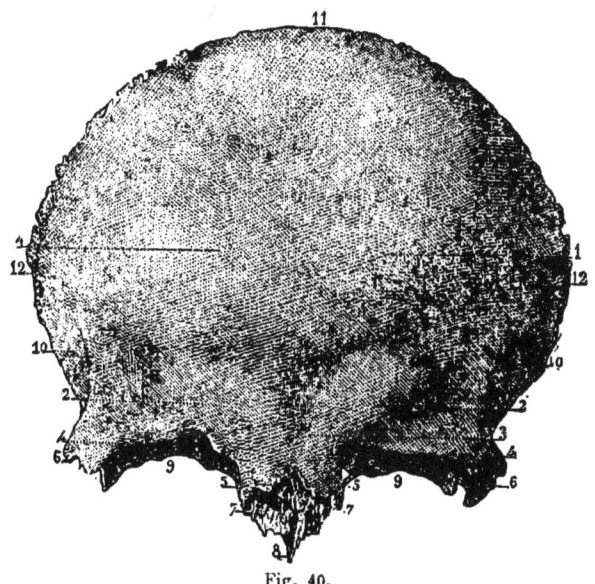

Fig. 40.

Stirnbein. 1, 1 Stirnbeinhöcker. 2, 2 Augenbrauenbogen. 3 Nasenwurzel. 4, 4 Augenhöhlenbogen. 5, 5 Innere Augenhöhlenfortsätze. 6, 6 Aeussere Augenhöhlenfortsätze. 7, 7
Naseneinschnitt. 8 Nasenstachel. 9, 9 Augenhöhlendecke. 11 Oberer Rand. 12 Seitenteile desselben.

höhlenfortsatz, welcher mit dem der anderen Seite einen
mittleren Teil, den Naseneinschnitt begrenzt (7, Fig. 40), in
dem die Nasenknochen und der aufsteigende Fortsatz des
Oberkiefers liegen. — Ausserdem hat jeder Bogen an seiner
inneren Hälfte eine kleine Einkerbung (incisura supraorbitalis)
(3, Fig. 41).

Die Schläfenbeine (ossa temporalia), deren je eines
an der Seite des Hirnschädels gelegen ist (11, 4, 31, Fig. 39),
sind Knochen von sehr verwickeltem Bau, von welchen wir

aber nur einen Abschnitt zu betrachten haben. — Es besteht nämlich jedes Schläfenbein aus einem Abschnitt, welcher dem Schädelgrunde angehört und einem, der zu der Seitenwandung der Schädelhöhle gehört; der erstere (basale) Abschnitt bildet eine pyramidenförmige, sehr feste Knochenmasse (deshalb auch Felsenbein, os petrosum, genannt), die die einzelnen Teile des inneren Ohres einschliesst; der andere, zur Seitenwand des Schädels gehörige (4, Fig. 39), bildet eine unregelmässig gestaltete Knochenplatte an der Grundfläche der Pyramide, und enthält in ihrem mittleren Teil eine Oeffnung, den Gehörgang (31, Fig. 39), den Eingang in das Felsenbein. Wenn wir diese Oeffnung des Gehörganges als Ausgangspunkt nehmen, finden wir an der Aussenfläche des Schläfenbeins 1. hinter dem Gehörgang den Warzenteil des Schläfenbeines (33, Fig. 39), der sich nach unten in einen kegelförmigen, einer Brustwarze ähnlichen Vorsprung verlängert (deshalb processus mastoideus, Warzenfortsatz von μαστός, Brustwarze). — 2. Ueber dem Gehörgang die Schläfenbeinschuppe (4, Fig. 39), eine breite Knochenplatte von halbkreisförmiger Gestalt, deren Rand sich mit dem unteren Rand des Scheitelbeines verbindet (8, Fig. 30). — 3. Vor dem Gehörgang einen stark vorspringenden Fortsatz, der wagerecht nach vorne verläuft, um sich mit dem Jochbein zu verbinden (processus zygomaticus, den Jochbeinfortsatz) und mit demselben den Jochbogen (arcus zygomaticus) zu bilden. Der Jochbeinfortsatz entspringt vom Schläfenbein mit zwei Wurzeln (Fig. 39), von denen eine in der Längsrichtung oberhalb des Gehörganges von hinten nach vorne verläuft, während die andere, quergerichtet, am Grund des Schädels gelegen ist, und vor dem Gehörgang eine Gelenkgrube für den Gelenkfortsatz des Unterkiefers abgrenzt. Endlich unter dem Gehörgang zeigt das Schläfenbein einen langen, spitzen, sehr scharf zulaufenden Griffelfortsatz (processus styloideus), an dem einige kleine Halsmuskeln sich ansetzen.

Alle die eben beschriebenen Knochen verbinden sich

miteinander durch gezähnte Ränder, die sogenannten Nähte
(Suturen). Da der Künstler den Schädel nicht ausschliesslich mit Rücksicht auf die äussere Körperform, sondern auch
als einen Gegenstand zu studieren hat, der häufig als Bei-
werk auf bildlichen Darstellungen dient, und da die richtige
Wiedergabe der Nähte erst der Abbildung die Naturwahr-
heit gibt, können wir eine sorgfältigere Beschreibung derselben hier nicht umgehen. Wir müssen zu diesem Zweck
den Schädel von oben und in der Seitenansicht betrachten.

Von oben gesehen zeigt der Schädel eine in der Mittellinie von vorne nach hinten verlaufende Naht zwischen den
beiden Scheitelbeinen, das ist die Pfeilnaht (sutura sa-
gittalis). Hinten teilt sich diese Naht in der Höhe des
oberen Winkels der Hinterhauptsschuppe, und setzt sich in
Form von zwei Hinterhaupt-Scheitelbeinnähten nach unten
und aussen fort; man nennt diese Nähte zusammen die
Lambdanaht, weil sie die Gestalt des griechischen Lambda
(λ) nachahmen. Vorne wird die Pfeilnaht begrenzt durch
die beiden Stirnbein-Scheitelbeinnähte, welche zusammen eine
quere Linie, die Kronennaht bilden (sutura coronaria),
(Fig. 39).

Wenn man den Schädel in der Seitenansicht betrachtet,
sieht man, dass die Nähte eine verwickeltere Figur bilden,
weil sich in der Höhe der Schläfengrube zwischen den oben
beschriebenen Knochen noch eine neue Knochenplatte ein-
fügt, welche mit an der Bildung der Schädelseitenwand beteiligt ist (5, 10, 11, 12, Fig. 39). Diese vierseitige Knochenplatte ist ein Teil des Keilbeins (os sphenoideum, von
σφήν, Keil), eines sehr unregelmässig gestalteten Knochens
im Schädelgrunde, in welchen er wie ein Keil eingefügt ist,
während seine Seitenteile sich flügelförmig ausbreiten. So
schiebt sich der grosse Keilbeinflügel an der Seitenfläche
des Schädels vor der Schläfenbeinschuppe und unter der
Schuppe des Stirnbeins ein. — Man sieht hier, wenn man
die Kronennaht von oben nach unten verfolgt, dass diese
Naht sich unten spaltet in eine vordere, die Keilbein-Stirn-

beinnaht, und eine hintere, die Keilbein-Scheitelbeinnaht.
Diese letztere, welche sehr kurz ist, teilt sich an ihrem hinteren Ende in gleicher Weise in eine untere, senkrecht verlaufende Naht, die Keilbein-Schläfenbeinnaht, und eine obere,
gekrümmte, die Schläfenbein-Scheitelbeinnaht, welche um die
Schläfenbeinschuppe herumzieht und ganz hinten in der Höhe
des Warzenfortsatzes sich mit dem unteren Ende der Lambdanaht vereinigt.

Wir sagten, dass der Schädel im allgemeinen die Gestalt
eines Eies hat, dessen runder Pol nach hinten gewandt ist;
aber es ist eine gewöhnliche Beobachtung, dass diese Eiform
bei verschiedenen Personen sehr verschiedene Massverhältnisse zeigen kann. Einige Schädel z. B. zeigen ein bedeuten-
des Ueberwiegen des Längsdurchmessers über den Queren,
man pflegt solche Schädel Langschädel zu nennen; — umgekehrt spricht man von Rundschädeln, wenn der Querdurchmesser dem Längsdurchmesser nahezu gleichkommt. Die
Anthropologie bemüht sich, das Verhältnis des Queren zu
dem Längsdurchmesser der Schädel in genauen Massen auszudrücken und bezeichnet es als Index cephalicus. Wie wir
früher bei Besprechung des Verhältnisses vom Unter- und
Oberarm ausgeführt haben (s. Index brachialis p. 73) wird
unter Index die Ziffer verstanden, welche das Verhältnis eines
kleineren zu einem grösseren Mass prozentisch angibt, indem man das längere gleich 100 setzt und die thatsächlich
durch Messung gefundenen Zahlen dementsprechend umrechnet. — Man findet nach dieser Messart, dass bei gewissen
Schädeln der Querdurchmesser verhältnismässig sehr kurz
ist, — wenn man den Längsdurchmesser gleich 100 setzt,
nur etwa 75 beträgt.

Bei diesen Schädeln ist also der Index cephalicus nur 75
und man bezeichnet sie als «dolichocephal» (Langschädel,
von δολιχός, lang, und κεφαλῆ. Schädel). Andere zeigen einen
Querdurchmesser, dessen Länge sich der des Längsdurchmessers nähert bis auf 83 oder 84 zu 100. Dieser Index
cephalicus von 83 ist bezeichnend für die Schädelform.

die «brachycephal» (von βραχύς, kurz) genannt wird.
Zwischen diesen beiden ausgeprägten Formen gibt es nun
aber auch Schädel von mittlerer Form, die «mesatice-
phalen», deren Index zwischen 77 und 80 schwankt.

Man hat früher die Wichtigkeit der dolichocephalen und
brachycephalen Schädelform als Rassenmerkmal überschätzt,
nachdem ein schwedischer Anatom Retzius zuerst den Satz
aufgestellt hatte, dass die eingeborenen Rassen in Europa
brachycephal seien, dagegen die später eingewanderten dolichocephal; aber die neuerdings festgestellte Thatsache, dass
die Basken dolichocephal sind und dass man unter den
ältesten fossilen Schädeln in Europa dolichocephale findet,
hat dieser Theorie ihre Bedeutung genommen. — Bezüglich
des Index cephalicus bei verschiedenen Rassen können wir
nur behaupten, dass die ausgeprägtesten dolichocephalen
Formen bei den Australnegern, den Hottentotten, Kaffern,
Negern und Nubiern gefunden werden, und die deutlichsten
brachycephalen bei den Indochinesen, den Lappen und den
Bewohnern der Auvergne. — Endlich, dass die Normannen
und im allgemeinen auch die Pariser Schädel vom zwölften
bis zum neunzehnten Jahrhundert die mesaticephale Form
zeigen.

Vierzehnte Vorlesung.

Der Gesichtsschädel. — Anstatt die Knochen des Gesichtsschädels einzeln zu beschreiben, werden wir sie in Gruppen betrachten, wie sie zur Umgrenzung von Höhlungen oder zur Bildung von Vorsprüngen sich unter einander vereinigen. Wir werden so nach einander die Augenhöhlen, die Oeffnung der Nasenhöhlen, den Vorsprung der Backenknochen, und endlich die Mundgegend zu studieren haben, und an letzterer die Zähne, den Unterkiefer und sein Gelenk mit dem Schädelgrunde beschreiben müssen. —

Die Augenhöhlen sind zwei «symmetrisch» zu beiden Seiten der Mittellinie im oberen Teil des Gesichtes unmittelbar unter der Stirne gelegene Höhlen. Jede von ihnen hat die Gestalt einer vierseitigen Pyramide, deren Spitze nach hinten in die Schädelhöhle hineinragt, während die nach vorne gekehrte Grundfläche die Augenhöhlenöffnung bildet. Diese Oeffnung oder der Augenhöhlenrand ist viereckig (Fig. 41) und wird durch einen inneren (7) und einen äusseren Rand begrenzt, die beide fast senkrecht liegen, sowie durch einen oberen (3) und einen unteren, die beide schräg von oben innen nach unten aussen gerichtet sind. Der obere Rand wird durch den Angenhöhlenbogen des Stirnbeines (3, Fig. 41), den wir schon beschrieben haben, gebildet. — Der untere Rand wird durch den Oberkiefer gebildet und

zeigt etwas unterhalb seiner Mitte ein Loch (das Unteraugenhöhlenloch, foramen infraorbitale (9, Fig. 41), welches fast senkrecht unter der oben schon erwähnten Einkerbung am oberen
Augenhöhlenrande liegt. Den Innenrand bildet der innere
Augenhöhlenfortsatz des Stirn-
beins gemeinsam mit dem aufsteigenden Fortsatz des Oberkiefers (Fig. 39 u. 41); derselbe
zeigt an seinem unteren Abschnitt eine Vertiefung, die
Thränenrinne, den Anfang eines
Kanales, welcher die Augenhöhle mit der Nasenhöhle derselben Seite verbindet. — Die
Wandungen der Augenhöhle
selbst bestehen aus dünnen
Knochenplatten, welche dem
Stirnbein (die obere Wand)

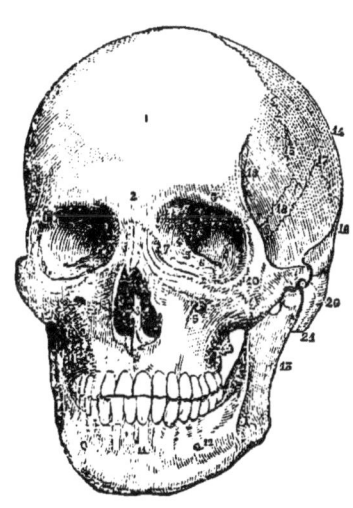

Fig. 41.
Gesichtsschädel. 1 Stirnbein. 2 Nasenwurzel. 3 Augenhöhlenbogen. 4 Foramen
opticum. 5 Foramen sphenoidale. 6 Foramen sphenomaxillare. 7 Thränenkanal.
8 Nasenöffnung. 9 Unteraugenhöhlenloch.
10 Jochbein. 11 Kinnfuge. 12 Foramen
mentale. 13 Aufsteigender Ast des Unterkiefers. 14 Scheitelbein. 15 Kronennaht.
16 Schläfenbein. 17. Schläfennaht. 18
Grosser Keilbeinflügel. 19 Anfang der
Grenzlinie der Schläfengrube. 20 Jochbogen. 21 Warzenfortsatz.

und verschiedenen anderen Gesichtsknochen angehören, von
denen die meisten eben bei
Beschreibung des Augenhöhlen-
randes aufgezählt wurden; wir
können hier auf eine eingehende
Schilderung dieser Knochenplatten und ihrer einzelnen Teile

verzichten, und wollen nur bemerken, dass die innere Wand-
fläche gerade von vorne nach hinten gerichtet ist, während
die äussere schief von aussen und vorn nach hinten und
innen geht. Endlich müssen wir noch auf einige Oeffnungen
aufmerksam machen, die sich im Grunde der Augenhöhle
befinden und diese mit den tieferen Hohlräumen des Schädels
verbinden; sie erscheinen uns als dunkle, schwarze Flecke,
und zwar finden wir zunächst eine runde Oeffnung,
(foramen opticum) (4 Fig. 41) und nach aussen von
dieser zwei schräge Spalten, von denen eine nach oben

(foramen sphenoidale), (5, Fig. 41), eine nach unten verläuft
(foramen sphenomaxillare), (6, Fig. 41). Der Eingang der
Nasenhöhlen (8, Fig. 41) liegt in der Mitte des Gesichtes
unterhalb der Augenhöhlen und hat die Gestalt eines um-
gewandten Kartenherzens oder einer herabhängenden Birne,
(daher der Name apertura pyriformis); er wird begrenzt unten durch die beiden Oberkiefer, die sich in der
Mittellinie vereinigen, seitwärts gleichfalls durch die Oberkiefer und oben durch zwei kleine, zu beiden Seiten der
Mittellinie nebeneinander gelegene Knochen, die Nasenbeine
(s, Fig. 39), welche oben mit dem Stirnbein und seitwärts
mit dem aufsteigenden Fortsatz des Oberkiefers verbunden sind.

Unten und aussen von der Augenhöhle liegt der Backen-
knochenvorsprung, der durch das Jochbein (os zygo-
maticum) gebildet wird (10, Fig. 40). Dieser Knochen
hat die Gestalt eines vierstrahligen Sternes, dessen oberer
Strahl (15, Fig. 39) sich mit dem äusseren Augenhöhlenfortsatz des Stirnbeins verbindet; der vordere oder innere Fortsatz bildet zusammen mit dem Oberkiefer den unteren Augenhöhlenrand; der äussere Fortsatz (16, Fig. 39) vereinigt sich
mit dem Jochbeinfortsatz des Schläfenbeines zum Jochbein-
bogen. — Der untere Fortsatz bildet nur einen vorspringenden Rand, der in den Körper des Knochens ohne Grenze
übergeht und mit ihm zusammen den Vorsprung des Backenknochen bildet.

Wir haben jetzt am Gesichtsschädel nur noch die beiden Knochen zu beschreiben, welche die Mundhöhle begrenzen und die Zähne tragen, d. h. den Ober- und Unterkiefer. —

Von dem Oberkiefer (18, Fig. 39) haben wir schon
einen grossen Teil beschrieben, da wir bei Besprechung der
Augen- und Nasenhöhlen seine wichtigsten Ränder und seinen
aufsteigenden Fortsatz schon angegeben haben. Es erübrigt
noch, auf folgende Punkte hinzuweisen. 1. Die leicht ausgehöhlte Gestalt seiner Vorderfläche (Fig. 41). 2. Seinen

unteren oder Alveolarrand; so genannt, weil er eine
Reihe von Vertiefungen (Alveolen) zur Aufname der oberen
Zahnwurzeln zeigt. Diese Vertiefungen zeichnen sich an der
Vorderfläche des Alveolarrandes durch eine Reihe von Vor-
wölbungen ab, die den Zahnwurzeln entsprechen und durch
Vertiefungen, entsprechend den Zwischenräumen zwischen
den Zähnen, getrennt werden.

Der Unterkiefer (Maxilla), Fig. 42, verdient es, dass
wir uns länger mit ihm, als mit den übrigen Gesichtsknochen
beschäftigen, denn er beteiligt sich so unmittelbar an der
Bildung der äusseren Kör-
perform, dass man behaup-
ten kann, alle Einzelheiten
seiner Gestalt übertragen
sich auf die Gestalt des
Kinnes und der unteren
Wangengegend. Er besteht
ursprünglich aus zwei ge-
trennten Hälften, einer rechten und einer linken, die
frühzeitig in der Mittellinie
verschmelzen unter Bildung
einer (sehr bald verknöchern-
den) Kinnfuge (11, Fig 41).

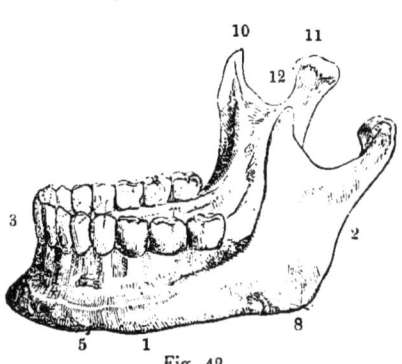

Fig. 42.
Unterkiefer von der Seite. 1 Körper des
Unterkiefers und äussere schiefe Linie. 2 Aufsteigender Ast. 3 Kinnfuge. 5 Foramen mentale. 8 Kieferwinkel. 10 Kronenfortsatz. 11
Gelenkfortsatz. 12 Halbmondförmiger Einschnitt.

Es genügt also, eine dieser Hälften, wie man sie bei Betrachtung eines knöchernen Schädels von der Seite her sieht,
zu beschreiben. —

Wir finden da, dass jede Hälfte aus zwei starken Knochenplatten, die wir als Aeste bezeichnen, zusammengesetzt
ist; dieselben, deren einer senkrecht steht, einer (auch der
Körper genannt), (1, Fig. 42) wagerecht, vereinigen sich in
einem annähernd rechten Winkel, dessen nach hinten unten
gerichteter Scheitel der Unterkieferwinkel (27, Fig. 39
und 8, Fig. 42) genannt wird. Der senkrechte Unterkiefer-
ast zeigt eine ebene Aussenfläche (2, Fig. 42), einen dicken
hinteren und einen scharfen vorderen Rand, welcher sich

nach unten an der Aussenfläche des wagerechten Astes, oder Körpers in Form einer leicht vorspringenden Linie, der äusseren schiefen Linie (1, Fig. 42) fortsetzt; und endlich einen durch einen tiefen halbmondförmigen Einschnitt (incisura sigmoidea 12, Fig. 42) in zwei Vorsprünge geschiedenen oberen Rand. Der hintere dieser Fortsätze ist dick und trägt an seinem Ende den Gelenkkopf (condylus) des Unterkiefers zur Bildung des Unterkieferschläfenbeingelenkes; der vordere ist dünner, hat die Gestalt einer dreieckigen Platte und dient dem Schläfenmuskel zum Ansatz; er wird Kronenfortsatz (processus coronoideus), (11, Fig. 42) genannt. — Der wagerechte Ast oder Körper des Unterkiefers reicht von dem Kieferwinkel bis an die Kinnfuge (3, Fig. 42). Er zeigt auf seiner Aussenfläche eine Oeffnung (foramen mentale), die in derselben senkrechten Linie liegt, wie das Ober- und Unteraugenhöhlenloch. Sein unterer Rand ist bisweilen leicht wellenförmig gebogen, sein oberer zeigt vorspringende Leisten und Vertiefungen, entsprechend den Zahnalveolen und ihren Zwischenräumen. —

Der Unterkiefer bietet je nach dem Alter sehr verschiedene Eigentümlichkeiten. Sein Winkel ist beim Kind sehr stumpf und wenig vorspringend, während er beim Erwachsenen fast einem rechten Winkel gleicht. Beim Greise verändert sich die Gestalt des Unterkiefers durch den Verlust der Zähne und den Schwund des Alveolarrandes, welcher eine Abnahme in der Höhe des horizontalen Unterkieferastes bedingt. Das hat zur Folge, dass der Greis, um den Unterkiefer zur Berührung mit dem Oberkiefer zu bringen, denselben stark nach vorne und oben in Pendelbewegung setzen muss, und dadurch erscheint dann die Kinnfuge eigentümlich nach oben und vorne vorragend, so dass sie fast die Nasenspitze berührt.

Die Zähne, welche in den Alveolarrändern der Kiefer sitzen, sind beim Erwachsenen 32 an der Zahl, 8 in jeder Seitenhälfte der Kiefern. Man unterscheidet an ihnen den Teil, der in der Aushöhlung der Alveole liegt und Wurzel

genannt wird, und einen freien Teil, die Krone. Nach der
Gestalt der Krone kann man die Zähne in vier verschiedene
Arten einteilen, welche an jeder Kieferhälfte in folgender
Weise von der Mitte nach aussen angeordnet sind. Zwei
Schneidezähne, ein Hundszahn (c, Fig. 42), zwei
kleine Backenzähne (b, Fig. 42) und drei grosse Backenzähne (m, Fig. 42). Die Backenzähne, die an dem hintersten äussersten Teil des Zahnbogens liegen, werden durch
die Wangen verdeckt und wir haben von ihnen nur zu
sagen, dass sie durch eine aus mehreren Höckern zusammengesetzte Krone ausgezeichnet sind (4 Höcker an den grossen,
2 an den kleinen Backenzähnen). Dagegen sind die Hunds-
und Schneidezähne bei geöffneten Lippen deutlich sichtbar.
Die Hundszähne haben eine kegelförmige, scharf zuge-
spitzte Krone; besonders stark sind dieselben bei den Fleischfressern, z. B. dem Hunde entwickelt, daher auch ihr Name
Hundszähne.

Die Krone der Schneidezähne ist von vorne nach hinten
abgeplattet, rechtwinklig-viereckig mit einem oberen schnei-
denden Rand. Ihr gegenseitiges Grössenverhältnis ist ein
so gesetzmässig feststehendes, dass es hier erwähnt werden
muss; die beiden grössten Schneidezähne sind die mittelsten
des Oberkiefers, dann folgen in abnehmender Grösse die
oberen seitlichen, darauf die unteren seitlichen und endlich
die unteren mittleren, welche die kleinsten sind.

Das Gelenk des Unterkiefers mit dem Schädel,
das Unterkieferschläfenbeingelenk wird durch den Kopf des
Unterkiefers (11, Fig. 42 und 29, Fig. 39) und die vor dem Gehörgang, hinter der queren Wurzel des Jochfortsatzes gelegene Gelenkgrube am Schläfenbein gebildet. — Diese Gelenkgrube ist mit Knorpel überzogen, und ebenso auch die
Wurzel des Jochfortsatzes, die bei gewissen Bewegungen
mit dem Kopf des Unterkiefers in Berührung steht. Es wird
nämlich die Gelenkkapsel des Unterkiefergelenkes an ihrer
Aussenseite durch ein Band verstärkt, welches von dem
Vereinigungspunkt der beiden Jochbogenwurzeln nach unten

hinten verläuft und sich an den Hals des Unterkieferkopfes ansetzt. Daraus folgt, dass bei Senkung des Unterkiefers durch Drehung des Köpfchens um seinen Querdurchmesser, dieses Seitenband gestreckt wird und einen Zug nach vorne auf das Köpfchen ausübt, so dass es aus der Gelenkgrube hervorgleitet und mit der queren Wurzel des Jochbogens in Berührung tritt. Es erfolgt also, wenn der Mund durch möglichst tiefes Herabziehen des Unterkiefers sehr weit geöffnet wird, eine Verschiebung des Unterkieferkopfes nach vorne, die man bei mageren Leuten ganz gut beobachten kann, und auf die hier bei Besprechung der Gelenkeinrichtung aufmerksam gemacht sei.

Der Gesichtsschädel als Ganzes betrachtet verdient namentlich unsere Beachtung in Bezug auf vergleichende Betrachtung seiner Entwickelung gegenüber der des Hirnschädels bei einzelnen Personen oder ganzen Menschenrassen. Im allgemeinen ist der Hirnschädel um so schwächer entwickelt (namentlich die Stirngegend) je mehr der Gesichtsschädel vorspringt, wie das schon Camper, ein holländischer Künstler in der Mitte des 18. Jahrhunderts richtig beobachtet hat.

Camper hat vorgeschlagen, die gegenseitige Entwicklung des Hirn- und Gesichtsschädels durch Messung eines Winkels zu bestimmen, der gewissermassen die Seitenansicht des Gesichtes und des vorderen Abschnittes vom Hirnschädel in eine geometrische Figur übersetzt. — Dieser Gesichtswinkel ist seitdem Gegenstand zahlreicher Untersuchungen seitens der Anatomen und Anthropologen gewesen und die Art, wie er gemessen wird, ist vielfach verändert und verbessert worden. Jedoch wird es hier genügen, die Messweise anzugeben, nach welcher Camper verfuhr und mittels deren er, wie er selbst angiebt, Beobachtungen anstellte, um dem Künstler die Mittel zu verschaffen, die Eigentümlichkeiten in der Gesichtsbildung bei verschiedenen Menschen und Tieren richtig wiederzugeben. Dieser Winkel wird durch zwei Ebenen (an dem von der Seite gesehenen

Schädel zwei Linien) bestimmt, — von denen eine, die wir
als wagerechte bezeichnen können, von der äusseren Gehöröffnung zum Nasenstachel am unteren Rand der Nasenöffnung geht (1, Fig 43, und a b, Fig. 44). Die andere mehr
oder weniger schief von vorne unten nach oben hinten gerichtet, berührt unten die Wölbung der vorderen Schneidezähne und oben den vorragendsten Teil des Stirnbeins —
(c d, Fig. 44). — Die Abbildung (Fig. 43) giebt uns eine

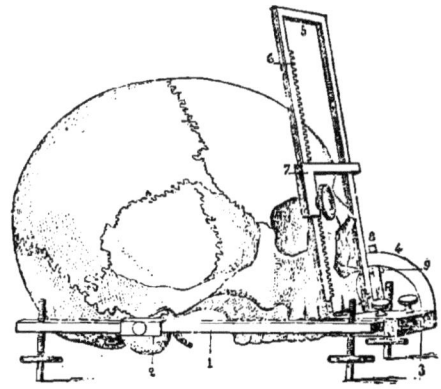

Fig. 43.
Messung des Gesichtswinkels. (Goniometer an einen Schädel angelegt). 1 Untere, wage-
rechte Fläche des Goniometers. 2 Beweglicher Teil mit in den Gehörgang eingeführtem
Stift. 4 In Grade eingeteilter Kreisbogen. 5 Schiefe Ebene, durch Scharniere mit der
Wagerechten beweglich verbunden. 6 Zahnstange, um die Leiste (7) an den vorspringend-
sten Teil der Stirn zu bringen.

Vorstellung von dem Werkzeug, dessen man sich heutzutage
zur Messung des Gesichtswinkels bedient; es ist das Goniometer von Jacquardt; die Art des Messens ist dabei insofern von der Camperschen Messart verschieden, als die
untere oder wagerechte Ebene vorne nicht durch den
Nasenstachel, sondern durch die Wölbung der Schneidezähne geht.

Die den Camperschen nachgebildeten Figuren 44 und
45 zeigen einerseits, dass der Gesichtswinkel niemals den
rechten Winkel erreicht, sondern auch bei den höchstent-
wickelten Personen der weissen Rasse sich ihm nur nähert.
Es liegt also eine Uebertreibung darin, durch welche die

Seitenansicht des menschlichen Gesichtes künstlerisch ver-
schönert werden sollte, wenn die Künstler des Altertums
den Häupten ihrer Götter und Helden gerne eine so starke
Stirnwölbung gaben, dass der Gesichtswinkel grösser als
90 Grad wurde (vergl. Fig. 46). — Die Abbildungen zeigen
gleichzeitig die Abnahme des Gesichtswinkels in dem Masse
wie man von der weissen zur gelben oder schwarzen Menschenrasse fortschreitet. Der Gesichtswinkel schwankt, so

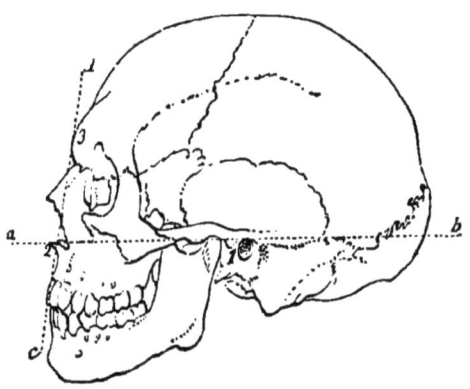

Fig. 44.

Gesichtswinkel eines Menschen der kaukasischen Rasse (Camper). a—b u. c—d Linien,
welche diesen Winkel bestimmen s. d. Text. 1 Gehöröffnung. 2 Nasenstachel. 3 Vor-
springendster Teil der Stirn.

sagt Camper, zwischen 70 und 80 Grad, je nach der
Menschenrasse. Die Ueberschreitung dieser Grenze entspricht den Kunstregeln, d. h. ist eine Nachahmung der
Antike; alles was unterhalb derselben bleibt, wird Affen
ähnlich. — Wenn ich die (normale) Gesichtslinie weiter nach
vorne lege, erhalte ich einen antiken Kopf; lasse ich sie
weiter nach hinten zurücksinken, so erhalte ich den Neger-
kopf, mache ich sie noch stärker geneigt, so gelange ich zum
Kopf des Affens und bei fortschreitender Neigung zum Kopf
des Hundes, endlich zu dem der Schnepfe. — Die Zahlen,
welche diese Sätze beweisen, sind thatsächlich folgende:
Der Campersche Gesichtswinkel beträgt bei der kaukasischen
Rasse im Mittel 80 Grad, bei der Gelben, oder Mongolischen

75 Grad, bei den Negern 70—60 Grad, bei den grossen
Affen (Gorilla) 31 Grad, endlich beim Neufundländerhund
23 Grad.

Indem wir die verschiedenen Abschnitte der Körperteile betrachtet haben, haben wir gesehen, dass bestimmte
unter ihnen nach verschiedenen Gesichtspunkten ausgewählt
worden sind, um als gemeinsames Mass für die einzelnen
Körperteile und den Gesamtkörper zu dienen. Wir haben
so «Kanons» erwähnt, denen als Einheit die Hand zu
Grunde lag (welcher ungefähr 10 mal in der Körperhöhe
enthalten ist), der Fuss, (der etwas mehr als 6 mal

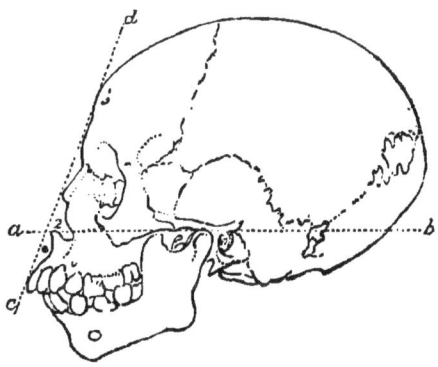

Fig. 45.
Gesichtswinkel eines Negers (Camper).

in der Körperlänge aufgeht) der Mittelfinger ($^1/_{19}$ der Körpergrösse) u. s. w. Es war naheliegend, den Kopf, d. h.
seinen senkrechten Durchmesser vom Scheitel bis zum unteren Ende des Kinnes, ebenso als gemeinsame Masseinheit
anzunehmen, und thatsächlich ist das auch schon vor langer
Zeit geschehen, da schon Vitruvius, wo er von den Massverhältnissen des Körpers spricht, den Satz aufstellt, dass
der Kopf den achten Teil des ganzen Körpers ausmache.
Leonardo da Vinci, Dürer, Cousin sind dieser Regel
des lateinischen Schriftstellers gefolgt, und der Kanon, nach
welchem der Kopf ein Achtel des ganzen Körpers ist, hat
seit langer Zeit in allen Schulen als massgebend gegolten.

Die Wahl des Kopfes als Masseinheit erscheint aus dem doppelten Grunde gerechtfertigt, weil einerseits bei jeder Darstellung des menschlichen Körpers der Kopf gut sichtbar ist und von dem übrigen Körper sich scharf abgrenzt, und weil die durch den Kopf als Masseinheit gegebene Achtteilung bequem erscheint, da die Zahl nicht sehr hoch ist und als gerade Zahl durch 2 (sowie auch durch 4) teilbar ist; in der Beziehung bietet sie beispielsweise bedeutende Vorteile gegenüber der durch den Mittelfinger als Masseinheit gegebenen Teilung in 19 Teile.

Gerdy, welcher den Kanon der achtfachen Kopflänge anerkennt, teilt den Körper in folgender Weise. Den obersten

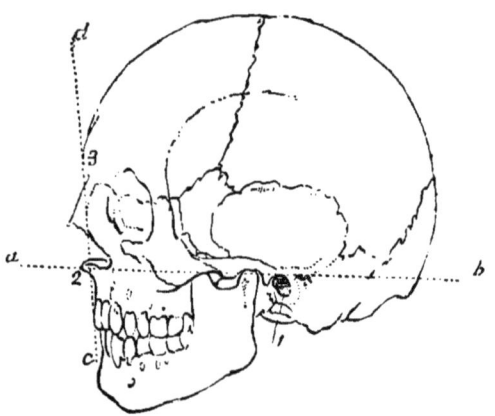

Fig. 46.
Gesichtswinkel einer Antike (Apollo vom Belvédére) (Camper).

Abschnitt bildet der Kopf selbst, der zweite reicht vom Knie bis auf die Brustwarzen, der dritte von den Brustwarzen bis zum Nabel, der vierte vom Nabel bis zu den Geschlechtsteilen, der fünfte von da bis auf die Mitte des Oberschenkels, der sechste bis ans Knie, der siebente vom Knie bis auf die Mitte des Unterschenkels (mit dem Fuss) und der achte bis an die Fusssohle.

Ehe wir den Wert dieses «klassischen Kanon» prüfen, wollen wir beachten, dass der Kopf selbst in vier Abschnitte geteilt ist, deren jeder der Länge der Nase entspricht. Der erste reicht vom Scheitel zur Haargrenze, der zweite von der Haargrenze zur Nasenwurzel, den dritten bildet die Nase selbst und der vierte reicht vom oberen Ende der Nase bis ans Kinn.

Wenn man durch Untersuchungen am Menschen den Kanon der achtfachen Kopflänge in Bezug auf seine Richtigkeit prüft, so überzeugt man sich, dass er nur für sehr grosse Personen, welche mindestens 1,85 Meter lang sind, zutrifft; Menschen die kleiner sind als 1,80 m, haben nur das $7^{1}/_{2}$-fache, oder das 7 fache ihrer Kopflänge als Körperlänge. Es beruht das darauf, dass die Kopflänge bei den Einzelnen nur sehr geringe Verschiedenheiten zeigt; sie beträgt im Mittel 22 cm und die vorkommenden Schwankungen gehen nicht tiefer als 21 cm und nicht höher als 23 cm. Ein Mensch von acht Kopflängen ist gross ($23 \times 8 = 1,84$ m), einer von nur 7 Kopflängen ist klein ($22 \times 7 = 1,54$ m), und bei den meisten überschreitet ja die Körpergrösse dieses Mass.

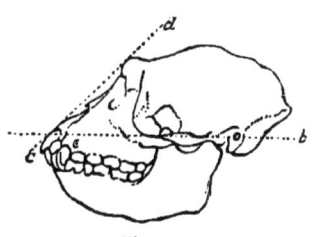

Fig. 47.
Gesichtswinkel eines Affen (Camper).

Es schien uns wichtiger, diese Unterschiede in der Zahl der Kopflängen bei verschiedenen Körpergrössen hier anzugeben, als nur die strenge Theorie, welche unter allen Umständen jeder menschlichen Figur acht Kopflängen zuschreiben will; eine solche genaue Regel widerspricht der thatsächlichen Beobachtung. Uebrigens wäre es irrig, wenn man annehmen wollte, die Bildhauer des Altertums hätten diese Regel der Massverhältnisse sklavisch befolgt, wir finden vielmehr bei ihren Werken dieselben Abweichungen davon wie in der Natur. Der Borghesische Fechter misst allerdings acht Kopflängen, aber wir haben auch bei dem ersten Blick auf dieses Meisterwerk den Eindruck einer hochgewachsenen Gestalt, eines grossen, schlanken Mannes. Der Apollo misst nur sieben und zwei Drittel Kopflängen, ebenso der Laokoon, und der Antinous nur sieben und eine halbe. —

Diese Abweichungen bei den einzelnen Gestalten beruhen fast ausschliesslich auf einer grösseren oder geringeren Länge der Beine: mag der Mensch gross oder klein sein, der Rumpf mit Kopf und Hals zeigt immer nur geringe Längenunterschiede, dieselben treten zumeist an den Ober- und Unterschenkeln hervor. — Wenn man sich die Mannichfaltigkeit, welche in dieser Hinsicht vorkommt, vergegenwärtigt, erkennt man, dass Gerdy selbst die Messpunkte an denen die Kopflängen anfangen und aufhören, sehr unbestimmt angegeben hat. Die »Mitte des Oberschenkels«, der »untere Teil des Kniees« sind sehr ungenau bezeichnete Punkte, namentlich wenn nicht angegeben ist, wo das obere Ende des Oberschenkels liegt. Aber die schwankenden, selbst einander widersprechenden Anschauungen treten noch deutlicher zu Tage, wenn man die Angaben der einzelnen Meister über den Punkt, wo die vierte und fünfte Kopflänge aneinanderstossen sollen, der also die Mitte der Körperlänge bezeichnet, durchmustert. Ohne auf den wunderlichen inneren Widerspruch bei Vitruvius, welcher die Mitte der Körperlänge in die Nabelgegend verlegt, weiter einzugehen, wollen wir hier nur hervorheben, dass als Grenze zwischen vierter und fünfter Kopflänge einige das Schambein angeben, während andere in unbestimmter Weise von der Gegend der Geschlechtsteile reden. — Thatsächlich liegt die Mitte der Körperlänge mehr oder weniger tief, je nachdem der Betreffende grösser oder kleiner ist, d. h. seine Beine länger oder kürzer sind.

Sappey hat festgestellt, dass bei kleinen Personen die Mitte der Körperlänge der Schambeinfuge entspricht. Bei mittelgrossen und grossen liegt sie ungefähr 13 mm unter dem Schambein, d. h. am Grunde des männlichen Gliedes. Sie kann aber noch tiefer liegen, und die Künstler des Altertums haben sie oft noch tiefer nach unten verlegt. — »Je mehr die Gestalt sich hebt, um so mehr sinkt ihre Mitte unter die Schambeinfuge und eine erhabene Gestalt gebührt den Bildnissen der Heroen und Götter« (Sappey).

Fassen wir das Gesagte dahin zusammen: 1. Der Kopf
ist im Verhältnis zur Körperlänge um so kleiner, je grösser
die letztere ist. 2. Um eine Abbildung der menschlichen
Gestalt, abgesehen von ihrer wirklichen Grösse, so herzustellen, dass wir den Eindruck eines untersetzten Menschen
bekommen, muss man ihr etwa sieben und eine halbe Kopflänge geben und den Mittelpunkt in die Schambeinfuge verlegen; während wir einer Abbildung, die den Eindruck eines
grossen, schlanken Menschen geben soll, acht Kopflängen
zumessen werden und ihren Mittelpunkt mehr oder weniger
tief unter die Schambeinfuge verlegen müssen.

Zweiter Abschnitt.

Muskeln und Bewegungen.

Fünfzehnte Vorlesung.

Die Gestalt des Körpers wird durch M u s k e l n, welche um das Knochengerüst angeordnet sind, und zur Bewegung der Einzelteile desselben gegeneinander dienen, bestimmt. Die Muskeln bestehen aus einem eigentümlichen Gewebe, dem M u s k e l f l e i s c h, welches die Fähigkeit besitzt, seine Gestalt zu verändern, d. h. sich zusammenzuziehen unter dem Einfluss meist willkürlich erregter Nerven. — Wenn wir den zweiköpfigen Armmuskel, der an der Vorderseite des Oberarmes liegt, sich zusammenziehen lassen, sehen wir, dass derselbe, während er im Ruhezustand länglich-spindelförmig ist, sobald er in Thätigkeit tritt, kurz, dick und kuglig wird; er verkürzt sich, und zieht so, da er unten an einen der Unterarmknochen befestigt ist, die Vorderfläche des Unterarmes gegen den Oberarm; er bewirkt die Bewegung im Ellenbogengelenk. Diese einfache Beobachtung,

welche wir jederzeit an uns selbst wiederholen können, gibt
uns eine gute Vorstellung von der Wirkung der Muskeln
auf die Bewegung der Körperteile und ihrer Beteiligung an
den äusseren Körperformen; sie zeigt uns, dass dieselben
die bewegende Kraft bilden, und das Knochensystem
die bewegte Masse, sowie dass ein thätiger Muskel eine
ganz andere Gestalt zeigt, als ein ruhender, was man im
allgemeinen mit den Worten ausdrücken kann, dass er in
der Thätigkeit kürzer und dicker wird.

Die Muskeln haben im allgemeinen ausser ihrem Fleischkörper, der allein sich zusammenzieht, und seine Form
wechselt, mehr oder weniger dünne Endstücken, Sehnen,
welche aus weissem, nicht zur Zusammenziehung fähigem
Fasergewebe bestehen und wirklichen Seilen gleichen, durch
welche der Muskel am Knochen befestigt ist; während der
Muskel sich zusammenzieht, ändern die Sehnen ihre Form
nicht, sie werden aber, wie jedes gespannte Seil besser
sichtbar, zeichnen sich deutlicher unter der Haut ab und
heben diese empor. —

Die Muskeln werden von Faserhäuten, die wir Aponeurosen oder Fascien nennen, umhüllt; dieselben halten
die fleischigen Körper zusammen; in manchen Fällen sind
die Sehnen, anstatt nach Art eines Seiles gerundet, platt
und häutig-dünn, und werden dann auch Aponeurosen
genannt.

Die Benennungen der Muskeln sind von sehr verschiedenen Gesichtspunkten aus gewählt; bald bezeichnet man
sie nach dem Körperteil, an dem sie sitzen (Brustmuskel,
Gesässmuskel u. s. w.), oder nach ihrer Richtung (schiefe
und gerade Bauchmuskeln), oder nach ihrer Grösse (grosser
Gesässmuskel, mittlerer Gesässmuskel, langer Wadenmuskel);
oder aber nach ihrer Gestalt (Rautenmuskel, Kapuzenmuskel, Sägemuskel), oder endlich nach ihrer Zusammensetzung (der halbhäutige, der halbsehnige Muskel). — Bei
einer andern Art der Benennung, welche Chaussier allgemein einzuführen versuchte, bildet man den Namen des

Muskels nach den Knochenteilen, an welche er sich anheftet, so z. B. bei dem »Sternocleidomastoideus«,
dem »Warzen-, Brust-, Schlüsselbeinmuskel«, (oder grossen
Kopfnicker), und bei den meisten Halsmuskeln; diese
Benennungsart würde sich aber schwerlich für alle Muskeln
durchführen lassen, denn wir würden da bei manchen, welche
sehr mannichfache Knochenansätze haben, zu Namen von
höchst unbequemer Länge kommen. —

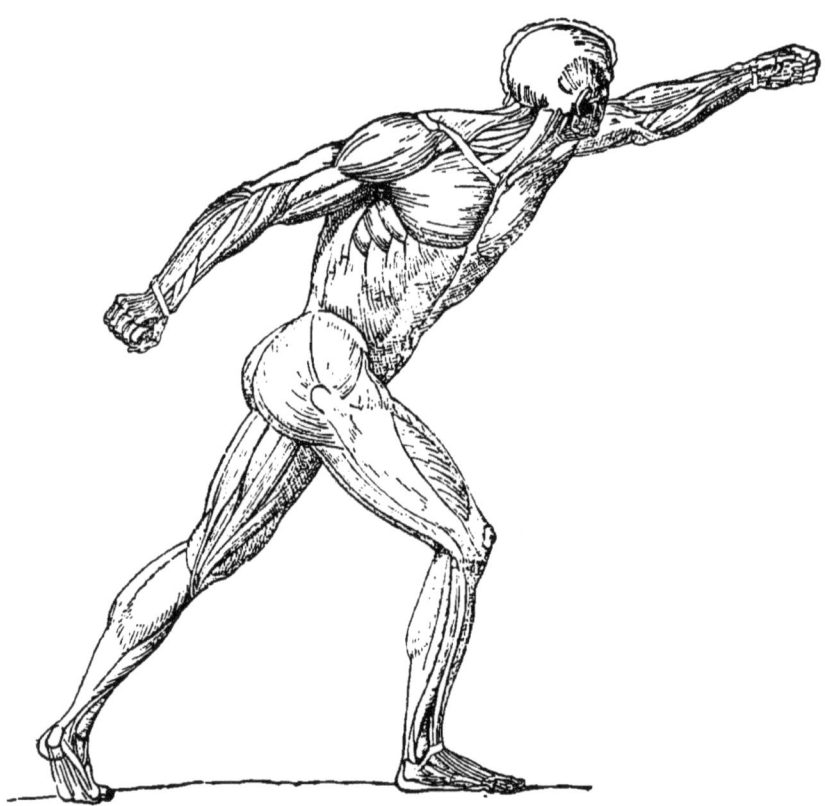

Fig. 48.
Allgemeine Ansicht der oberflächlichen Muskeln. Fechter von Agasias.

Zum Schluss dieser allgemeinen Bemerkungen sei noch
darauf hingewiesen, wie man vom Standpunkt der plastischen Anatomie die Muskeln ihrer Form und Lage nach
einzuteilen hat. — 1. Bezüglich der Form unterscheiden wir

lange, breite und kurze Muskeln; die langen Muskeln
bestehen im allgemeinen aus einem spindelförmigen Fleischkörper und aus seilähnlichen Sehnen und sind um die Hauptabschnitte der Gliedmassen (Ober- und Unterarm, Ober- und
Unterschenkel), verteilt. — Die breiten Muskeln haben
einen platten, ausgebreiteten Fleischkörper, und flache häutige
Sehnen und sind fast ausschliesslich am Rumpf angebracht.
(Brustmuskeln, grosser Rückenmuskel, Kapuzenmuskel u.s.w.);
die kurzen Muskeln endlich haben oft gar keine Sehnen,
d. h. sie bestehen aus einem wenig ausgedehnten Fleischkörper, der sich unmittelbar an den Knochen anheftet und
finden sich namentlich an den Endstücken der Gliedmassen
(Hand und Fuss), sowie im Gesicht. —

    2. Bezüglich der Lage unterscheiden wir oberflächliche
und tiefe Muskeln. Die oberflächlichen Muskeln sind an dem
enthäuteten Körper vollkommen sichtbar und es zeichnen
sich deshalb ihre Fleischkörper und ihre Sehnen zum grössten Teil mit allen Einzelheiten am unversehrten Körper ab.
Diese oberflächlichen Muskeln werden wir also hier sorg-
fältig zu beschreiben haben, in Bezug auf Ansatzstellen,
Form und Wirkung; die tiefen, unter den eben genannten
liegenden Muskeln bilden Fleischmassen, welche sich äusserlich nur dadurch abzeichnen, dass sie Vertiefungen im
Knochengerüst ausfüllen und die oberen Muskelschichten vorwölben. Für den Künstler genügen einige Angaben über
diese Muskelmassen, ohne dass wir gezwungen wären, die
Ansatzpunkte und die Formen jedes einzelnen Muskels in
diesen Fleischmassen genau zu beachten.

Muskeln des Rumpfes.

    Wir 'werden in diesem Kapitel die vorderen Rumpf-
muskeln (Brust und Bauch), die Rücken- und die Nackenmuskeln beschreiben. Der Muskel, welcher die Seitenteile
des Rumpfes bedeckt, der grosse Sägemuskel kann erst nach
Beschreibung der Schulter- und Achselmuskeln besprochen
werden.

Der grosse Brustmuskel (pectoralis major) bildet
eine grosse Fleischmasse (1, Fig. 49), welche die Vorderseite
des Brustkorbes einnimmt, zu beiden Seiten der Mittellinie des
Brustbeines und reicht nach aussen bis an den oberen Teil
des Oberarms. Dieser Muskel heftet sich einerseits an die

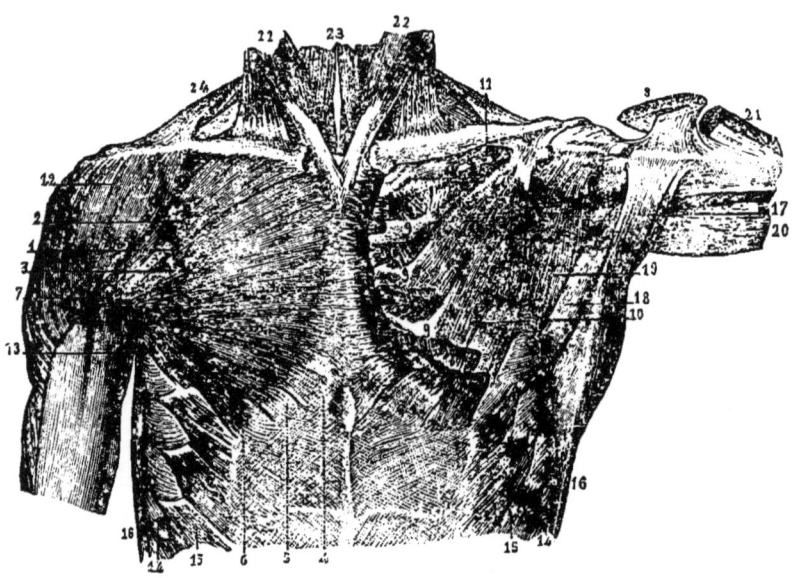

Fig. 49.

Muskeln der Vorderseite der Brust. (Rechts die oberflächlichen, links die tiefen. 1 Grosser
Brustmuskel. 2 Sein Schlüsselbeinbündel. 3 Sein Brustbeinrippenbündel. 4, 5, 6 Seine
Ansätze an der Bauchaponeurose. 7 Sein durch Uebereinanderlagerung seiner Fasern ge-
bildeter äusserer Abschnitt. 9 Seine tiefen von den Rippenknorpeln ausgehenden Bündel.
10 Kleiner Brustmuskel. 11 Unterschlüsselbeinmuskel. 12 Schultermuskel. 14 Zacken des
grossen Sägemuskels. 15 Zacken des grossen schiefen Bauchmuskels. 16 Vorderrand
des grossen Rückenmuskels und 17 Sehne desselben. 18 Grosser runder Muskel. 19 Unterschulterblattmuskel. 20 Langer Kopf des dreiköpfigen Armmuskels. 21 Oberarmende des
Schultermuskels. 22 Grosser Kopfnicker. 23 Brustbein-Zungenbeinmuskeln.
24 Kapuzenmuskel.

innere Hälfte des vorderen Schlüsselbeinrandes (2, Fig. 49)
an die Vorderfläche des Brustbeins in ihrer ganzen Länge
(3, Fig. 49), und an die Aponeurose des geraden Bauchmuskels (s. unten). Er besitzt ausserdem tiefe Faserzüge,
welche an die Knorpel der sieben ersten Rippen angeheftet
sind. — Von diesen Ursprungsstellen am Brustkorb ziehen
die Muskelbündel gegen den Oberarm, die oberen von oben

innen, nach unten aussen, die mittleren quer nach aussen,
die unteren schief von unten nach oben; es folgt daraus,
dass in dem äusseren Abschnitt des Muskels seine Fasern
sich übereinanderlagern und kreuzen, in der Weise, dass
die oberen vorne, die unteren hinten liegen, und so eine
schmälere, aber dickere Fleischmasse bilden (7, Fig. 49),
welche der vorderen Wand der Achselhöhle entspricht und
sich mittelst einer kurzen, platten Sehne an den äusseren
Rand der Furche für den zweiköpfigen Armmuskel am Oberarmknochen ansetzt. (S. oben Seite 45 und Fig. 12.)

Der grosse Brustmuskel hat bei herabhängendem Arm
eine Form, an welcher wir vier Seitenränder unterscheiden
können, einen oberen äusseren, oder Schultermuskelrand (da
er den vorderen Rand des Schultermuskels berührt, 12, Fig. 49),
einen zweiten, oberen, oder Schlüsselbeinrand, einen dritten,
inneren, oder Brustbeinrand, der nach innen gekrümmt ist,
und endlich als vierten den unteren äusseren oder Achsel-
höhlenrand, (der den unteren Rand der Vorderwand von
der Achselhöhle bildet). — Wenn aber der Arm wagerecht.
ausgestreckt wird, und noch mehr, wenn er über die Wagerechte erhoben wird, liegen der Schlüsselbein- und der
Schultermuskelrand in einer Linie, sie bilden eine Gerade,
so dass dann die Gestalt des Muskels einem Dreieck mit
nach innen gerichteter Grundfläche, (dem Brustbeinrand),
gleicht.

Der grosse Brustmuskel hat namentlich die Aufgabe,
den Arm dem Rumpf zu nähern; er springt äusserlich vor,
wenn wir die Arme vorne über der Brust kreuzen. Auch
beim Klettern tritt er sehr deutlich hervor, da er dabei den
Rumpf gegen den Oberarm als festen Punkt bewegt. — Da
der Muskel in ähnlicher Weise vom Oberarm als festem
Punkt aus auch auf den Brustkorb allein wirken kann, und
durch Hebung der Rippen den Binnenraum desselben erweitert (bei der Athmung), sehen wir ihn unter Umständen,
wo der Mensch alle Athemmuskeln anstrengt (beim Ringkampf,
in grosser Angst, im Todeskampf) sich zusammenziehen. —

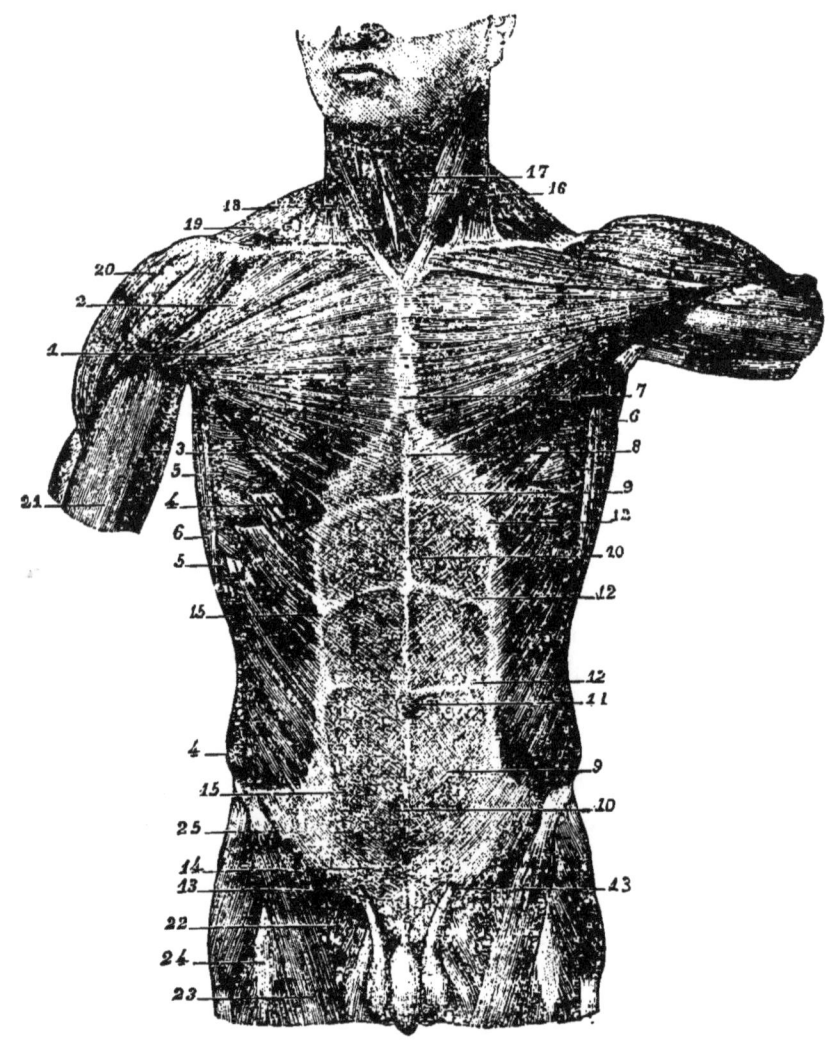

Fig. 50.

Muskeln der Vorderfläche des Rumpfes. 1, 2, 3 Grosser Brustmuskel. 4, 4 Grosser schiefer Baùchmuskel. 5, 5 Grosser Sägemuskel. 6, 6 Vorderrand des grossen Rückenmuskels. 7, 8 Unterer Teil des Brustbeines. 9 Aponeurose der Bauchmuskeln. 10 Weisse Linie. 11 Nabel. 12 Sehnige Querstreifen des geraden Bauchmuskels. 13 Leistenkanal. 14 Pyramidenmuskel. 15 Aeusserer Rand des geraden Bauchmuskels. 16 Brustbeinzungenbeinmuskel. 17 Schulterblattzungenbeinmuskel. 18 Brustbeinteil des grossen Kopfnickers. 19 Kapuzenmuskel. 20 Schultermuskel. 21 Zweiköpfiger Armmuskel. 22 Kammmuskel. 23 Schneidermuskel. 24 Langer Kopf des dreiköpfigen Schenkelmuskels. 25 Spanner der Schenkelbinde.

In seinem mittleren Teil liegt unter dem grossen Brustmuskel ein zweiter, der kleine Brustmuskel (pectoralis minor, 10, Fig. 49), welcher von der dritten, vierten
und fünften Rippe entspringt und nach oben und aussen
verläuft, um sich an den Innenrand des Rabenschnabelfortsatzes am Schulterblatt anzusetzen. Dieser Muskel dient zur
Bewegung des Schulterblattes, dessen oberen Teil er nach
vorne und unten zieht.

Der grosse schiefe Bauchmuskel, (obliquus externus). — Der grosse schiefe Bauchmuskel (Fig. 49 u. 50)
bildet eine breite, zur Hälfte aus Fleisch, zur Hälfte aus
Sehne bestehende Decke über die Seiten- und Vorderteile
des Bauches. Sein Fleischkörper, der die äussere Hälfte des
Muskels einnimmt, entspringt von der Aussenseite der letzten
sieben Rippen, an welchen er sich mit ebensovielen dreieckigen Zacken ansetzt, welche in die des breiten Rückenmuskels und die des grossen Sägemuskels eingreifen (15, Fig. 49
und Fig. 53). Von diesen Rippenansätzen aus verlaufen die
Fasern nach unten, — die hintersten senkrecht, um sich an
dem Darmbeinkamm anzuheften, die übrigen schief nach
unten und vorne, um bald in eine grosse häutige Sehne
überzugehen (9, Fig. 50), die wir die Aponeurose des
grossen, schiefen Bauchmuskels nennen. Die Faserzüge dieser
Aponeurose verlaufen in der gleichen Richtung, wie die
Muskelfasern und gehen vorne über den graden Bauchmuskel
weg bis an die Mittellinie, wo sie sich mit den Sehnenfasern
der anderen Seite durchkreuzen, und so eine lange mittlere
Naht, die die weisse Linie des Bauches heisst, bilden;
dieselbe verläuft vom Schwertfortsatz zu der Schambeinfuge.

Von wesentlicher Bedeutung für die äussere Form ist
die Linie, in welcher die Fleischfasern des grossen schiefen
Bauchmuskels in die Sehnenfasern übergehen; diese Linie
verläuft von der unteren Ecke des grossen Brustmuskels aus
erst senkrecht nach unten, biegt aber in ihrem unteren Abschnitt scharf nach aussen um (4, Fig. 50), und endet am
vorderen oberen Darmbeinstachel, indem sie eine nach unten

innen gewölbte Krümmung beschreibt. — Dieser Linie entsprechend, zeichnet sich der vordere oder innere Rand des Muskels ab. Da nun andererseits der grade Bauchmuskel mit seinem Aussenrand, welcher die Aponeurose des grossen schiefen Bauchmuskels vorwölbt, eine ähnliche Linie beschreibt, d. h. eine Linie, die auch zuerst senkrecht ver-

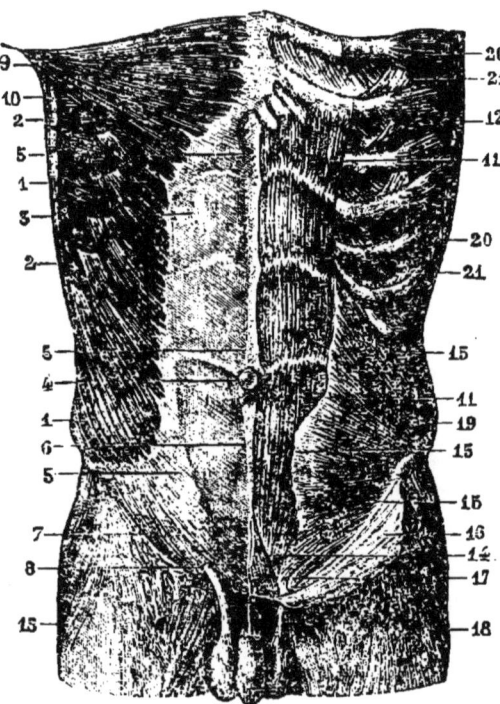

Fig. 51.

Muskeln des Bauches. Die oberflächlichen auf der rechten, die tiefen auf der linken Seite. 1 Grosser schiefer Bauchmuskel. 2 Grosser Sägemuskel. 3 Aponeurose des grossen schiefen Bauchmuskels. 4 Nabel. 5, 6 Weisse Linie. 7 Poupartisches Band. 8 Leistenkanal. 9 Grosser Brustmuskel. 10 Grosser Rückenmuskel. 11 Gerader Bauchmuskel. 13 Vorderes Blatt seiner Scheide. 14 Pyramidenmuskel. 15 Kleiner schiefer Bauchmuskel. 16 Unterer Teil der Aponeurose des grossen schiefen Muskels herabgeschlagen. 18 Oberer Teil des Schenkels von seiner Faserbinde umgeben. 19 Querschnitt des grossen schiefen Bauchmuskels.

läuft und dann-unten nach innen umgebogen ist (15, Fig. 50), finden wir an diesem Teil der seitlichen Bauchwand eine schmale, nach unten in eine grosse dreieckige Fläche auslaufende Furche. Diese dreieckige Fläche, nach oben und aussen durch den grossen schiefen Bauchmuskel, nach innen durch den graden Bauchmuskel begrenzt, hat ihre Grundlinie in der Weichenfalte, d. h. der Linie, in der sich die Aponeurose des schiefen Bauchmuskels an das Poupartsche Band (s. Seite 80) ansetzt. Beim Mann wird dieser Abschnitt der Aponeurose genau über dem inneren Drittel des genannten Bandes von dem Samenstrang durchbrochen, (13, Fig. 50), welcher an jedem enthäuteten Körper deutlich vortritt, aber keinerlei Bedeutung für die äussere Form hat, da die Haut der Schamgegend die Form des Samenstranges und des Leistenkanals, in welchem er liegt, völlig verdeckt.

Der grosse schiefe Bauchmuskel zieht die Rippen nach unten und vorne. Wenn die beiden Muskeln dieses Namens (der auf der rechten und der auf der linken Seite) sich gleichzeitig zusammenziehen, so bewirken sie eine Beugung des Rumpfes nach vorne; wenn aber nur einer der Muskeln, z. B. der der rechten Seite sich zusammenzieht, veranlasst er eine Drehung des Rumpfes nach der entgegengesetzten (also der linken) Seite. Im allgemeinen ziehen sich die schiefen Bauchmuskeln bei jeder Anstrengung zusammen, und. es erscheint dann ihre Gestalt, namentlich ihre Rippenzacken und ihre Vorderränder deutlich erhaben.

Die Fleischmasse der Bauchmuskeln wird durch zwei Lagen unterhalb des grossen schiefen Bauchmuskels verstärkt, das sind von aussen nach der Tiefe zu der kleine schiefe Bauchmuskel und der quere Bauchmuskel.

Der kleine schiefe Bauchmuskel besteht aus Fasern, die von den Lendenwirbeln und dem Darmbeinkamm aus schräg nach vorne oben verlaufen, wo sich die oberen an die drei letzten Rippen anheften, während die übrigen vorne in eine breite häutige Aponeurose übergehen; dieselbe verschmilzt bald mit der des grossen schiefen Bauchmuskels und der des tiefer liegenden queren Muskels. — Die Fasern des queren Bauchmuskels verlaufen wagerecht nach vorn und endigen in einer Aponeurose, die hinter dem graden Bauchmuskel wegzieht.

Der grade Bauchmuskel (11, 11, Fig. 51). Dieser
Muskel bildet ein langes, breites Fleischband, beiderseits
neben der Mittellinie des Bauches, der »weissen Linie«;
er reicht von der Gegend der Magengrube bis an die Schambeingegend und entspringt mit seinem oberen, breiteren Teil
an den Knorpeln der siebenten, sechsten und fünften Rippe;
das untere, schmale Ende setzt sich mittelst einer kurzen,
weissglänzenden Sehne an das Schambein, zwischen Schambeinstachel und Schamfuge. — Dieser Muskel bietet bezüglich der äusseren Form mehrere bemerkenswerte Eigentümlichkeiten; 1. liegt er in einer Art bindegewebiger Scheide,
welche vorne durch die Aponeurose des grossen schiefen
Bauchmuskels, hinten durch die des queren Bauchmuskels
gebildet wird, so dass am enthäuteten Körper seine Gestalt
halb durch das vor ihm hinziehende Blatt der Aponeurose
verhüllt erscheint (5, Fig. 50 und die rechte Seite von
Fig. 51). 2. Besteht er nicht aus Fasern, die ununterbrochen
von den Rippenknorpeln bis an das Schambein verlaufen,
sondern zeigt Unterbrechungen durch sehnige Querstreifen,
an denen die Muskelfasern durch kurze Sehnenstränge ersetzt sind. (Fig. 50—51). Diese Querstreifen sind im allgemeinen in dreifacher Zahl vorhanden; der unterste in der
Höhe des Nabels, die beiden anderen in der Höhe der neunten
und in der Höhe der siebenten Rippe; sie haften an der
Wand der Muskelscheide fest, und da an der Stelle, wo sie
sitzen, der Muskel dünner ist, bildet jeder eine mehr oder
weniger regelmässige, quer verlaufende Furche. — 3. Der
unter dem Nabel gelegene Teil des Muskels zeigt keine
Sehnenstreifen mehr, aber er verschmälert sich stark nach
dem Schambein zu, so dass sein äusserer Rand schief von
oben aussen, nach unten innen verläuft. — Diese Anordnung
bedingt die schon oben ausführlich besprochene Thatsache,
dass die schmale Furche zwischen dem grossen schiefen
Bauchmuskel und dem graden Bauchmuskel sich unterhalb
des Nabels zu einer dreieckigen Fläche verbreitert, deren
untere Grenze die Weichenfurche ist.

Der grade Bauchmuskel wirkt als Rumpfbeuger; d. h. er zieht den Brustkorb herab und nähert ihn dem Schambein unter gleichzeitiger Beugung der Wirbelsäule.

Das unterste Ende des graden Bauchmuskels wird von einem kleinen Muskel, dem Pyramidenmuskel bedeckt (14, Fig. 51), der unter der Haut der Schambeingegend nicht sichtbar ist, weil hier stets eine Lage von Fettgewebe unter der Haut liegt. Dieser Muskel, den wir hier also nur beiläufig erwähnen, bildet zu beiden Seiten der Mittellinie je einen kleinen dreieckigen Fleischkörper, dessen Grundfläche am Schambein angeheftet ist und dessen Spitze in eine kurze Sehne ausläuft, welche in die w e i s s e   L i n i e , die durch Verflechtung der Aponeurose der Bauchmuskeln gebildete Mittelnaht übergeht.

Sechzehnte Vorlesung.

Der Kapuzenmuskel (trapezius oder cucullaris). Dieser Muskel bildet zusammen mit dem grossen Rücken-muskel zwei sehr ausgedehnte Fleischlappen, welche die ganze Rückengegend und die Rückseite des Nackens be-decken und bis zur Schulter und zum Oberarm reichen.

Der Kapuzenmuskel entspringt an dem inneren Drittel der oberen krummen Hinterhauptslinie (13, Fig. 52), an einem Faserbande, welches von dem Hinterhauptsstachel an den Dornfortsatz des siebenten Halswirbels zieht (dem «hinteren Nackenband», s. Seite 21), an diesem Dornfortsatz und den Dornfortsätzen der zwölf Brustwirbel. — Von diesen Ur-sprungstellen, die alle in der Mittellinie des Rückens liegen, verlaufen die Muskelfasern nach aussen gegen die Schulter, und zwar die mittleren in querer Richtung, die oberen schief absteigend (9, Fig. 53), die unteren schief aufsteigend und heften sich an den Schultergürtel an, d. h. an den oberen Rand der Schultergräte (Fig. 52) und das äussere Drittel des hinteren Schlüsselbeinrandes (19, Fig. 50).

In Bezug auf die äussere Form ist an diesem Muskel zu beachten, dass an gewissen Stellen die Fleischfasern des-selben durch platte Sehnenstränge ersetzt sind, so dass an diesen Gegenden der Muskel weniger dick ist und leichte Vertiefungen erkennen lässt. Derartiger Stellen gibt es drei, und zwar 1. am unteren Teil des Nackens und dem oberen

Teil des Rückens; hier sind die Ursprungsfasern des Muskels sehnig und bilden zusammen mit denen der anderen
Seite eine länglichrunde Fläche, deren grösster Durchmesser
senkrecht steht, und in deren Mitte die Dornfortsätze des
sechsten und siebenten Halswirbels (s. oben vertebra pro-
minens, S. 19) eine sehr deutliche Vorragung bilden. —
2. Am untersten Teil des Rückens in der Höhe der letzten
Brustwirbel sind die Ursprungsfasern gleichfalls sehnig in
Gestalt eines ziemlich kurzen Dreiecks, welches aber doch
so gross ist, dass am Lebenden bei starker Zusammenziehung
des Kapuzenmuskels die Spitze desselben abgestumpft oder
eingekerbt erscheint, weil die fleischlose sehnige Stelle sich
nicht vorwölbt, wie der thätige Muskel. — 3. In der Höhe
des Schultergrätenursprunges bilden die untersten Fasern des
Kapuzenmuskels eine kleine dreieckige Sehne (8, Fig. 52),
die auf dem darunter liegenden Knochenteil gleitet; über derselben beginnt erst die Reihe der fleischigen Ansätze am
hinteren Rand der Schultergräte.

Der ganze Kapuzenmuskel zieht sich zusammen, wenn
man die Schultern stark nach hinten zieht, und in diesem
Fall springt der mittlere Abschnitt, dessen Fasern wagerecht
verlaufen, am deutlichsten unter der Haut vor. Aber häufiger
geraten seine einzelnen Faserbündel gesondert in Thätigkeit;
so sind die oberen Fasern thätig entweder, indem die Schulter
den festen Punkt bildet bei Neigung des Kopfes nach der
entsprechenden Seite (wobei das Gesicht etwas nach der
anderen Seite gewandt wird) — oder indem das Hinterhauptsbein und das Nackenband als feste Punkte dienen beim
Heben und Hochhalten des Schulterblattes, wie in dem Fall,
dass man eine Last auf der Schulter trägt. Unter diesen
Umständen springt der Halsrand des Kapuzenmuskels, der
vom Hinterhauptsbein an das Schlüsselbein verläuft (Fig. 53),
stark vor und bildet einen mit dem äusseren Rand des grossen
Kopfnickers gleichlaufenden Wulst (26, Fig. 53). Zwischen
diesen beiden Wülsten liegt eine Rinne, auf die wir später
zurückkommen werden, um die tiefen Muskeln dieser

Gegend flüchtig zu betrachten. Wenn andererseits die unteren
Faserzüge des Kapuzenmuskels thätig sind, ziehen sie die

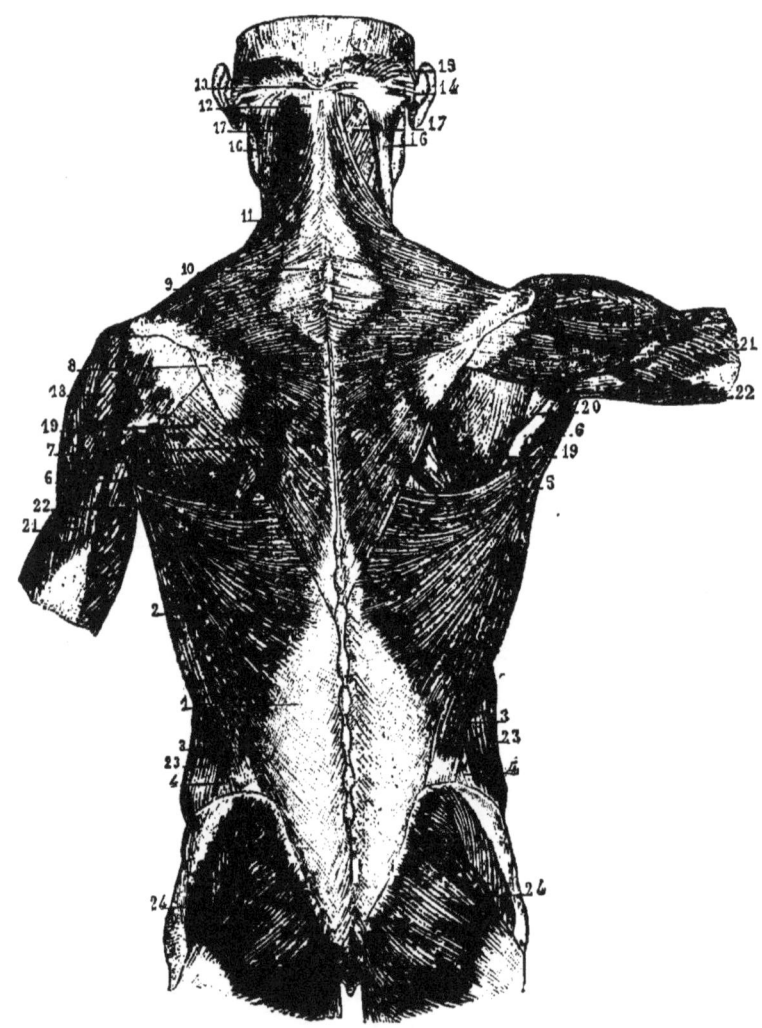

Fig. 52.

Oberflächliche Rückenmuskeln. 1 Lendenkreuzbein-Aponeurose. 2 Grosser Rückenmuskel.
3 Sein Hüftbeinbündel. 4 Zwischenraum zwischen ihm und dem grossen schiefen Bauchmuskel. 5 Oberer Teil des grossen Rückenmuskels. 6 Grosser, runder Muskel. 7 Unterer
Teil des Kapuzenmuskels mit seinem sehnigen Abschnitt (8) in der Höhe der Schulter-
blattsgräte. 9 Mittlerer Teil des Kapuzenmuskels mit seinem sehnigen Abschnitt an der
Wirbelsäule (10) 11, 12, 13 Oberster Teil des Kapuzenmuskels. 15 Hinterhauptsmuskel.
16 Grosser Kopfnicker. 17 Riemenmuskel. 18 Schultermuskel. 19 Untergrätenmuskel.
20 Kleiner, runder Muskel. 21 und 22 Aeusserer und innerer Kopf des dreiköpfigen Armmuskels. 23 Hinterer Teil des grossen schiefen Bauchmuskels. 24 Grosser Gesässmuskel.

Schulter nach unten, und man sieht sie deshalb immer stark
vorspringen, wenn jemand mit den Armen einen Zug von
oben nach unten ausübt, wie z. B. bei einem Glockenläuter,
welcher kräftig mit seinem ganzen Gewicht am Strang zieht.

Die beiden Kapuzenmuskel (der rechte und linke) zu-
sammengenommen, geben an dem enthäuteten Rücken eine
dreieckige Figur mit abwärts gerichteter Spitze, die den Umriss einer Mönchskapuze nachahmt. — Deshalb wird er auch
Kapuzenmuskel (cucullaris, von cucullus, Kapuze) genannt.

Der grosse Rückenmuskel (1, 2, 3, 5, Fig. 52). Er
bildet einen grossen Fleischlappen, der von der Lendengegend
sich an den oberen Teil des Oberarmes ausbreitet. Er entspringt mittelst eines grossen, dreieckigen Sehnenbandes
(aponeurosis lumbosacralis, 1, Fig. 52) von den Dornfortsätzen der sechs oder sieben letzten Brustwirbel, den Dornfortsätzen der Lenden und Kreuzbeinwirbel und dem hinteren
Drittel des Darmbeinkammes (3, Fig. 52). Die Fleischfasern
entspringen aus dem Sehnenband in einer schiefen, vom
Darmbeinkamm gegen die Dornfortsätze der letzten Brustwirbel verlaufenden Linie, und es fügen sich ausserdem dem
Muskel drei oder vier andere besondere Fleischbündel an,
welche an der Aussenseite der drei oder vier letzten Rippen
mit Zacken, zwischen denen des grossen, schiefen Bauchmuskels entspringen (4, 4, Fig. 53). Von diesen Ursprungsstellen aus verlaufen die untersten Muskelfasern fast senkrecht nach oben, die obersten fast wagerecht nach aussen,
und alle laufen so fächerförmig zusammen (5, Fig. 52), um
eine dicke Fleischmasse zu bilden, welche die untere Ecke
des Schulterblattes bedeckt und dann an seinem Aussenrand
neben dem «grossen, runden Muskel» hinzieht, in der Hinter-
wand der Achselhöhle aufsteigt bis an den oberen Abschnitt
des Oberarmkörpers, an welchem sie sich mittelst einer
platten Sehne am hinteren Rand der Furche für den zweiköpfigen Armmuskel ansetzt (s. Seite 45).

Dieser Muskel wirkt wie der untere Abschnitt des Kapuzenmuskels, aber mit grösserer Kraft, da er nicht nur das

Schulterblatt, sondern den Oberarm selbst herabzieht. Die Thätigkeit dieses Muskels gestattet uns, den Arm kräftig an den Rumpf anzuziehen, indem wir ihn zugleich etwas nach hinten bewegen, so dass wir bei stärkster Zusammenziehung des Muskels die Arme auf dem Rücken kreuzen. — Aber die Vorwölbung des Aussenrandes von dem zusammengezogenen grossen Rückenmuskel tritt besonders scharf hervor (Fig. 53), wenn der Muskel eine kräftigere Bewegung auszuführen hat, die eines starken Zuges von oben nach unten, wie beim Läuten am Glockenstrang oder wenn man mit den Armen an einem Querbalken hängt. Wenn man in dieser Lage, z. B. beim Reckturnen, sich erhebt, den Rumpf gegen den Querbalken hinaufzieht, werden die grossen Rückenmuskeln stark vorgewölbt, denn sie bewegen dann die Last des Rumpfes gegen die Oberarme als feste Punkte nach vorne und oben. Der Kapuzenmuskel und der grosse Rückenmuskel bilden allein die Oberfläche des enthäuteten Rückens. Unter den zahlreichen tiefen Rückenmuskeln ist keiner vollständig von aussen sichtbar, aber von mehreren sehen wir Teilstücke in den Zwischenräumen zwischen den Rändern des grossen Rückenmuskels und des Kapuzenmuskels, sowie dem Rande dieses Muskels und den oberflächlichen Hals- und Schultermuskeln zu Tage treten. Solcher Zwischenräume gibt es zwei; einen an der Seite des Halses, einen anderen in der Höhe der unteren Schulterblatthälfte.

Der Zwischenraum an der Seite des Halses wird hinten von dem oberen, hinteren Rand des Kapuzenmuskels, vorne von dem hinteren, äusseren Rand des grossen Kopfnickers begrenzt und bildet eine lange, ganz oberflächlich gelegene Rinne, die von der Hinterhauptsgegend schräg nach der Mitte des Schlüsselbeins herabzieht. Der untere Abschnitt ist durch den Hautmuskel des Halses (25, Fig. 35) verhüllt (welchen wir bei Besprechung der vorderen Halsgegend kennen lernen werden), in ihrem oberen Abschnitt bemerkt man einen kleinen Teil von zwei mächtigen Nackenmuskeln.

1. Die Muskelfasern, die man (17, Fig. 52) schräg von unten

innen nach oben aussen gegen den Warzenfortsatz verlaufen
sieht, gehören dem Riemenmuskel (Musculus splenius)
an, welcher von den Dornfortsätzen der letzten Halswirbel
und der vier oder fünf ersten Brustwirbel entspringt, und
schief nach vorne aufsteigt, um sich zum Teil an die Querfortsätze des Atlas und des Drehwirbels (Hals-Riemenmuskel),
zum Teil (Kopfriemenmuskel) an den Warzenfortsatz des
Schläfenbeins unter dem grossen Kopfnicker anzusetzen
(16, Fig. 52). — 2. Das kleine, fleischige Dreieck, welches
über dem Riemenmuskel, zwischen ihm und dem obersten
Teil des Kapuzenmuskels erscheint, gehört zu einem mächtigen Nackenmuskel, welcher der grosse verflochtene
Nackenmuskel (Musculus complexus cervicis) heisst
(wegen der eigenartigen Anordnung seiner Fleischfasern);
wir haben über denselben hier nur zu sagen, dass er vom
Hinterhauptsbein entspringt und scharf nach aussen verlaufend
sich mit einer Anzahl von Zacken an die Querfortsätze der
fünf oder sechs ersten Brustwirbel ansetzt.

Der Zwischenraum, in der Höhe der unteren Schulterblatthälfte, ist bei herabhängendem Arm dreieckig, indem
dann der Kapuzenmuskel seinen oberen inneren, der Schultermuskel seinen oberen äusseren und der grosse Rückenmuskel
seinen unteren Rand bildet. Der Innenrand des Schulterblattes ist in dem inneren Teil dieses dreieckigen Raumes
sichtbar und trennt ihn in zwei ungleiche Abschnitte, einen
kleineren inneren, wo ein Stückchen des Rautenmuskels
sichtbar ist, und einen grösseren, äusseren, in welchem die
Formen der aus der Untergrätengrube kommenden Muskeln sich
zeigen, das sind der Untergrätenmuskel, der kleine, runde
Muskel und der grosse, runde Muskel. — Wir können
die Beschreibung dieser Muskeln mit wenigen Zeilen erledigen.

Der Rautenmuskel (Musc. rhomboideus) entspringt
an den Dornfortsätzen der beiden letzten Hals- und der vier
oder fünf ersten Brustwirbel und seine Faserzüge verlaufen
von hier schräge nach unten und aussen an den Innenrand
des Schulterblattes, wo sie sich anheften.

Der Untergrätenmuskel (Musc. infraspinatus, 19, Fig. 52) entspringt in der ganzen Untergrätengrube des Schulterblattes mit Ausnahme des verdickten Teiles des Aussenrandes. Seine Fasern laufen fächerförmig zusammen, treten unter den Schultermuskel (Fig. 53) und heften sich mit einer kurzen Sehne an den grossen Höcker des Oberarmes (und zwar an die mittelste von den drei kleinen Flächen, die dieser Höcker erkennen lässt).

Der kleine, runde Muskel (20, Fig. 52) hat seinen Ursprung an dem oberen Teil des verdickten Aussenrandes vom Schulterblatt und verläuft in gleicher Faserrichtung wie der Untergrätenmuskel aufwärts, um sich wie dieser unter dem Schultermuskel an den grossen Oberarmhöcker anzusetzen (an die unterste der drei Flächen).

Der grosse, runde Muskel (6, Fig. 52 und Fig. 53) entspringt am unteren Abschnitt des äusseren Schulterblattrandes und steigt schief nach oben und aussen wie die eben genannten; er trennt sich aber bald vom kleinen, runden Muskel (5, Fig. 54); anstatt wie dieser auf der Rückseite des Schulterskeletts zu bleiben und einfach unter dem Schultermuskel sich anzuheften, vereinigt er sich mit dem grossen Rückenmuskel (Fig. 17, 18 und 49), geht mit diesem vor dem langen Kopf des dreiköpfigen Armmuskels vorbei und heftet sich, indem er mit dem grossen Rückenmuskel verschmilzt, an den Innenrand der Furche für den zweiköpfigen Armmuskel an. Der lange Kopf des dreiköpfigen Armmuskels liegt also zwischen dem kleinen, runden Muskel (welcher hinten ist) und den oberen Teil des grossen, runden Muskels, der vor ihm vorbeizieht (Fig. 52 zwischen 20 und 6).

Diese verschiedenen Muskeln, welche wir ganz oder teilweise in dem Zwischenraum zwischen Kapuzen-, Schulter- und Rückenmuskel bei herabhängendem Arm zu Tage treten sahen, werden noch deutlicher sichtbar, wenn der Arm bis zur Wagerechten gehoben wird (s. die rechte Seite der Fig. 52). Dann wird der fragliche Zwischenraum von innen nach aussen bedeutend verlängert und der Schultermuskel lässt einen grösseren Teil des Untergrätenmuskels und der beiden runden Muskeln unbedeckt. Da zugleich das Schulterblatt durch die Hebung des Armes sich so dreht, dass seine untere Ecke sich von der Wirbelsäule entfernt, muss auch der Rautenmuskel in grösserer Ausdehnung zwischen dem äusseren Rand des Kapuzen- und dem oberen des Rückenmuskels sichtbar sein. —

Obwohl die anderen Rückenmuskeln am enthäuteten Körper nicht sichtbar sind, können wir doch die Besprechung dieses Körperteiles nicht schliessen, ohne wenigstens die Namen der gewaltigen Fleischmassen anzuführen, welche die Lendengegend zu beiden Seiten der Dornfortsätze einnehmen, und die wie zwei mächtige Muskelsäulen sich unter dem Sehnenband des grossen Rückenmuskels vorwölben (Fig. 52). Diese Massen werden durch zwei in ihrem unteren Abschnitt, in der Lenden- oder Nierengegend innig verschmolzene Muskeln gebildet, welche sich in der Höhe der untersten Rippe voneinander trennen; es entsteht so ein äusserer, der Kreuzbein-Lendenmuskel (Musc. sacrolumbalis), der mit einer Anzahl von Sehnen sich an den Rippenwinkeln ansetzt, und ein innerer, der lange Rückenmuskel (longissimus dorsi), dessen dreifache Sehnenreihe an den Rippen, den Quer- und den Dornfortsätzen der Brustwirbel angeheftet ist. — Der Kreuzbein-Lendenmuskel und der lange Rückenmuskel haben im wesentlichen die Aufgabe, den Rumpf rückwärts zu ziehen und aufrecht zu erhalten, wenn eine Last auf den Schultern oder dem Rücken ruht. Deshalb ist ihr gemeinsamer unterer Abschnitt namentlich bei Leuten, welche gewohnt sind, grössere Lasten auf den Schultern zu tragen, stark ausgebildet, so dass die Rundung dieser mächtigen Lendenmuskeln durch die Haut und das Sehnenband des grossen Rückenmuskels sich deutlich abzeichnet.

Siebenzehnte Vorlesung.

Ein einziger kräftiger Muskel, der Schultermuskel (Musc. deltoideus), bestimmt die äussere Form des vorragenden Teiles, d. h. der oberen und äusseren Fläche der Schulter. Unter ihm liegen noch einige Muskeln in der Tiefe, welche die entsprechenden Gruben des Schulterblattes ausfüllen (der Obergrätenmuskel, M. supraspinatus, und der Unterschulterblattmuskel, M. subscapularis). Wenn aber der Arm gehoben und wagerecht gehalten wird, blicken wir innen an seinem Ansatz in eine Höhlung, welcher gewissermassen der Schulterwölbung auf der Aussenseite entspricht. Diese Höhlung, die Achselhöhle, hat als Dach das vom Schultermuskel überzogene Knochengerüst der Schulter und als Wandungen vorne den grossen Brustmuskel, dessen Aussenfläche mit dem Vorderrand des Schultermuskels in einer Ebene liegt, hinten den grossen Rückenmuskel, dessen Aussenfläche zum Teil an den Hinterrand des Schultermuskels angrenzt; endlich innen einen der Seitenwand des Brustkorbes aufliegenden Muskel, den grossen Sägemuskel. Von diesen eben genannten Muskeln sind einige schon bei Besprechung der Rumpfmuskulatur beschrieben worden (der grosse Brust- und Rückenmuskel), die Beschreibung der anderen wird uns Gelegenheit geben, die Schulter und die Achselhöhle im ganzen zu betrachten.

Der Schultermuskel (Musc. deltoideus). Dieser

Muskel hat seinen lateinischen Namen daher, dass er die
Form eines griechischen Delta, d. h. die Gestalt eines Dreiecks hat (dessen Grundfläche nach oben, die Spitze nach
unten gerichtet ist); er ist kurz, breit und dick, und wie ein
halber Hohlkegel gestaltet, um das Schultergelenk zu um-
fassen. Er entspringt oben am äusseren Drittel des vorderen
Schlüsselbeinrandes (12, Fig. 49), am Gelenk zwischen
Schulterhöhe und Schlüsselbein und an der ganzen Länge
des Hinterrandes der Schultergräte (18, Fig. 52). Seine
Fasern laufen von hier nach unten, die mittleren senkrecht,
die vorderen ein wenig schief nach hinten, die hinteren etwas
schief nach vorne, um sich mittelst einer kurzen Sehne an
die Rauhigkeit des Oberarmbeines (s. Seite 46) anzusetzen.

Dieser dicke Muskel besteht aus starken Faserbündeln,
welche man durch die Haut sich einzeln zusammenziehen
sieht, je nachdem die ausgeführte Bewegung mehr die Wirkung
dieses oder jenes Muskelabschnittes erheischt. Der Schultermuskel wirkt nämlich so, dass er den Arm vom Rumpf entfernt und bis zur Wagerechten erhebt; aber während die
mittleren Faserbündel den Arm einfach nach aussen erheben,
bewegen ihn die vorderen zugleich vorwärts, die hinteren
rückwärts. — Ausserdem ist bemerkenswert, dass der Muskel,
in welchem Zustand der Thätigkeit er sich auch befinde, niemals senkrecht gegen den Hebelarm, den er bewegt, den
Oberarmknochen, gerichtet ist, sondern sich immer sehr
schief an ihn ansetzt. Daraus folgt, dass der Schultermuskel
trotz seiner Dicke doch nicht mit grosser Kraft arbeiten kann,
und es erfordert deshalb die Stellung, bei welcher wir die
Arme wagerecht ausgestreckt halten, am meisten Anstrengung
und führt am schnellsten zur Ermüdung. Um zu verstehen,
inwieweit die Stellung des Schultermuskels gegenüber dem
Oberarm ungünstig ist, genügt es, dass wir dieselbe mit der
Stellung des zweiköpfigen Armmuskels gegenüber dem Unterarm vergleichen und uns überzeugen, dass dieser Muskel, welcher in schräger Richtung sich an den herabhängenden Unterarm ansetzt, in dem Masse, wie er die Beugung derselben

bewirkt, sich immer mehr senkrecht gegen ihn stellt, so dass er in dem Augenblick, wo der Ellenbogen einen rechten Winkel bildet, in der günstigsten Stellung zu voller Ent-

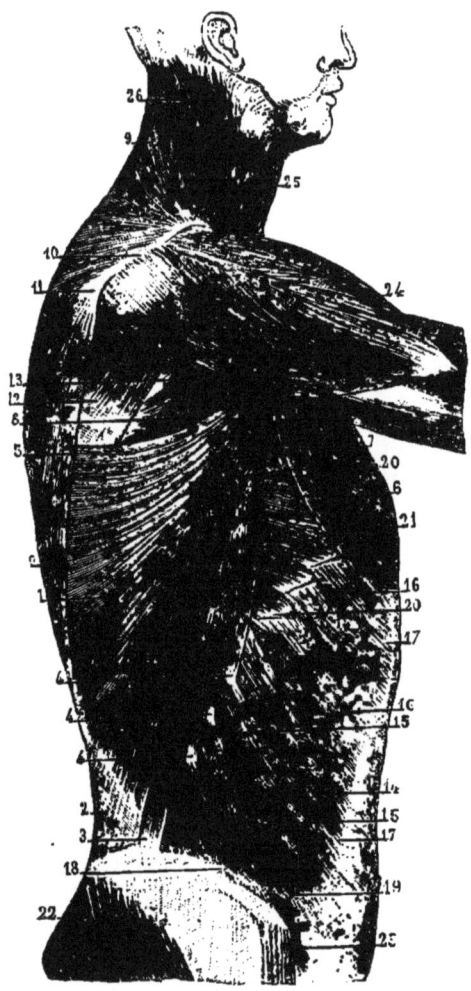

Fig. 53.

Oberflächliche Muskeln der Schulter und der Seitenteile des Rumpfes. 1 Grosser Rücken-muskel. 2 Kreuzbein-Lenden-Aponeurose. 3, 4, 4 Rippen und Darmbeinansätze des grossen Rückenmuskels. 5, 6, 7 Oberer Teil des Rückenmuskels. 8 Grosser, runder Muskel. 9, 10, 11 Kapuzenmuskel. 12 Untergrätenmuskel. 13 Kleiner, runder Muskel. 14, 15, 16 Grosser, schiefer Bauchmuskel. 17, 18 Vorderer und unterer Rand desselben. 19 Sein Winkel. 20 Grosser Sägemuskel. 21 Grosser Brustmuskel. 22 Grosser Gesäss-muskel. 23 Spanner der Schenkelbinde. 24 Schultermuskel. 25 Hautmuskel des Halses. 26 Grosser Kopfnicker.

faltung seiner Kraft sich befindet. — (Man nennt die Lage, in welcher ein Muskel senkrecht auf seinen Hebel wirkt, «das Moment» desselben; wir können also sagen, der Schultermuskel hat kein «Moment».)

Wenn wir die Verhältnisse der drei Ränder des Schultermuskels jetzt beschreiben, werden wir dabei die Einzelheiten in der Gestaltung der Schultermuskulatur zusammenfassend betrachten. 1. Der obere Rand des Schultermuskels entspricht mit seinem Ansatz an dem Vorderrand des Schlüsselbeines und an dem Hinterrand der Schultergräte dem Ansatz des Kapuzenmuskels an dem gegenüberstehenden Rand derselben Knochen (Fig. 53). Schlüsselbein, Schulterhöhe und Schultergräte bilden also eine Art knöchernen Schaltstückes zwischen Kapuzenmuskel und Schultermuskel, und thatsächlich bilden bei Tieren, die kein Schlüsselbein haben und deren Schultergräte wenig entwickelt ist, die Faserzüge des Schultermuskels die unmittelbare Fortsetzung der Fasern des Kapuzenmuskels; man findet beispielsweise ein solches Verhalten beim Pferd. — 2. Der Vorderrand des Schultermuskels wird von dem entsprechenden Rand des grossen Brustmuskels nur durch einen spaltförmigen Zwischenraum getrennt, welcher unten ganz eng ist, oben ein wenig breiter, und sich hier in Gestalt eines kleinen langgezogenen Dreiecks zeigen kann, dessen Grundfläche dem Mittelteil des Schlüsselbeines entspricht. Dieser Zwischenraum tritt bei gleichzeitiger Zusammenziehung beider Muskeln, wenn der hinten zurückgehaltene Arm nach vorne und oben angezogen wird, wie wenn wir eine Last hinter uns her schleifen, sehr deutlich hervor; er dient einer kleinen Blutader (vena cephalica) als Durchtrittsstelle, und diese kann unter den angegebenen Verhältnissen anschwellen und sich vorwölben. — 3. Der Hinterrand des Schultermuskels endlich bildet eine Seite des dreieckigen Raumes in der Höhe der Untergrätengrube, welchen wir bei Besprechung des Rückens genauer beschrieben haben; unter ihn ziehen nacheinander einesteils der Untergrätenmuskel und der kleine, runde Muskel, welche un-

mittelbar unter dem Schultermuskel liegen, und andcrenteils
der grosse runde und der grosse Rückenmuskel, vom Schultermuskel durch den langen Kopf des dreiköpfigen Armmuskels
getrennt.

Wir müssen hier noch zwei Schultermuskeln erwähnen,
die zwar nirgends sichtbar sind, die wir aber wenigstens
nennen wollen, um es verständlich zu machen, wie die Gruben
am Schulterskelett ausgefüllt sind; das ist 1. der Obergrätenmuskel (musc. supraspinatus), welcher die Obergrätengrube
ausfüllt, unter dem Schultergewölbe durchzieht und sich an
den grossen Oberarmhöcker (an die oberste Fläche) anheftet.
2. Der Unterschulterblattmuskel (19, Fig. 49), der die Unter-
schulterblattgrube ausfüllt und sich an den kleinen Oberarmhöcker ansetzt.

Der grosse Sägemuskel (serratus major, 14, Fig. 49,
5, Fig. 50, 2, Fig. 51, 20, Fig. 53). Dieser Muskel ist der
Seitenwand des Brustkorbes aufgelagert und zum grössten
Teil durch das Schulterblatt und die Schultermuskulatur verdeckt; er erscheint aber in seinem unteren Abschnitt an der
Oberfläche des enthäuteten Körpers und bedingt hier durch
seine vorspringenden Zacken einige sehr wesentliche Eigentümlichkeiten in der äusseren Form der Seitenwand vom
Brustkorb. — Da er gleichzeitig die Innenwand der Achselhöhle bildet, werden wir ihn hier gleich vollständig beschreiben. Der grosse Sägemuskel entspringt am Innenrand
des Schulterblattes; seine Faserzüge verlaufen von hier
strahlenförmig nach oben, vorne und unten, und teilen sich
in neun Zacken, die sich an den Aussenflächen der neun
oberen Rippen ansetzen. Der Körper des Muskels ebenso
wie seine fünf oder sechs oberen Zacken werden durch den
grossen Brustmuskel verdeckt (21, Fig. 53); nur seine drei
oder vier unteren Zacken sind unten an der Seite des Brustkorbes zwischen den Rändern des grossen Brust- und des
grossen Rückenmuskels sichtbar; sie greifen in die oberen
Zacken des grossen, schiefen Bauchmuskels ein. Bei herabhängendem oder nur wenig erhobenem Arm sieht man in

dieser Gegend nur die drei Zacken des Sägemuskels; bei
starker Erhebung des Armes lässt der grosse Brustmuskel
oft ein ausgedehnteres Stück des Sägemuskels unbedeckt.

Wirkung dieses Muskels ist die Feststellung des Schulterblattes dadurch, dass er es nach unten und vorne zieht,
während der Rautenmuskel einen Zug nach oben und hinten
ausübt. Da die Feststellung des Schulterblattes notwendig
ist, um den Oberarmmuskeln (namentlich dem zweiköpfigen)
einen festen Ansatzpunkt zu gewähren, sobald der Oberarm
eine kräftige Bewegung ausführt, ist es verständlich, warum
die unteren Zacken des Sägemuskels so deutlich bei demjenigen vorspringen, der seine Oberarmmuskeln anspannt,
wie beim Ringkampf, oder wenn man den gefallenen Körper
vom Boden erhebt, einen Gegner zurückdrängt u. s. w.

Der grosse Sägemuskel bildet die Innenwand der Achselhöhle, so wie der grosse Brustmuskel die vordere, der grosse
Rückenmuskel die hintere. Diese Höhle hat die Gestalt einer
dreiseitigen Pyramide, deren nach oben gerichtete Spitze
dem Gipfel des Rabenschnabelfortsatzes entspricht. Am zergliederten Leichnam erscheint die Höhle unten offen, am
Lebenden ist sie durch einen Teil der äusseren Haut geschlossen, der die Grundfläche der Pyramide bildet und vom
unteren Rande des grossen Brust- und Rückenmuskels in
das Innere der Höhle sich hineinwölbt, wo er durch Bandmassen (die Gerdy das Aufhängeband der Achselhöhlenhaut
nennt, und welche sich an die Spitze des Rabenschnabelfortsatzes anheften) festgehalten wird.

Um die Beschreibung dieser Höhle zu schliessen, hätten
wir noch einige Worte über ihre Kanten, die Stellen, wo
ihre Wandungen aneinander stossen, hinzuzufügen. Ueber
die vordere Kante (an welcher der grosse Brustmuskel und
Sägemuskel aufeinandertreffen) und die hintere (den Ansatz
des grossen Sägemuskels an dem hinteren Schulterblattrand)
haben wir freilich nichts besonderes zu bemerken, nur die
äussere, die dem Anfangsteil des Oberarmes entspricht, kann
uns hier beschäftigen. Diese Kante ist verhältnismässig breit,

sie entspricht dem oberen Ende des Körpers vom Oberarmbein und wird durch zwei Muskeln gebildet, die vom Schulterblatt an die Vorderseite des Oberarmes ziehen, das ist der
zweiköpfige Armmuskel (biceps) und der Rabenschnabel-Armmuskel (M. coracobrachialis). Zunächst
ist zu bemerken, dass die Gestalt des letzteren bei einem
Menschen mit stark erhobenen Armen, z. B. bei einem Gekreuzigten sehr deutlich im Grunde der Achselhöhle zu erkennen ist, und dass dieser Muskel überhaupt der einzige
ist, welcher die nach innen gezogene Haut der Achselhöhle
vorwölbt. — Bekanntlich trägt diese Haut eine bei verschiedenen Personen mehr oder weniger reichliche Behaarung,
und es ist künstlerische Gewohnheit, auf bildlichen Darstellungen diesen Haarwuchs wegzulassen; da muss aber der
Künstler durch anatomisches Studium sich überzeugen, dass
es der Natur nicht entspricht, der Haut der Achselhöhle nach
der Phantasie ihre Gestaltung zu geben; sie ist glatt, ganz
regelmässig vertieft und es zeichnet sich unter ihr nur eine
spindelförmige Muskelwölbung ab, die des Rabenschnabel-
Armmuskels, die den Anfang der ebenen Vorderfläche des
Armes bildet. Der dreiköpfige Armmuskel, welcher mit seinem
langen Kopf vom Schlüsselbein ausgeht, entspringt nicht
wie der zweiköpfige Armmuskel und der Coracobrachialis
aus der Achselhöhle, sondern von der Mitte der hinteren
Wand dieser Höhle, weil er, wie das oben gesagt wurde,
zwischen dem kleinen, runden Muskel einerseits und dem
grossen runden, der sich mit dem grossen Rückenmuskel vereinigt, andererseits gelegen ist.

Achtzehnte Vorlesung.

Die Oberarmmuskeln bestehen aus zwei gut geschiedenen Fleischmassen, einer vorderen, welche durch den zweiköpfigen Armmuskel in der ganzen Länge des Oberarmes, den Rabenschnabel-Armmuskel im oberen Teil desselben und den inneren Armmuskel im unteren Teil gebildet wird, und einer hinteren, die nur einen Muskel, den dreiköpfigen Armmuskel, enthält.

Der zweiköpfige Armmuskel (Biceps brachii, 12, Fig. 54, 21, Fig. 50) hat seinen Namen, weil er an seinem oberen Ende doppelt ist, aus zwei Abteilungen besteht, die wir als kurzen und langen Kopf bezeichnen. Der lange Kopf erscheint in Gestalt einer langen Sehne, welche in der Furche für den zweiköpfigen Armmuskel aufsteigt, so in das Schultergelenk gelangt, und sich am obersten Teil vom Rand der Gelenkgrube des Schulterblatts ansetzt. Der kurze Kopf hat einen einfacheren Verlauf, er zieht gerade von der Spitze des Rabenschnabelfortsatzes, wo er neben dem Rabenschnabelarmmuskel entspringt, nach unten. Die beiden Köpfe steigen an der äusseren Kante der Achselhöhle sehnig nach abwärts, bedeckt von dem grossen Brustmuskel, und gehen etwas über dem unteren Rand dieses Muskels in Fleischfasern über, welche zwei cylindrische Körper bilden und weiter unten, in der Mitte der Höhe des Oberarmbeines, zu einem grossen, stark vorgewölbten Muskelbauch zusammenfliessen (12, Fig. 54).

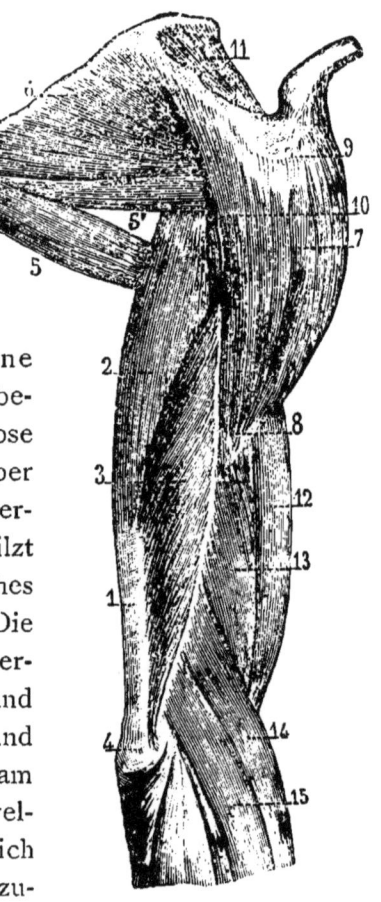

An diesen fleischigen Bauch schliesst sich unterhalb des Ellenbogengelenkes eine starke platte Sehne an; dieselbe teilt sich in zwei Teile, deren einer häutig ist und »Aponeurose des Biceps« heisst, während der andere sehnige als eigentliche Sehne des zweiköpfigen Armmuskels bezeichnet wird. — Die Aponeurose geht nach unten und innen über die Muskelmasse am inneren Oberarmknorren weg und verschmilzt bald mit dem Sehnenband, welches diese Muskeln umgibt. — Die eigentliche Sehne (3, Fig. 55) verläuft zwischen den vorderen und äusseren Vorderarmmuskeln und kommt so an den Vorsprung am oberen Ende der Speiche, um welchen sie sich herumrollt, um sich an der Rückseite desselben anzuheften.

Der zweiköpfige Armmuskel ist im wesentlichen Beuger des Unterarmes gegen den Oberarm; diese Wirkung ist so augenfällig und allgemein bekannt, dass es nutzlos wäre, dabei zu verweilen, höchstens könnten wir noch einmal an die beim Schultermuskel

Fig. 54.

Muskeln der Schulter und des Oberarmes von der Aussenseite. 1 Dreiköpfiger Armmuskel. 2 Sein langer Kopf. 3 Sein äusserer Kopf. 4 Sein Ansatz am Ellenbogenfortsatz. 5 Grosser, runder Muskel. 5' Kleiner, runder Muskel. 6 Untergrätenmuskel. 7, 8, 9, 10 Schultermuskel. 11 Uebergrätenmuskel. 12 Zweiköpfiger Armmuskel. 13 Innerer Armmuskel. 14 Langer Auswärtsroller. 15 Erster äusserer Handwurzelstrecker.

schon erwähnte Thatsache erinnern, dass der zweiköpfige
Armmuskel bei seiner Thätigkeit senkrecht auf den von ihm
bewegten Hebel einwirkt, und demnach seine volle Kraft
entfalten kann. Aber die Zusammenziehung dieses Muskels
bedingt gleichzeitig mit der Beugung im Ellenbogengelenk
zwei Wirkungen, auf die wir hier aufmerksam machen müssen.
— 1. Wenn der Unterarm in Pronation steht, erscheint die
Sehne des zweiköpfigen Muskels sehr deutlich um den oberen
Teil der Speiche herumgerollt, weil ihr Ansatz am hintersten
Teil des Speichenvorsprunges liegt; daraus folgt, dass die
erste Wirkung einer Zusammenziehung dieses Muskels in
einer Drehung der Speiche nach aussen, also in einer Su-
pinationsbewegung bestehen muss. — Der zweiköpfige Muskel
ist also auch Auswärtsroller, und zwar einer der stärksten. 2. Bei
der Thätigkeit des Biceps wird seine Aponeurose angespannt,
sie drückt stark auf die Fleischmasse am inneren Oberarmknorren und bedingt deshalb an dieser Fleischmasse zwei Finger
breit unterhalb des Oberarmknorrens eine deutlich vertiefte
Furche; die Thätigkeit des zweiköpfigen Armmuskels führt also
am Unterarm zu ganz eigenartigen Gestaltveränderungen.

Was die Gestaltveränderungen am Oberarm anlangt,
wie sie namentlich in der Mitte die Zusammenziehung des
Muskels begleiten, genügt es, da sie genugsam bekannt sind,
daran zu erinnern, dass der fleischige Bauch des Muskels
in der Ruhe länglich spindelförmig ist und während der
Thätigkeit kurz und rund wird. Es gibt gar nichts Auf-
fallenderes und Geeigneteres, um sich eine Vorstellung von
der Formänderung der Muskeln während ihrer Thätigkeit zu
verschaffen, als das Studium des zweiköpfigen Armmuskels
an einem Menschen, welcher ihn langsam in Thätigkeit versetzt, d. h., der den Arm langsam beugt. Man sieht da an
der Vorderseite des Oberarmes immer deutlicher eine Art
fleischige Kugel sich erheben, welche um so stärker vorspringt und um so kürzer wird in dem Masse, wie sie an
der Vorderseite des Armes emporsteigt, d. h. dem unteren
Rand des grossen Brustmuskels sich nähert.

Der Rabenschnabel-Armmuskel (Coraco-brachialis) bildet eine kleine spindlige Fleischmasse an dem oberen inneren Teil des Oberarms. Er entspringt neben dem kurzen Kopf des Biceps am Rabenschnabelfortsatz des Schulterblattes und setzt sich in der Mitte der inneren Kante des Oberarms an diesen an. Bei herabhängendem Arm ist am enthäuteten Körper nur die untere Hälfte dieses Muskels sichtbar, und seine Vorwölbung verschmilzt mit der des Biceps, wo dieser am breitesten ist. Die obere Hälfte ist in der Achselgrube verborgen, überdeckt von dem grossen Brustmuskel, sie wird aber unter der Haut der Achselgrube sichtbar, wenn die Arme stark erhoben werden, wie bei der Stellung des Gekreuzigten, und wir haben schon oben uns mit der Gestaltung beschäftigt, welche dann der spindelige Muskelbauch dem äusseren Abschnitt der Achselhöhle verleiht. — Wenn der Coracobrachialis sich zusammenzieht, wölbt er sich, wie jeder andere Muskel, stärker vor, er wird aber dadurch nicht deutlicher sichtbar, denn da er die Wirkung hat, den Oberarm an den Rumpf anzuziehen, entzieht er durch seine eigene Thätigkeit die Stelle, wo er sich vorwölbt, den Blicken.

Der innere Armmuskel (Brachialis internus), (13, Fig. 54 und 4, 4, Fig. 55). Unter der unteren Hälfte des Biceps gelegen und denselben beiderseits überragend, bedeckt dieser Muskel den entsprechenden Teil der Vorderfläche des Oberarmknochens. Seine Fasern entspringen an dieser Fläche, von der Höhe der Rauhigkeit für den Schultermuskel an und steigen bis in die Höhe des Ellenbogengelenkes hinab, wo sie durch eine platte Sehne ersetzt werden, die sich am Grunde des Kronenfortsatzes der Elle anheftet. Da die Elle keine Drehbewegungen oder Seitenbewegungen ausführen kann, ist folglich der innere Armmuskel einfach Beugemuskel des Armes und man sieht ihn, wenn diese Bewegung kräftig ausgeführt wird, beiderseits am unteren Ende des Biceps sich vorwölben.

Der dreiköpfige Armmuskel (Triceps brachii). Dieser

Muskel (21, 22, Fig. 52; 1, 2, 3, Fig. 54), der allein die
hintere Muskelabteilung des Oberarms bildet, heisst dreiköpfig,
weil er aus drei oben voneinander gesonderten, unten verschmolzenen Abteilungen besteht, deren mittelste der lange
Kopf heisst, während die beiden seitwärts gelegenen als
äusserer und innerer Kopf unterschieden werden. — Der
lange Kopf (2, Fig. 54) bildet einen dicken spindelförmigen
Fleischbauch, welcher mittelst kurzer Sehne vom obersten
Ende des äusseren Schulterblattrandes unmittelbar unter der
Gelenkgrube entspringt und zwischen dem grossen und
kleinen runden Muskel hindurchzieht (s. oben Seite 165).
An der Grenze des mittleren und unteren Drittels vom
Oberarm setzt sich die Fleischmasse an das obere Ende
einer platten, breiten, dreiseitigen Sehne an (1, Fig. 54 und
56), deren beide Ränder je einer der seitlichen Abteilungen
des Muskels zum Ansatz dienen. Der äussere Kopf (3, Fig. 54)
entspringt an dem oberen Teil der Hinterfläche des Oberarmbeines und verläuft schief nach unten und innen, um
sich an den äusseren Rand der ebengenannten Sehne anzusetzen; der innere Kopf entspringt an dem unteren Teil
der Hinterfläche des Oberarmbeines unter dem äusseren, und
geht an den Innenrand der gemeinsamen Sehne. Den Ansatzpunkt dieser Sehne (4, Fig. 54) bildet die hintere Fläche
des Ellenbogenfortsatzes der Elle.

Die Gestalt des dreiköpfigen Armmuskels, wie sie uns
die Rückseite des Armes zeigt, ist gegeben durch das Vorhandensein der unteren, den drei Muskelabschnitten gemeinsamen Sehne, welche eine unten breite, nach oben schmälere
flache Vertiefung bildet; zu beiden Seiten wird diese Fläche
überragt durch die seitlichen Köpfe; oben, an den beiden
oberen Dritteln der Rückseite des Armes zeichnen sich zwei
unmittelbar nebeneinander gelegene Fleischbäuche ab, deren
äusserer dem äusseren Kopf, der innere dem langen Kopf
entspricht (denn der innere Kopf reicht nur mit einigen
Faserzügen soweit nach oben, deren Gestalt mit der des
langen Kopfes in dieser Höhe verschmilzt). Diese verschie-

denen Einzelheiten, die sehnige Fläche über dem Ellenbogenfortsatz, die Muskelwülste, die sie beiderseits um-
grenzen, und die beiden Fleischbäuche, die von ihr nach
oben aufsteigen, werden in sehr ausgeprägter Weise sichtbar, wenn man sich bemüht, unter Ueberwindung einer
Kraft, die den Arm gebeugt halten würde, den Arm aus-
zustrecken. Dass der dreiköpfige Armmuskel der Streckmuskel des Armes ist, braucht ja gar nicht besonders hervorgehoben zu werden.

Wir haben nicht nur zum Zweck übersichtlicher Darstellung die Oberarmmuskeln als vordere und hintere unterschieden, sondern diese Unterscheidung dient uns auch zur
anatomischen Erklärung ihrer äusseren Formen; es zieht
nämlich auf jeder Seite des Armes an seinem inneren, wie
an seinem äusseren Rande eine Furche herab, welche die
vorderen und hinteren Muskeln voneinander trennt. In jeder
dieser Furchen liegt eine sehnige Scheidewand, das innere
und äussere Zwischenmuskelband, deren Ränder einerseits
an die entsprechende Seite des Oberarmbeines, andererseits
an die allgemeine Sehnenscheide, die das ganze Glied umhüllt, angeheftet sind; es ist also diese Sehnenscheide in
zwei senkrechten Linien, die den Zwischenmuskelbändern
entsprechen, leicht gegen den Oberarm eingezogen und das
bedingt in der äusseren Gestalt die beiden Furchen zwischen
den vorderen und hinteren Muskeln.

Die innere Furche beginnt am unteren Ende des Raben-
schnabel-Armmuskels und reicht bis an den inneren Oberarmknorren; oben ist sie ein wenig verwischt, weil an dieser
Stelle zahlreiche Nerven und Gefässe mit dem sie begleitenden Zellgewebe den Raum zwischen den Muskeln ausfüllen;
unten erweitert sie sich und geht allmählich in die Innenfläche des Unterarmes über.

Die äussere Furche (Fig. 54) ist kurz. Sie beginnt
nämlich erst am unteren Ende des Schultermuskels und
reicht nicht bis an den äusseren Oberarmknorren, weil die
ersten Muskeln an der Aussenseite des Unterarmes (siehe

unten Musc. supinator longus, 14, Fig. 54), mit ihren Ur-
sprüngen bis an das untere Ende des Aussenrandes vom
Oberarmbein hinaufsteigen, derart, dass die Rinne von
diesen Muskeln angefüllt wird, oder richtiger, dass sie um
dieselben herumzieht und nach vorne in der Ellenbeuge
verläuft.

Neunzehnte Vorlesung.

Muskeln des Unterarmes. Die beiden Knochen des Unterarmes werden von einer Anzahl Muskeln, mit im allgemeinen spindeligem Körper umhüllt, welche nach unten in oft sehr lange Sehnen übergehen, deren Vorsprünge sich in der Handwurzelgegend zeigen. — Einige dieser Muskeln bewegen den Unterarm gegen den Oberarm, einige die Speiche um die Elle, aber die meisten wirken als Bewegungsmuskeln der Hand gegen den Unterarm und der einzelnen Fingerglieder gegen einander. — Die Muskeln verteilen sich in fünf Gruppen zu je vier Muskeln, was eine Gesamtzahl von zwanzig Unterarmmuskeln ergiebt. Wir haben uns hier aber nur mit den oberflächlich gelegenen zu beschäftigen, für die tiefen wird eine kurze Erwähnung genügen. — Wir werden also unterscheiden: 1. eine obere vordere Muskelschicht, von welcher wir jeden einzelnen Muskel genau zu betrachten haben; 2. eine tiefe vordere Muskelgruppe, die wir nur flüchtig besprechen; 3. eine äussere Gruppe; 4. eine oberflächliche hintere Muskelgruppe, die wir im einzelnen stu-

dieren und 5. eine tiefe hintere Muskelgruppe, von welcher
wir nur das anführen, was zum Verständnis der durch ihre
Sehnen bedingten Gestaltung am Handgelenk nötig ist.

Vordere oberflächliche Muskeln. Diese Muskeln
entspringen alle in einer gemeinsamen Fleischmasse von dem
inneren Oberarmknorren, an welchen sie sich anheften,
ohne seine Höhe zu überschreiten, so dass auf der Innenseite des Ellenbogens im Gegensatz gegen die Aussenseite
die Muskelmassen des Unterarms nicht auf die entsprechende
Seite des Oberarmes hinanreichen. Wenn man vom inneren
Oberarmknorren vier Linien zieht, deren erste auf die Mitte
der Speiche, deren zweite auf die Aussenseite der Hand gerichtet ist, während die dritte die Mitte, die vierte den Innenrand der Hand trifft, so werden diese vier Linien von denen
die erste sehr schief verläuft, während die anderen sich
immer mehr der senkrechten nähern, uns die Richtung jedes
einzelnen von den vier oberflächlichen vorderen Arm-
muskeln angeben. Es sind das in derselben Reihenfolge
wie diese Linien, d. h. also von aussen nach innen, der
runde Einwärtsroller, der äussere Handwurzelbeuger,
der lange Hohlhandmuskel, und der innere Handwurzelbeuger.

Der runde Einwärtsroller (Musc. pronator teres),
(6, Fig. 55) ist in seiner ganzen Ansdehnung in der man
ihn am enthäuteten Körper sieht, fleischig. Vom inneren
Oberarmknorren aus verläuft er schief nach unten und aussen, verschwindet unter den äusseren Unterarmmuskeln (dem
langen Auswärtsroller) und erreicht die Speiche, um welche
er sich etwas herumschlägt und sich in der Mitte ihrer Aussenseite ansetzt. Seine Verkürzung hat also die Wirkung, die
Speiche nach vornen und innen zu rollen, d. h. die Pronation auszuführen. Der Muskel bildet den sehr schief
verlaufenden Innenrand einer dreieckigen Grube, deren senkrechter Aussenrand durch den langen Auswärtsroller gebildet
wird (12, Fig. 55). In dieser Grube liegen die unteren Enden
des Biceps und des inneren Armmuskels, welche sich an

die Unterarmknochen ansetzen. —
Der oberste Abschnitt des runden
Einwärtsrollers wird von der Aponeurose des Biceps überspannt, und wir
haben schon oben die Besonderheiten
der äusseren Form, die durch diese
Anordnung bedingt werden, beschrieben.

Der äussere Handwurzelbeuger
(Flexor carpi radialis) entspringt
von dem inneren Oberarmknorren in
Gestalt eines spindeligen Fleischkörpers, welcher etwa in der Mitte
des Unterarms in eine allmählich
schmäler werdende Sehne übergeht;
dieselbe zieht gegen die Aussenseite
der Handwurzel, verschwindet unter
dem Ringband der Hand und setzt
sich, indem sie durch eine Furche
an der Vorderfläche des grossen vieleckigen Beines hinzieht, am Grunde
des Mittelhandknochens für den Zeigefinger an. Dieser Muskel ist Beuger
der Hand gegen den Vorderarm.
Wenn er sich verkürzt, wird seine
Sehne stark vorspringend und erhebt
die Haut an dem unteren Teil der
Vorderfläche des Unterarms sehr
deutlich; sie bildet den ersten Sehnenstrang, den wir von aussen nach
innen gehend hier antreffen.

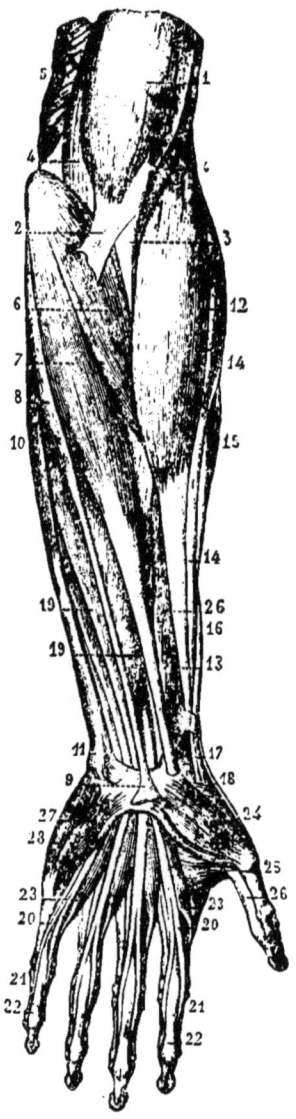

Fig. 55.
Vordere Unterarmmuskeln (links)
1 Zweiköpfiger Armmuskel. 2
Sein Sehnenband (Aponeurose). 3 Seine Sehne. 4 Innerer Armmuskel. 5 Innerer Kopf des
dreiköpfigen Armmuskels. 6 Runder Einwärtsroller. 7 Aeusserer Handwurzelbeuger.
8, 9 Hohlhandmuskel. 10 Innerer Handwurzelbeuger. 11 Sein Ansatz am Erbsenbein.
12, 13 Langer Auswärtsroller. 14, 15 Kurzer und langer äusserer Handwurzelstrecker.
16 Langer Abzieher des Daumens. 18 Seine Sehne. 19, 20, 21 Oberflächlicher Fingerbeuger und seine Sehnen. 22 Sehnen des tiefen Fingerbeugers. 23 Regenwurmmuskeln.
24 Kurzer Abzieher des Daumens. 26 Langer Daumenbeuger.

Der grosse Hohlhandmuskel (Palmaris longus),
(8, 9, Fig. 55) ist gewissermassen eine Verkleinerung des
eben Beschriebenen; an seinem Vorsprung vom inneren
Oberarmknorren zeigt er zuerst einen ganz kleinen spindeligen
Fleischbauch, dem sich sehr bald eine dünne lange Sehne
anfügt, die fast senkrecht gegen die Mitte der Handwurzel
hinabzieht, wo sie an dem Ringband der Hand (9, Fig. 55)
endigt. Da der Muskel wie der vorhergehende Beuger der
Hand gegen den Vorderarm ist, bildet seine Sehne einen
sehr deutlichen in der Mittellinie des Handgelenkes gelegenen
Strang nach innen von der Sehne des vorhergehenden.
Uebrigens gibt es Menschen, denen dieser Muskel fehlt.

Der innere Handwurzelbeuger (Flexor carpi
ulnaris), (10, 11, Fig. 55) entspringt nicht allein an dem
inneren Oberarmknorren, wie die drei vorhergehenden Muskeln, sondern auch (18, Fig. 56) an dem entsprechenden
Rand der Elle, und am Innenrand der Speiche; er steigt
senkrecht entlang der Elle herab und zeigt das bemerkenswerte Verhalten, dass die Fleischfasern seine Sehne fast
bis an ihr unteres Ende, welches sich am Erbsenbein ansetzt,
begleiten (11, Fig. 55). Deshalb zeichnet sich seine Gestalt
in keiner Höhe durch einen einfachen Strang ab, wie die
Sehnen der vorhergenannten Muskeln, und dieser Muskel
trägt also dazu bei, der ganzen Ausdehnung des Innenrandes
vom Unterarm die gerundete Form zu geben. Er ist Beuger
der Hand, welche er (wenn er allein wirkt) zugleich gegen
den Innenrand des Unterarms neigt.

Tiefe vordere Unterarmmuskeln. In Bezug auf
die äussere Form bilden diese Muskeln eine Fleischmasse,
die unter den eben beschriebenen liegt und nach unten in
Sehnen übergeht, welche ziemlich weit hinab von Muskelfasern begleitet werden. — Diese Sehnen und der untere
Teil der Muskelfasern zusammen erscheinen am enthäuteten
Körper im Grund der Furchen, die zwischen den Sehnen der
Handwurzelbeuger und der des Hohlhandmuskels gelegen
sind (19, 19, Fig. 55). Tiefer in der Hand treten diese Sehnen

in die vordere Rinne der Hohlhand
ein, die, wie wir wissen, durch das
Ringband in einen Kanal umgewandelt
ist, und setzen sich an die Fingerglieder an; sie zeigen dabei einige
Besonderheiten, die wir bei Aufzählung
dieser Muskeln hier flüchtig andeuten
wollen.

1. Der gemeinsame oberflächliche Fingerbeuger (Flexor digitorum communis sublimis), (19,
Fig. 55) teilt sich unten in vier Sehnen,
eine für jeden Finger (mit Ausnahme
des Daumens). 2. Der gemeinsame tiefe Fingerbeuger (Flexor
digitorum communis profundus)
teilt sich in gleicher Weise in vier
Sehnen; es gelangen also an den unteren Teil der Vorderfläche eines jeden
Fingers zwei Sehnen, eine oberflächliche (20, Fig. 55) und eine darunter
gelegene. Die erste zeigt in der Höhe
des ersten Fingergliedes eine knopf-
lochähnliche Oeffnung, durch welche
die zweite durchtritt; vermittelst dieser Einrichtung kann sich die Sehne
des tiefen Fingerbeugers an das untere
Ende des dritten Fingergliedes (22,
Fig. 55) anheften, während die des
oberflächlichen sich am untern Ende
des zweiten Fingergliedes ansetzt (21,
Fig. 55).

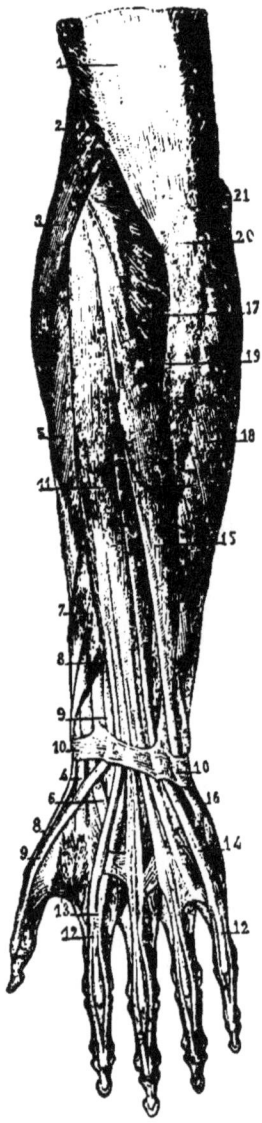

Fig. 56.
Hintere Unterarmmuskeln (links)
1 Sehne des dreiköpfigen Armmuskels. 2 Langer Auswärts-
roller. 3, 4 Erster äusserer Handgelenkstrecker. 5, 6 Zweiter äusserer Handgelenkstrecker.
7, 8 Langer Abzieher und kurzer Strecker des Daumens. 9 Langer Strecker des Daumens.
10 Ringband des Handwurzelrückens. 11, 12 Langer gemeinsamer Fingerstrecker und
seine Sehnen. 13 Sehne des besonderen Zeigefingerstreckers. 14 Sehne des besonderen
Streckers des kleinen Fingers. 15, 16 Innerer Handwurzelstrecker. 17 Ellenbogenmuskel.
18 Innerer Handwurzelbeuger. 19 Hinterer Rand der Elle. 20 Ellenbogenfortsatz.
21 Innerer Oberarmknorren.

Es giebt also für jedes Fingerglied einen besonderen Beugemuskel. (Die ersten Fingerglieder haben besondere kleine «Regenwurmmuskeln» innerhalb der Hohlhand als Beugemuskeln.)

3. Der besondere Beuger des Daumens (Flexor pollicis proprius), (26, Fig. 55), dessen Sehne an das untere Ende des zweiten, letzten Daumengliedes geht. — Und 4. der viereckige Einwärtsroller (Musc. pronator quadratus), eine in der Tiefe gelegene Fleischmasse, die in ganz anderer Art gebaut ist, wie die bisher genannten Muskeln, nach deren Entfernung sie erst sichtbar wird. Der Muskel besteht aus Querfasern, die am unteren Ende des Unterarmes vom Aussenrand der Speiche an den Innenrand der Elle verlaufen. Seine Verkürzung wirkt derart, dass die beiden Knochen einander genähert werden und bedingt also Pronation, da sich die Speiche der Elle nur dadurch nähern kann, dass sie sich aus der Supinationsstellung in die Pronationsstellung um dieselbe dreht. —

III. Aeussere Muskeln. Sie bilden eine Fleischmasse, die oben bis an das untere Drittel des Oberarmbeines hinaufreicht (5, Fig. 54) und am äusseren Rande der Speiche herabzieht. Von diesen vier Muskeln ist am enthäuteten Körper nur einer in seiner ganzen Ausdehnung sichtbar, das ist der lange Auswärtsroller (Supinator longus) (14, Fig. 52. 12, 13, Fig. 55), welcher am Aussenrand des Oberarmbeines, zwischen innerem Armmuskel und äusserem Kopf des dreiköpfigen Armmuskels entspringt. Der lange Auswärtsroller steigt, allmählich breiter werdend, abwärts, so dass er seine grösste Breite in der Höhe des Oberarmknorrens hat, dessen Vorsprung er vollständig verdeckt. Er bildet die äussere, senkrechte Grenze der dreieckigen Ellenbogengrube; später, etwas unterhalb der Stelle, wo der runde Einwärtsroller unter ihm hinzieht, gehen seine Fleischfasern in eine lange Sehne über, die sich an die Speiche anschliesst und endlich (13, Fig. 55) sich an den Grund des Griffelfortsatzes von diesem Knochen ansetzt. Trotz seines Namens ist der Muskel nicht bloss Auswärtsroller; das wird er erst, wenn der Unterarm in starker Pronation steht, und er führt denselben dann in eine Mittelstellung zwischen Pronation und Supination zurück. Seine Hauptwirkung ist die Beugung des Unterarmes gegen den Oberarm, und bei dieser Bewegung wölbt sich seine Gestalt aussen in sehr deutlicher Weise in Form eines vorspringenden Bandes, das vom Oberarm ausgehend, an dem vorderen äusseren Teil des Ellenbogens eine starke Fleischmasse bildet, welche an dieser Seite die Höhlung des Winkels, den der Unter- und Oberarm miteinander bilden, ausfüllt. Man kann den grossen Auswärtsroller als den wichtigsten Unterarmmuskel in Bezug auf die äussere Form des Gliedes bezeichnen. Die beiden folgenden Muskeln (14 und 15, Fig. 55) sind zum Teil von den vorhergehenden bedeckt. Es sind 2 und 3 die beiden äusseren Handwurzelstrecker, die wir als langen und kurzen (extensor carpi radialis longus et brevis) unterscheiden. Sie entspringen vom Oberarmknorren und dem unteren Teil der Aussenseite des Oberarmbeines, zeigen einen ziemlich dicken, fleischigen Körper (3 und 5, Fig. 56), welcher die Vorwölbung des grossen Auswärtsrollers vermehrt und zur Verdeckung des Oberarmknorrens beiträgt. Fast in derselben Höhe, wie bei dem grossen Auswärtsroller, geht der Fleischkörper dieser Muskeln in je eine Sehne über, die sich etwas nach hinten wendet, und nachdem sie von dem langen Abzieher und dem kurzen Strecker des Daumens überkreuzt worden ist (s. 7 und 8, Fig. 56), an der Rückseite des Handgelenkes anlangt, wo sich die Sehne des kurzen an dem Grunde des Mittelhandknochens für den Zeigefinger (4, Fig. 56), die des langen am Grunde des dritten Mittelhandknochens ansetzt (6, Fig. 56); 4. am obersten Teil der Speiche liegt ein kleiner Muskel in der Tiefe, von dem kein Abschnitt sich am Enthäuteten zeigt, und den wir hier nur anführen, um zu bemerken, dass seine Gegenwart die Vorwölbung der Fleischmasse an der Aussenseite des Ellenbogens vermehrt. Das ist der kurze Auswärtsroller (Supinator brevis), dessen Faserzüge sich um die Speiche herumrollen, so dass sie den Knochen von innen nach aussen drehen, d. h. die Supination bewirken können.

4. Oberflächliche hintere Muskeln. Alle diese vier Muskeln entspringen von dem äusseren Oberarmknorren, wo sie eine gemeinsame Masse bilden, und verlaufen von hier nach unten, der erste fast senkrecht, der letzte sehr schief nach hinten und innen. Es sind: der gemeinsame Fingerstrecker, der besondere Strecker des kleinen Fingers, der innere Handwurzelstrecker und der Ellenbogenmuskel.

1. Der gemeinsame Fingerstrecker (11, Fig. 56) entspringt am äusseren Oberarmknorren, besteht aus einem langen, spindelförmigen Fleischkörper, an welchem sich in der Höhe des unteren Drittels der Hinterfläche des Unterarmes eine Sehne anfügt, die bald in vier Sehnenstränge zerfällt. Dieselben verlaufen vereinigt, bis sie durch eine Rinne in der Mitte des unteren Speichenendes hindurchgetreten sind, dann aber, auf der Rückenfläche der Hand angelangt, gehen sie fächerförmig auseinander, um sich an je einem Finger (mit Ausnahme des Daumens) anzusetzen. Auf der Hinterfläche des ersten Gliedes von jedem Finger (12, Fig. 56) teilt sich die Strecksehne in drei Zipfel, von denen der mittlere sich am Grunde des zweiten Fingergliedes ansetzt, während die beiden seitlichen sich wieder vereinigen und sich am Grunde des dritten Fingergliedes anheften.

2. Der besondere Strecker des kleinen Fingers (Extensor digiti minimi proprius) ist eigentlich nur ein Faserbündel von der Fleischmasse des vorhergenannten Muskels, der mehr oder weniger scharf von seinem Innenrand sich abhebt, aber in eine völlig gesonderte Sehne endigt, welche durch eine sehnige, an der hinteren Seite des Ellen-Speichengelenkes gelegene Rinne läuft und an der Handwurzel sich an die Rückenfläche des kleinen Fingers begibt und hier mit der Sehne des gemeinsamen Fingerstreckers verschmolzen (14, Fig. 56), sich wie oben beschrieben in drei Zacken spaltet.

3. Der innere Handwurzelstrecker (extensor carpi

ulnaris), (15, Fig. 56). Sein spindelförmiger Bauch entspringt von dem äusseren Oberarmknorren, verläuft schief
nach unten und innen, bis an die Hinterfläche der Elle, von
wo er neue Fleischfasern erhält und geht erst in der Höhe
des unteren Viertels dieses Knochens in eine Sehne über.
Diese zieht durch einen Faserring an der Rückseite der Elle
(10, Fig. 56) und gelangt so an die Innenseite des Hand-
rückens, wo sie alsbald endigt, indem sie sich an das untere
Ende des fünften (Kleinfinger) Mittelhandknochens ansetzt.

Diese drei Muskeln sind Strecker der Finger und des
Handgelenkes. Wenn man einen Menschen untersucht, der
die Arme über die Brust gekreuzt hat, so dass die Rückfläche der Arme nach vorne gewandt ist, und die Finger
und die Hand willkürlich in der Weise bewegt, als wenn
er ein Kleidungsstück vorne auf- oder zuknöpfte, sieht man
in deutlichster Weise die Muskelzuckungen an den beiden
oberen Dritteln des Unterarmes sich abspielen, und kann,
wenn man die Vorwölbungen der einzelnen verkürzten Muskeln verfolgt, ebenso deutlich, wie an einem enthäuteten
Körper die spindelförmigen Bäuche des gemeinsamen Fingerstreckers, des besonderen Kleinfingerstreckers und des inneren
Handwurzelstreckers erkennen.

4. Der Ellenbogenmuskel (Anconaeus) nimmt nur
den hinteren oberen Teil des Unterarmes ein. Wie sein
Name angibt, ist er ein Muskel der Ellenbogengegend; er
bildet nämlich eine Fleischmasse von Dreiecksform, deren
Spitze an dem äusseren Oberarmknorren entspringt und
deren breite Grundfläche sich an der Aussenseite des Ellenbogenfortsatzes ansetzt, und an dem benachbarten Teil der
Speiche (19, Fig. 56). Da die Elle keinerlei seitliche oder
Drehbewegungen ausführen kann, sondern nur Beuge- und
Streckbewegungen gegen den Oberarm, kann auch der Ellenbogenmuskel, da er hinter dem Ellenbogengelenk liegt, trotz
seiner schiefen Faserrichtung keine andere Wirkung haben
als die, den Unterarm gegen den Oberarm zu strecken.
Deshalb sieht man, wenn diese Bewegung mit grösserer

Kraft ausgeführt wird, den Ellenbogenmuskel deutlich durch
eine dreieckige Vorwölbung abgezeichnet, deren oberer,
kürzerer Rand völlig mit der Vorwölbung des äusseren Kopfes
vom dreiköpfigen Armmuskel verschmilzt; der untere Teil
des dreiköpfigen Armmuskels findet nämlich, wie die Thatsachen, die eben besprochen wurden, darlegen, seine unmittelbare Fortsetzung am Unterarm in den Fasern des
Ellenbogenmuskels.

Zwanzigste Vorlesung.

Die tiefen unteren Muskeln des Unterarms haben nur
insofern eine Wichtigkeit für die äussere Form, als es sich
um die Anordnung ihrer Sehnen am Handgelenk handelt.
Deshalb beschreiben wir sie gemeinsam mit den Muskeln der
Hand und der Finger.

Wie die anderen Muskelgruppen des Unterarms, besteht
auch die tiefe hintere aus vier Muskeln. Diese vier kleinen
Muskeln sind mit ihren Fleischkörpern fast völlig versteckt
unter den oberflächlichen hinteren Muskeln. Aber ihre Sehnen,
wenigstens die der drei ersten, treten unterhalb des Aussenrandes von dem gemeinsamen Fingerstrecker hervor und von
hier an zeichnet sich ihre Gestalt in Einzelheiten der äusseren
Form ab, welche für die Rückfläche des Handgelenkes von
grosser Bedeutung sind. Diese vier Muskeln sind von aussen
nach innen, der lange Abzieher, der kurze Strecker, der
lange Strecker des Daumens und der besondere Strecker des
Zeigefingers.

Die beiden ersten (7 und 8, Fig. 56), d. h. der lange Abzieher (Abductor longus) (7) und der kurze Strecker des
Daumens (Extensor brevis pollicis) (8) müssen gemeinsam
beschrieben werden, denn ihre Fleischkörper und ihre Sehnen
sind in dem grössten Teil ihrer Länge aneinandergelegt und
fast verschmolzen. Die beiden Muskeln treten aus der Tiefe

ungefähr am unteren Drittel des Aussenrandes von dem gemeinsamen Fingerstrecker hervor. Ihre Bäuche bilden hier,
d. h. also an dem Uebergang der Hinterfläche und Aussenseite des Unterarmes eine schiefe Vorwölbung, an welche
sich alsbald eine Doppelsehne anschliesst, die über die Sehnen
der äusseren Handwurzelstrecker wegzieht an die Aussenfläche des griffelförmigen Fortsatzes der Speiche, wo sie in
eine vom Ringband der Handwurzel zum Kanal vervoll-
ständigte Rinne eintreten (10). Am Aussenrand der Handwurzel bilden diese beiden Sehnen eine sehr deutliche Vorwölbung, die sich scharf unter der Haut abzeichnet, wenn
man den Daumen kräftig gegen die übrigen Finger spreizt.
Endlich am Grunde des Mittelhandknochens für den Daumen
trennen sich die beiden Sehnen, indem die eine, die des
langen Abziehers, hier aufhört und sich an den Grund dieses
Knochens ansetzt, während die andere, die des kurzen Streckers,
bis an den Grund des ersten Daumengliedes geht.

Der lange Daumenstrecker (Extensor pollicis
longus) (9, Fig. 56), tritt wie die vorhergenannten an der
Aussenseite des gemeinsamen Fingerstreckers hervor, aber
tiefer. Es wird nur die Sehne desselben äusserlich sichtbar,
und verläuft fast senkrecht nach unten, um an der Rückseite des unteren Speichenendes durch einen Faserring zu
treten, um den sie sich wie um eine Rolle herumbiegt. Sie
gelangt so auf die Rückseite der Handwurzel, wendet sich ganz
schräge nach aussen, kreuzt dabei nur die Sehnen der äusseren
Handgelenkstrecker (4) und erreicht den Grund des Mittelhandknochens vom Daumen, wo sie neben die Sehnen des
kurzen Daumenstreckers tritt, um noch tiefer als diese herab-
steigend, sich an dem zweiten, letzten Daumenglied anzuheften. Die beiden Sehnen des langen Abziehers und kurzen
Streckers einerseits und des langen Daumenstreckers andererseits, umschreiben an dem äusseren Teil der Rückseite des
Handgelenkes eine dreieckige Figur, deren Spitze dem Ansatzpunkt des Daumens, deren Grundfläche dem unteren Ende
der Speiche entspricht. Wenn man den Daumen und Zeige-

finger stark auseinanderspreizt, d. h. wenn man die drei eben beschriebenen kleinen Muskeln in Thätigkeit versetzt, bilden ihre Sehnen an den Rändern dieses Dreiecks vorspringende Stränge, zwischen denen eine ziemlich bedeutende dreieckige Vertiefung liegt; diese Vertiefung nennt man wohl die «anatomische Schnupftabaksdose» (4, Fig. 56).

Der besondere Strecker des Zeigefingers (extensor indicis proprius) ist am enthäuteten Körper nicht sichtbar. Tief unter dem gemeinsamen Fingerstrecker gelegen, endigt er in eine Sehne (13, Fig. 56), die mit der vom gemeinsamen Streckmuskel an den Zeigefinger abgehenden Sehne verschmilzt; diesem Muskel verdankt der Zeigefinger seine Fähigkeit, sich ganz unabhängig von den anderen Fingern zu strecken, und damit die Thätigkeit zu üben, von der er seinen Namen hat.

Handmuskeln. Die eigenen Handmuskeln sind zahlreich und verdienten genauere Betrachtung wegen der so mannichfachen und feinen Bewegungseinrichtungen unserer Finger, da aber die verschiedenen Einzelheiten ihrer sehr verwickelten Anordnung in der äusseren Gestalt nur in groben Umrissen zu Tage treten, werden wir uns auf eine kurze Aufzählung derselben und einige allgemeine Bemerkungen beschränken.

Der Handrücken (Fig. 56) besitzt keinerlei fleischige Muskelkörper, er zeigt uns nur die zu den Unterarmmuskeln gehörigen Sehnen. Dagegen enthält die Hohlhand ausser den Sehnen, welche die Wirkung der Unterarmmuskeln auf die Finger übertragen, zahlreiche kleine Muskeln, die in drei Gruppen geordnet sind. 1. Eine äussere Gruppe, welche dem Daumen angehört und in der Höhe des ersten Mittelhandknochens die als Daumenballen (Eminentia Thenar) bezeichnete fleischige Vorwölbung bedingt. 2. Eine innere Gruppe, dem kleinen Finger angehörig und als Kleinfingerballen (Hypothenar) bezeichnet; 3. endlich eine mittlere Gruppe, die eigentlichen Hohlhandmuskeln, die für die anderen Finger bestimmt sind.

1. Der Daumenballen (24, 25, Fig. 55) hat die Form
eines länglichen Eies mit dem breiten Pol oben an der Handwurzel, dem schmalen Pol unten am Grunde des ersten
Daumengliedes. Er besteht aus vier Muskeln, nämlich dem
kurzen Abzieher des Daumens (Abductor brevis)
(24, Fig. 55), welcher vom Schiffbein an die Aussenseite des
ersten Daumengliedes geht, dem Gegenübersteller des
Daumens (Opponens pollicis), welcher am grossen
vieleckigen Bein entspringt und sich an der ganzen Länge
des Aussenrandes vom ersten Mittelhandknochen ansetzt, so
dass seine Zusammenziehung den ganzen Daumen (Glieder
und Mittelhandknochen) der Hohlhand nähert, d. h. ihn den
anderen Fingern gegenüberstellt; 3. dem kurzen Daumenbeuger (Flexor brevis pollicis), der vom grossen vieleckigen Bein an den Grund des ersten Daumengliedes geht,
und endlich dem Heranzieher des Daumens (Adductor
pollicis) (25, Fig. 55), einem durch seine Anordnung be-
merkbaren Muskel; er entspringt nämlich inmitten der Hohlhand von der Vorderfläche des dritten Mittelhandknochens
und setzt sich, indem er einen verhältnismässig grossen Fleischkörper bildet, der den Zwischenraum zwischen erstem und
zweitem Mittelhandknochen ausfüllt, an den inneren unteren
Teil des ersten Daumengliedes an.

2. Der Kleinfingerballen hat die Gestalt einer sehr
verlängerten Ellipse. Er wird zuerst bedeckt durch einen
kleinen Muskel, der keinerlei Vorwölbung nach aussen bedingt, sondern sich nur durch die Falten bemerkbar macht,
die er bei seiner Verkürzung in der Haut erzeugt, das ist
der kurze Hohlhandmuskel (Palmaris brevis), dessen
querverlaufende Fasern vom vorderen Ringband der Hand
an die Unterfläche der Haut des inneren Handrandes ziehen;
die Verkürzung dieses Muskels zieht also die Haut dieser
Gegend nach innen, so dass sie eine unregelmässige senkrechte Furche bildet, während gleichzeitig die Vorwölbung
der Haut am oberen Teil des Kleinfingerballens um so deutlicher wird. — Der Kleinfingerballen selbst besteht aus drei

kleinen, entsprechend dem Verlauf des fünften Mittelhandknochens senkrecht angeordneten Muskeln, das sind: der
Abzieher des kleinen Fingers (Abductor digiti minimi)
(28, Fig. 55) der von dem Erbsenbein an die Aussenseite des
Grundes vom ersten Glied des kleinen Fingers verläuft, und
der kurze Beuger des kleinen Fingers (Flexor brevis
digiti minimi) (27, Fig. 55), der vom Vorsprung des Hakenbeines an die Innenseite desselben Gliedes geht, sowie endlich
der Entgegensteller des kleinen Fingers (Opponens
digiti minimi), der vom Hakenbein entspringt und sich an der
ganzen Länge des fünften Mittelhandknochens ansetzt, derart,
dass seine Verkürzung den ganzen kleinen Finger leicht gegen
die Hohlhand zieht und ihn bis zu einem gewissen Grade
dem Daumen gegenüberstellt.

3. Die Muskeln der Mitte der Hohlhand sind von zweierlei
Art. Die einen sind in der Mitte der Beugesehnen angeordnet und bilden kleine, lange Fleischkörper, die man in
ihrer Gestalt mit Regenwürmern verglichen hat, daher ihr
Name Regenwurmmuskeln (Musculi lumbricales); die
anderen liegen in den Zwischenknochenräumen und heissen
deshalb Zwischenknochenmuskeln.

Die Regenwurmmuskeln, wie sie Fig. 55 (23) zeigt,
sind zu vieren vorhanden, einer für jeden Finger mit Ausnahme des Daumens. Ihr oberes Ende, ihr Ursprung findet
sich an der entsprechenden Sehne des tiefen Fingerbeugers;
von da steigen sie in schiefer Richtung an den Aussenrand
des ersten Gliedes eines jeden Fingers herab. Hier setzt
sich die Sehne des Regenwurmmuskels an das Fingerglied
an, als dessen Beugemuskel er wirkt; wir finden folglich
für jedes einzelne der drei Fingerglieder einen gesonderten
Beugemuskel (s. Seite 186). Ausserdem verlängert sich die
Sehne des Regenwurmmuskels bis auf den Rücken des Fingers,
wo sie sich mit einer der Seitenzacken der entsprechenden
Strecksehne vereinigt, mit der sie an die Rückfläche des
dritten Fingergliedes gelangt und dieses mit strecken hilft.

Die Zwischenknochenmuskeln (Musculi inter-

ossei sind zu zweit in jedem Zwischenknochenraume der
Mittelhandknochen vorhanden. Der eine stärkere und mehr
nach dem Handrücken zu gelegene heisst der d o r s a l e
Zwischenknochenmuskel, der andere kleinere der p a l m a r e,
weil er den nach der Hohlhand gewandten Abschnitt des
Zwischenknochenraumes einnimmt. Diese Muskeln setzen sich
mit ihren unteren Enden an die Seiten der ersten Fingerglieder an. Ihre Anordnung, die wir hier nicht im einzelnen
besprechen können, ist derart, dass die dorsalen Zwischenknochenmuskeln die Finger voneinander spreizen, die pal-
maren sie einander nähern.

Einundzwanzigste Vorlesung.

Beckenmuskeln. Die am enthäuteten Körper sicht-
baren Beckenmuskeln sind namentlich an der Rückseite dieses
Teiles vom Knochengerüst gelegen und bilden die Gesässgegend. Vorne verdecken die Bauchdecken, die bis an
die Schenkelfuge und das Schambein herabreichen, die
Muskeln, welche an der Innenseite des Beckens zum Oberschenkel ziehen, Muskeln, die wir nur im allgemeinen bei
Besprechung der Fleischmassen an der Vorderseite des
Schenkels erwähnen werden. —

Von den Muskeln der Gesässgegend sind nur zwei oberflächlich gelegen und an dem enthäuteten Körper gut abgezeichnet, der grosse und der mittlere Gesässmuskel.

Der grosse Gesässmuskel, Glutaeus maximus, ist
der massigste und dickste aller Körpermuskeln (Fig. 52), er
besteht aus breiten Faserbündeln, die schief von der Kreuz-
bein-Darmbeingegend nach dem oberen Teil des Schenkelknochens hinziehen. Diese Faserzüge entspringen nämlich
an dem hinteren Ende des Darmbeinkammes (3, Fig. 23, 4)
und durch Vermittelung eines Sehnenbandes von den Dornfortsätzen des Kreuzbeines. Von hier richten sich die Fleischfasern, von denen auch noch einige am Kreuzbein-Sitzbein-

band entspringen nach unten und aussen und gehen in der Höhe des grossen Rollhügels in ein breites dickes Sehnenband über, das oberflächlich sich in der Schenkelbinde fortsetzt, und in der Tiefe sich an dem äusseren Ast der Teilung der rauhen Schenkellinie anheftet (Seite 100). Der Muskel ist rautenförmig, mit je zwei gleichlaufenden Rändern, einem inneren, leicht nach innen vorgewölbten, einem äusseren, leicht eingebogenen. Dieser Rand entspricht der Linie, in welcher die Fleischfasern in die Ansatzsehne übergehen, er bildet daher eine Vorwölbung, die die Gegend des grossen Rollhügels hinten umrahmt. Wenn wir erst die Muskeln, die unter dem grossen Gesässmuskel liegen, aufgezählt haben, wird es leicht verständlich sein, dass diese Fleischmasse im ganzen genügend vorragt, um den grossen Rollhügel am enthäuteten Körper am Grunde einer seichten Vertiefung liegend erscheinen zu lassen, nach oben und hinten durch die Vorwölbung der Gesässmuskeln, nach vorne durch den Anspanner der Schenkelbinde überragt.

Der untere Rand des grossen Gesässmuskels ist sehr dick und bildet eine Vorwölbung, unter welcher die hinteren Schenkelmuskeln hervortreten; er verleiht dem unteren Teil der Gesässgegend die Rundung. Der obere Rand dagegen ist dünn (s. Fig. 53) und geht in ein Sehnenband über, wodurch der mittlere Gesässmuskel derart verdeckt wird, dass er am enthäuteten Körper seine Wölbung nur noch schwach erkennen lässt. — Der grosse Gesässmuskel ist Strecker des Schenkels gegen das Becken; bei aufrechter Stellung hält er das Becken nach hinten zurück, d. h. er verhindert das Vornübersinken desselben, und wir können also sagen, dass durch seine Thätigkeit der Rumpf bis zur senkrechten Stellung gehoben wird; der grosse Gesässmuskel ist der Muskel für die aufrechte Haltung; deshalb hat er beim Menschen eine so ansehnliche Grösse im Vergleich zu seiner schwachen Ausbildung bei den Tieren, die sich nicht auf zwei Beine aufrichten können.

Der mittlere Gesässmuskel (Glutaeus medius) liegt

unter dem grossen und höher wie dieser. Sein hinterer, unterer Teil wird von dem vorhergehenden bedeckt, sein vorderer, oberer Abschnitt liegt am enthäuteten Körper frei. Dieser letztere Abschnitt (Fig. 53, zwischen 22 und 23) ist indessen von einem breiten Sehnenbande bedeckt, das die einzelnen Faserbündel des Muskels verhüllt, und nur ihre Gesamtmasse vortreten lässt. Die Fasern des mittleren Gesässmuskels entspringen an den vorderen drei Vierteln des Darmbeinkammes (bis an die Höhe des oberen, vorderen Darmbeinstachels) und ziehen fächerartig gegen einander nach unten an den grossen Rollhügel, wo sie sich an seiner Aussenfläche mit einer starken, flachen Sehne anheften; die Fleischfasern hören etwas oberhalb des grossen Rollhügels auf und beschreiben so eine krumme Linie mit nach unten gewandter Oeffnung, als obere Grenze der dem grossen Rollhügel entsprechenden und schon oben behandelten Vertiefung.

Diese Muskeln (grosser und mittlerer Gesässmuskel) sind unterlagert durch eine Reihe tiefer Muskeln, welche den ansehnlichen Raum zwischen grossem Rollhügel und äusserer Darmbeingrube am Skelett völlig ausfüllen. — Wir zählen diese Muskeln hier nur auf, um die Mächtigkeit der Fleischmassen am Gesäss verständlich zu machen. Sie sind von vorne oben nach hinten unten gezählt. Der kleine Gesässmuskel (Glutaeus minimus), der fast genau unter dem mittleren liegt, und von der äusseren Darmbeingrube an den vorderen Rand des grossen Rollhügels zieht; der birnförmige Muskel (pyriformis), dessen Fleischkörper im Becken an den seitlichen Teilen der Vorderfläche des Kreuzbeines liegt, und durch den grossen Darmbeinausschnitt austretend fast wagerecht gegen den grossen Rollhügel läuft, an dessen oberen Rand sich seine Sehne anheftet. — Der innere Verstopfer (M. obturator internus), der gleichfalls aus dem Inneren des Beckens, von der Rückseite des verstopften Loches entspringt, sich durch den kleinen Darmbeinausschnitt nach aussen umbiegt und sich an der Innenseite des grossen Rollhügels ansetzt. Zwei gesonderte kleine

Köpfe dieses Muskels, die man wohl als Zwillingsmuskeln (gemelli) bezeichnet, entspringen am Sitzbein; endlich der viereckige Oberschenkelmuskel (M. quadratus femoris) besteht aus kurzen, wagerecht verlaufenden Fasern, die von der Aussenseite des Sitzknorrens an den grossen Rollhügel ziehen.

Schenkelmuskeln. Die Schenkelmuskeln sind rund um den Oberschenkelknochen angeordnet und zwar vielfach in schiefer Richtung, so. dass z. B. ein Teil von ihnen zur vorderen, ein anderer zur hinteren Fläche gehört. Man kann sie indessen in vier Gruppen einteilen; die äussere Gruppe, die nur durch den Spanner der Schenkelbinde gebildet wird, die vordere Gruppe, welche den Schneidermuskel und den dreiköpfigen Schenkelmuskel umfasst; die innere Gruppe, welcher die Fleischmasse der Schenkelanzieher angehört und die hintere Gruppe, die aus dem zweiköpfigen, dem halbhäutigen und dem halbsehnigen Muskel besteht.

Der Anspanner der Schenkelbinde (Tensor fasciae latae), (3, Fig. 57). Er bildet vorne die Fortsetzung der Fläche vom mittleren Gesässmuskel, bedingt aber eine ausgesprochenere und schärfer gesonderte Wölbung als dieser. Sein Körper entspringt vom oberen, vorderen Darmbeinstachel und verläuft schief nach unten und hinten an die Aussenseite des Schenkels, wo er bald an einem breiten, dicken Sehnenband (fascia lata), welches diese ganze Gegend überzieht, endigt (4, Fig. 54). In diesem Sehnenbande unterscheidet man senkrechte Fasern, die als unmittelbare Fortsetzung des Muskels bis an die Aussenseite des Kniees herabsteigen und hier zu einer ziemlich deutlich gesonderten Sehne zusammentreten, die scharf vorspringt und sich an der Rauhigkeit des vorderen Schienbeinmuskels ansetzt. — Der Muskel ist Einwärtsdreher des Schenkels und des ganzen Beines, und trägt auch zur Beugung des Schenkels gegen das Becken bei. Deshalb bildet er bei gestrecktem und nicht nach innen gedrehtem Bein unter dem Darmbeinstachel eine längliche Muskelvorwölbung. Wenn er aber sich zusammenzieht, verkürzt sich diese Vorwölbung, wird ebenso lang als breit und bildet eine eigenartige kugelige Masse. Dieser Gegensatz in der Gestalt des Schenkelbindenstreckers während der Ruhe und während der Thätigkeit ist in wunderbarer Weise bei dem Borghesischen Fechter ausgedrückt, bei welchem dieser Muskel am rechten Bein verkürzt, am linken erschlafft erscheint.

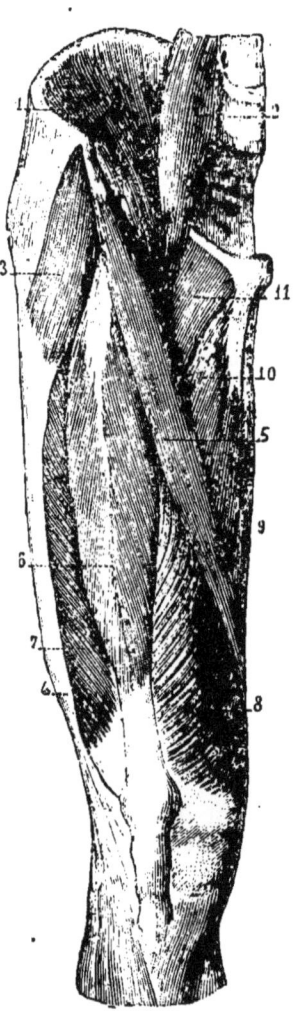

Die Schenkelbinde, die «Fascia lata», überzieht eine grosse Fleischmasse, den äusseren Kopf des dreiköpfigen Muskels, Vastus externus, mit dem wir uns bei Besprechung der vorderen Muskelgruppe zu beschäftigen haben. Der in dieser Weise zusammengeschnürte Muskel wölbt sich als Ganzes an der Aussenseite des Schenkels vor, ohne aber Einzelheiten seiner Gestaltung (wenigstens in seinen oberen beiden Dritteln) zu zeigen.

Der Schneidermuskel (Sartorius), (5, Fig. 57 und 23, Fig. 50) ist der längste Muskel des menschlichen Körpers; er bildet nämlich ein schmales Fleischband, das an dem oberen, vorderen Darmbeinstachel entspringt, schief nach unten und innen verläuft, indem es den oberen Teil der Vorderfläche des Schenkels kreuzt, auf die Innen-

Fig. 57.
Muskeln der Vorderseite des rechten Oberschenkels. 1. 2 Darmlendenmuskel. 3 Spanner der Schenkelbinde. 4 Seine Sehne. 5 Schneidermuskel. 6 Langer Kopf des dreiköpfigen Schenkelmuskels. 7 Sein äusserer, 8 sein innerer Kopf. 9 Schlanker Muskel. 10 Erster und mittlerer Schenkelanzieher. 11 Kammmuskel.

fläche gelangt, und dann bis zum Knie herabsteigt, wo es
um den inneren Gelenkknorren des Oberschenkels sich in
einer nach vorne offenen Bogenlinie herumschlägt (Fig. 61)
und sich am obersten Ende der Innenfläche des Unterschenkels mit einer platten Sehne (19 und 20, Fig. 61) an
dem Schienbein ansetzt, welche die oberste Schichte des
«Gänsefusses» (Pes anserinus) bildet, einer sehnigen Ausbreitung, an welcher sich auch der schlanke Muskel und
der Halbsehnige beteiligen.

Der Schneidermuskel bewirkt Beugung des Oberschenkels gegen Becken und Unterschenkel, d. h., er gibt
dem Schenkel die Stellung, wie sie die Schneider einnehmen,
wenn sie auf ihrem Tisch hocken; daher kommt auch sein
Namen. Wenn er sich zusammenzieht, macht sich die Ver-
dickung nur an seinem obersten Ende durch eine Vorwölbung
äusserlich sichtbar; mit dem übrigen Teil seiner Länge drückt
der Muskel, da er auf dicken, weichen Fleischmassen, den
Anziehern des Schenkels, aufliegt, diese nieder, senkt sich
etwas in sie ein, wie das eine Schnur thun würde, die man
kräftig um einen formbaren Körper winden würde, und zeigt
also dann sein Vorhandensein durch eine breite flache Furche
an, die besonders an der Innenseite des Schenkels, an der
Vereinigung der beiden oberen und des unteren Drittels
sichtbar ist.

Der dreiköpfige Schenkelmuskel (Triceps cruralis)
wird auch wohl, da manche Anatomen neben den seitlichen
noch einen mittleren Kopf unterscheiden, als vierköpfiger,
Quadriceps, bezeichnet (6, 7, 8, Fig. 57).

Der dreiköpfige Schenkelmuskel gehört ebenso-
wohl der äusseren und inneren Seite des Oberschenkels
an, wie der Vorderseite, aber sein für die äussere Gestaltung
wichtigster Abschnitt, sein gerader Kopf liegt vorne. Er
besteht, wie sein Name schon angiebt, ganz wie der ihm entsprechende Streckmuskel des Oberarmes, aus drei Abteilungen oder Köpfen, einem mittleren oder geraden
und zwei seitlichen, einem äusseren, einem inneren.

Der gerade Kopf (24, Fig. 50 u. 6, Fig. 57) ist lang,
spindelförmig, in seiner Mitte dicker, wie an seinen Enden;
sein oberes, dünnstes Ende entspringt mit einer kurzen Sehne
am vorderen unteren Darmbeinstachel, von wo es zwischen
dem Spanner der Schenkelbinde und dem Schneidermuskel verläuft. Der gerade Kopf tritt also aus dem dreieckigen Zwischenraum zwischen diesen beiden Muskeln hervor (Fig. 57), steigt senkrecht an der Vorderfläche des Oberschenkelknochens herab und wandelt sich etwa 10 cm oberhalb der Kniescheibe in eine breite, dreieckige Sehne um
(Fig. 57 und 59), deren Seiten dem äusseren und inneren
Kopf als Ansatz dienen und deren Grundfläche am oberen
Rand der Kniescheibe angeheftet ist. Da von dem unteren
Ende der Kniescheibe ein breites Band (s. oben Seite 101)
ausgeht, welches an den Höcker des Schienbeins sich ansetzt
liegt also der endliche Ansatzpunkt des dreiköpfigen Schenkelmuskels durch Vermittlung des Kniescheibenbandes am
Schienbein (Fig. 33).

Der innere Kopf (Vastus internus), (8, Fig. 57)
ist eine gewaltige Fleischmasse, welche den ganzen Oberschenkelknochen umgiebt, denn sie bedeckt, indem sie von
dem inneren Rand der rauhen Schenkellinie entspringt, die
innere, die vordere und selbst die äussere Schenkelfläche
und bildet einen senkrecht herabsteigenden Fleischbauch,
dessen vordere und äussere Faserzüge sich an der nach
hinten gewandten Fläche der dreieckigen Sehne über der
Kniescheibe ansetzen, die übrigen an ihren inneren Rand.
Diese letzten, inneren Faserzüge, die am enthäuteten Körper
deutlich sichtbar sind, verlaufen schräg und bilden eine
Fleischmasse, welche bis in die Höhe der Kniescheibe herabreicht (8, Fig. 57 u. 17, Fig. 61); ausserdem ist die Linie,
in welcher sie sich an die Sehne ansetzen, zuerst senkrecht,
biegt aber in der Höhe der Kniescheibe an dem unteren
Rande des Muskels fast rechtwinklig nach innen um. —
Das sind sehr wichtige Einzelheiten für die Gestaltung der
Gegend oberhalb der Kniescheibe und sie sind um so auf-

fallender, weil der untere Teil des äusseren Kopfes, wie wir
gleich sehen werden, durchaus abweichende Anordnung zeigt.

Der äussere Kopf (Vastus externus), dessen Namen
für seine Lage bezeichnender ist als der des oben besproche-
nen, bedeckt den äusseren Abschnitt des inneren Kopfes und
erstreckt sich senkrecht vom Grunde des grossen Rollhügels
an den Aussenrand der dreieckigen Sehne über der Kniescheibe; aber seine Ansatzlinie hier ist krumm, mit ihrer
Wölbung gegen den oberen äusseren Winkel der Kniescheibe
gerichtet, jedoch von dieser durch einen beträchtlichen Abstand getrennt (Fig. 57 und 60). Es folgt daraus, dass in
der äusseren Gestalt die durch die Sehne bedingte Fläche
über der Kniescheibe eine Art Dreieck mit sehr verschiedenen Seiten bildet; die Innenseite ist senkrecht, die Aussenseite schief gekrümmt, sehr hoch gelegen. Die Grundlinie
dieses Dreiecks entspricht der Kniescheibe und den Seitenteilen der Kniegelenkskapsel, die abgestumpfte Spitze dem
unteren Ende des geraden Kopfes; die Ränder dieser Fläche,
welche durch die Fleischmassen des dreiköpfigen Muskels
gebildet werden, erscheinen stark vorgewölbt, wenn der
Muskel sich verkürzt, d. h. also wenn der Unter- und Oberschenkel kräftig gestreckt werden. Es bedarf ja, da es aus
der anatomischen Anordnung unmittelbar sich ergiebt, kaum
einer besonderen Hervorhebung, dass der dreiköpfige Beinmuskel, der durch Vermittlung der Kniescheibe sich an dem
Schienbein ansetzt, der eigentliche Strecker des Beines ist.

Masse der Schenkelanzieher, Adductoren. Man
bezeichnet mit diesem Namen zahlreiche Muskeln, die an der
Innenseite des Schenkels liegen und vom Schambein und
Sitzbein bis entlang der ganzen Länge des Oberschenkels
ausgedehnt, den dreieckigen Raum ausfüllen, welchen uns
das Skelett zwischen der Innenfläche des Schenkels und der
Grundfläche des Beckens zeigt. — Einige dieser Muskeln
werden noch besonders als Anzieher (Adductoren) bezeichnet.
Wir werden von der Gruppe nur die Muskeln nacheinander
beschreiben, die am enthäuteten Körper ziemlich deutlich

sichtbar sind, nämlich den Kammmuskel, den ersten Anzieher, und den schlanken Muskel. Dann werden wir
noch die fast völlig durch die obengenannten verdeckten
Muskeln flüchtig erwähnen, den kleinen und den grossen
Anzieher.

Der Kammmuskel (Musc. pectineus), (22, Fig. 50
und 11, Fig. 57) der erste und kürzeste Muskel dieser Gegend
stellt ein breites Fleischband dar, das sich von dem wagerechten Schambeinast an den obersten Teil des Oberschenkels,
(die Linie, die von der rauhen Linie an den kleinen Rollhügel geht) ausspannt. Der untere Teil dieses Muskels ist
durch den Schneidermuskel verdeckt, und auch sein oberer
Teil zeichnet sich durch die Haut nur in sehr unbestimmten
Umrissen, da er immer mehr oder weniger von Fett einge-
hüllt ist. — Der Kammmuskel und der obere Teil des Schneidermuskel begrenzen einen dreieckigen Raum mit nach unten
gerichteter Spitze, der in der chirurgischen Anatomie unter
dem Namen des Scarpaschen Dreiecks bekannt ist. In demselben setzt sich ein umfangreicher Muskel an, dessen Fleischkörper zum grössten Teil innerhalb der Becken- und Bauch-
höhle gelegen ist, das ist der Iliopsoas, der Darmlendenmuskel (1, 2, Fig. 57), der von den seitlichen Teilen
der Wirbelsäule (Psoas) und aus der Darmbeingrube (Ilia-
cus) entspringt, unter dem Schenkelbogen herabsteigt und
so in die Tiefe des eben beschriebenen dreieckigen Raumes
gelangt, wo er sich am kleinen Rollhügel ansetzt. — Selbstverständlich ist dieser Muskel an der äusseren Gestalt nicht
sichtbar. Der dreieckige Raum, dessen Boden er bildet, wird
durch Blutgefässe und Lymphdrüsen ausgefüllt, welche diese
Gegend bei den einzelnen Menschen sehr unregelmässig
gestalten.

Der erste oder mittlere Schenkelanzieher (Adductor medius), (erster nach der Reihenfolge in der
Lage, mittlerer nach seiner Grösse genannt) ist dreieckig
(10, Fig. 57), seine sehnige Spitze entspringt von dem Schambeinstachel, und seine Grundfläche heftet sich, vom Schnei-

dermuskel verdeckt, an den mittleren Teil der rauhen Linie des Oberschenkels.

Der schlanke Muskel (Musculus gracilis), auch wohl der innere gerade Muskel genannt, ist am Enthäuteten an der ganzen Innenfläche des Oberschenkels sichtbar (9, Fig. 57). Er bildet einen dünnen, langen Fleischriemen, oben breit, unten schmal; er entspringt oben an dem Innenrand des absteigenden Schambeinastes und steigt von da senkrecht herab; etwas unterhalb des inneren Gelenkknorrens vom Oberschenkel geht er in eine schmale Sehne über, die hinter dem Knorren vorbeizieht, sich wie die des Schneidermuskels nach vorne um denselben herumschlägt und sich mit der Sehne des genannten Muskels an der Bildung des «Gänsefusses» beteiligt, d. h. sich an den obersten Teil der Innenseite vom Schienbein ansetzt.

In der Tiefe, durch die vorhergehenden Muskeln verdeckt, liegen noch der kleine und grosse Anzieher, die den Raum zwischen dem schlanken Muskel und dem Schenkelknochen ausfüllen. Der zweite oder kleine Anzieher (Adductor minimus) geht vom Schambein an das obere Ende der rauhen Linie. Der dritte oder grosse Anzieher (Adductor magnus) ist ein sehr mächtiger Muskel, der von dem Sitzbeinhöcker und dem aufsteigenden Sitzbeinast entspringend sich an der ganzen Länge der rauhen Linie ansetzt, der also oben fast wagerechte, und unten fast senkrecht gerichtete Faserbündel besitzt. Von diesen letzteren bildet das innerste, das man wohl die lange Abteilung des grossen Anziehers nennt, unten eine gesonderte Sehne, welche über der Innenseite des Knies vorspringt, da sie sich an einen kleinen Höcker des inneren Gelenkknorrens ansetzt.

Alle die Muskeln, welche wir nach dem Kammmuskel aufgezählt haben, wirken als Einwärtszieher des Schenkels gegen die Mittellinie des Körpers, sie nähern die Kniee einander und heissen deshalb die Adductoren.

Hintere Schenkelmuskeln. Diese Muskeln, drei an

der Zahl, entspringen alle von dem Sitzbeinknorren, ihre oberen Enden sind also unter dem grossen Gesässmuskel versteckt. Sie treten am unteren Rand dieses Muskels hervor und steigen dann senkrecht nach abwärts; später, über der Hinterfläche des Kniees trennen sie sich in zwei Gruppen, deren äussere nur durch einen Muskel, den zwei-köpfigen Schenkelmuskel, gebildet wird; die innere besteht aus zwei übereinander liegenden Muskeln, dem halbhäutigen und halbsehnigen.

Der zweiköpfige Schenkel-muskel (Biceps cruralis), (12, Fig. 58) heisst so, weil er, wie der zweiköpfige Armmuskel, oben aus zwei Köpfen ge-bildet wird, einem langen Kopf, wel-cher von dem Sitzbeinknorren ausgeht und einem mehr in der Tiefe gelegenen kurzen Kopf, der von der unteren Hälfte der rauhen Linie am Oberschenkel ent-springt. Diese beiden Köpfe vereinigen sich zu einer Sehne (12, Fig. 58), welche noch weit hinab von Muskelfasern be-gleitet wird, und die sich, indem sie nach der Aussenseite des Kniees um-biegt, in Gestalt eines starken Stranges (19, Fig. 60) an die Spitze des Waden-beinköpfchens ansetzt. Dieser Muskel ist Beuger des Unterschenkels gegen den Oberschenkel, und wenn er diese Thätigkeit ausübt, springt seine Sehne stark vor und bildet den äusseren Rand der Kniekehle. — Der halbsehnige Muskel (M. semitendinosus), (13,

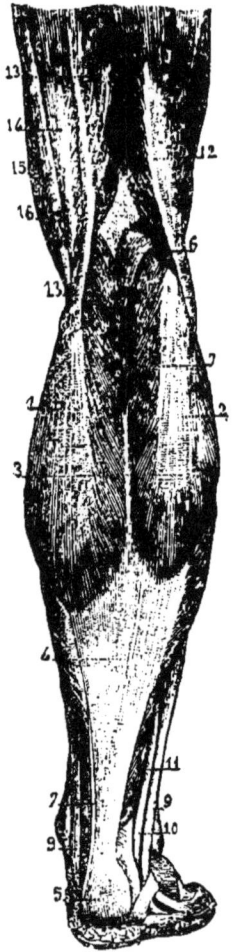

Fig. 58.
Kniekehlengegend und Rück-seite des rechten Unterschen-kels. 1 Innerer Zwillings-muskel. 2 Aeusserer Zwillings-muskel. 4, 5 Achillessehne. 6, 7—7 Sohlenmuskel und seine Sehne. 8 Sehnen der tiefen Muskeln (gemeinsamer Zehenbeuger und hinterer Schienbeinmuskel). 9 Langer Wadenbeinmuskel. 10 Kurzer Wadenbeinmuskel. 11 Schollen-muskel. 12 Zweiköpfiger Schenkelmuskel. 13 Halb-sehniger. 14 halbhäutiger Muskel. 15 Schlanker Mus-kel. 16 Schneidermuskel.

Fig. 58), den man in seiner ganzen Ausdehnung (ausser dem Stück das unter dem Gesässmuskel liegt) frei sieht, heisst so, weil er zu einem grossen Teil seiner Länge, fast in seiner unteren Hälfte nur aus Sehne besteht. Sein Fleischkörper entspringt oben am Sitzbein und steigt gleichgerichtet mit dem langen Kopf des zweiköpfigen Schenkelmuskels an der Aussenseite desselben senkrecht herab. An der Vereinigungsstelle des mittleren und unteren Drittels der Hinterfläche vom Oberschenkel verschmälert sich der Muskelbauch und wird alsbald durch die Sehne ersetzt (13, Fig. 58), welche nach innen biegt, sich nach vorne um den inneren Gelenkknorren des Schenkels herumschlägt, sowie die Sehnen des Schneidermuskels und des schlanken Muskels, mit denen sie sich gemeinsam an dem oberen Teil der Innenseite des Schienbeines ansetzt. Der Muskel ist Beugemuskel des Unterschenkels und zeigt bei dieser Bewegung seine Sehne als Innenrand der Kniekehle vorspringend.

Der halbhäutige (M. semimembranosus) liegt unter dem vorhergehenden, welchen er unten auf beiden Seiten überragt und heisst so, weil seine obere Hälfte durch eine breite, häutige Sehne gebildet wird, die vom Sitzbeinknorren entspringt. Erst unterhalb der Mitte des Schenkels beginnen die Fleischfasern, welche dann einen dicken, breiten, kurzen Muskelbauch bilden, der bald wieder in eine starke Sehne übergeht, die sich an der Rückseite des innern Schienbeinhöckers ansetzt (14, Fig. 58). Der fleischige Bauch dieses Muskels überragt beiderseits die Sehne des halbsehnigen Muskels und bildet, da er bis an die Mittellinie der Rückfläche des Oberschenkels reicht, hier eine starke Muskelwölbung. Wenn der Unterschenkel gegen den Schenkel gebeugt wird, begrenzen die vorspringenden Sehnen des zweiköpfigen und des halbsehnigen Muskels eine tiefe Grube (die Kniekehle), welche dem oberen Teil der Rückseite des Kniegelenkes entspricht, und der Fleischwulst des halbhäutigen Muskels bleibt im Grunde dieser Höhle versteckt.

Aber wenn der Unterschenkel gestreckt wird, ist die Kniekehle als Grube nicht mehr vorhanden, die Rückfläche des
Kniees zeigt im Gegenteil eine Vorwölbung, welche oben
durch die Fleischmasse des halbhäutigen Muskels unten
durch die mittleren Abschnitte der Zwillingsmuskeln bedingt
wird.

Zweiundzwanzigste Vorlesung.

Unterschenkelmuskeln. Die Anordnung des Knochengerüstes vom Unterschenkel (Schienbein und Wadenbein) ist derart, dass wir von vorneherein annehmen könnten, hier vier Muskelmassen, eine auf jeder der Flächen des Knochengerüstes zu finden. — Aber die Innenfläche des Schienbeines liegt unter der Haut (2, Fig. 57), sie wird von keinem Muskel bedeckt, und da die vorderen und hinteren Muskelgruppen sie überragen, so bildet sie eine lange, leicht zu einer Rinne ausgehöhlte Fläche, welche von der Innenfläche des Knies bis an den inneren Knöchel sich erstreckt. Der Unterschenkel bietet uns also nur drei Muskelgruppen zur Betrachtung, die vordere, oder vordere äussere, die äussere oder Wadenmuskulatur, und die hintere.

Vordere Muskeln (Fig. 59). Sie liegen zu dreien in dem Zwischenraum zwischen Schienbein und Wadenbein, und zwar sind es, vom Schienbein an, der vordere Schienbeinmuskel, der besondere Strecker der grossen Zehe und der gemeinsame Zehenstrecker. Der vordere Schienbeinmuskel (Tibialis anticus) (3, Fig. 56), liegt an der Aussenfläche des Schienbeines, entspringt von der nach ihm benannten Rauhigkeit (s. Seite 103), und steigt, indem er sich etwas schief nach innen wendet, in Gestalt eines prismatischen oder spindeligen Fleischbauches herab, dessen unteres Ende sich allmählich zuspitzt, um am Beginne des unteren Drittels vom Unterschenkel in eine starke Sehne überzugehen. Diese wendet sich mehr und mehr nach innen (2, Fig. 61), geht in schiefer Richtung über die Vorderfläche des Schienbeines weg bis vor den inneren Knöchel, wo sie unter dem Ringband durchgleitet und so die Innenseite des Fussrückens erreicht (3, Fig. 61); hier setzt sie sich an dem ersten Keilbein und dem Grunde des ersten Mittelfussknochens an. Der Muskel wirkt als Beuger des Fusses, da er den Fussrücken der Vorderfläche des Unterschenkels nähert, und dreht zugleich die Fussspitze unter leichter Erhebung des inneren Fussrandes nach einwärts. Bei seiner Zusammenziehung zeichnet er alle Einzelheiten seiner Gestalt ab, also in der Höhe des Beines einen fleischigen Körper, der die vordere Kante des Schienbeines etwas überragt, und am Anfang des Fusses einen schief verlaufenden Strang, welcher sehr deutlich die Richtung der Sehne erkennen lässt.

Der besondere Strecker der grossen Zehe (Extensor hallucis proprius) (5, Fig. 59) ist mit seinem fleischigen Körper zwischen dem vorhergehenden und dem folgenden Muskel versteckt. Nur seine Sehne, noch von einigen Muskelfasern begleitet, erscheint (2, Fig. 66) am untern Drittel der Vorderfläche des Unterschenkels nach aussen von der Sehne des Schienbeinmuskels; sie verläuft wie diese, aber etwas weniger schief, geht unter dem Ringband am Anfang des Fusses hindurch und an dem inneren Teil des Fussrückens entlang (4, Fig. 61) bis an den Grund des zweiten Gliedes der grossen Zehe, wo sie sich anheftet. Wenn man die grosse Zehe kräftig nach oben zieht, streckt, ist diese Sehne in ihrem ganzen Verlauf deutlich sichtbar.

Der gemeinsame Strecker der Zehen (Extensor digitorum pedis communis) (4, Fig. 59) entspringt ganz oben an der äusseren Rauhigkeit des Schienbeines, nach aussen von dem Höcker des Schienbeinmuskels und an den drei oberen Vierteln der Innenfläche des Wadenbeines. Er steigt senkrecht herab, und zeigt unten eine in mehrere Stränge gespaltene Sehne, welche zuerst beisammenbleiben, (3, Fig. 60), um unter dem Ringband durchzutreten, dann sich fächerförmig ausbreiten in Gestalt von fünf Sehnen, deren vier erste an die Zehen gehen (von der zweiten bis zur fünften), an deren Endglieder sie sich ansetzen, während die letzte (6, Fig. 60) kürzere schief an den Aussenrand des Fusses herabsteigt und sich am Grunde des fünften Mittelfussknochens anheftet. (Diese letzte Sehne und der Teil des Muskels, aus welchem sie entspringt (6, Fig. 59 und 5, Fig. 60), werden von einigen Schriftstellern als besonderer Muskel unter dem Namen vorderer Wadenbeinmuskel beschrieben. Er ist übrigens nicht regelmässig vorhanden. · Wie der vordere Schienbeinmuskel beugt auch der gemeinsame Zehenstrecker den Fuss gegen das Bein, während er zugleich die Zehen gegen den Fuss streckt. Während dieser Thätigkeit zeichnet er einerseits die Wölbung seines Fleischkörpers, namentlich in der Mitte des Unterschenkels ab, und andererseits die Vorsprünge seiner Sehnen in Gestalt fächerförmig sich ausbreitender Stränge am Fussrücken. — Die Sehne, welche an den fünften Mittelfussknochen zieht, erhebt den Aussenrand des Fusses und nur dann zeigt sich ihr Vorsprung, aber im allgemeinen nur undeutlich auf dem Fussrücken.

Aeussere Muskeln. Sie sind, zwei an der Zahl, auf der Aussenfläche des Wadenbeines gelegen, heissen deshalb

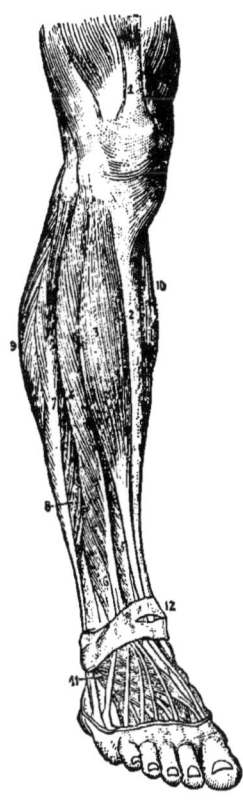

Fig. 59.

Muskeln der Vorderseite des Unterschenkels. 1 Sehne des dreiköpfigen Schenkelmuskels. 2 Schienbein. 3 Vorderer Schienbeinmuskel. 4 Gemeinsamer Zehenstrecker. 5 Besonderer Strecker der grossen Zehe. 6 Faserbündel des vorderen Wadenbeinmuskels. 7, 8 Wadenbeinmuskeln. 9 Aeusserer Zwillingsmuskel. 10 Innerer Zwillingsmuskel. 11 Kurzer Zehenstrecker. 12 Ringband des Fussrückens.

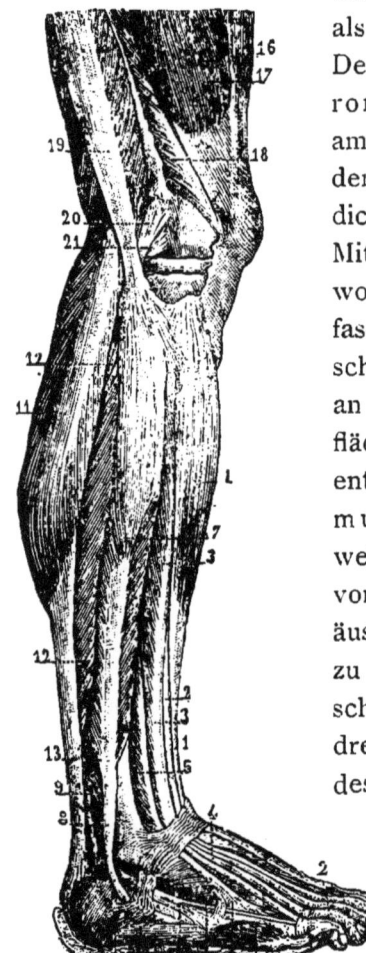

Fig. 60.

Muskeln des Unterschenkels. Aussenseite.
1 Vorderer Schienbeinmuskel. 2 Sehne des
Streckers der grossen Zehe. 3 Gemeinsamer
Zehenstrecker, mit seinen Sehnen 4, 5, 6.
7 Langer Wadenbeinmuskel und seine Sehne (8).
9 Kurzer Wadenbeinmuskel und seine Sehne.
(10). 11. Aeusserer Zwillingsmuskel. 12 Schollenmuskel. 13 Achillessehne. 14 Kurzer Zehenstrecker. 15 Abzieher der kleinen Zehe.
16 Dreiköpfiger Schenkelmuskel. 17, 18 Aeusserer
Kopf desselben. 19 Sehne des zweiköpfigen
Schenkelmuskels. 20 Aeusseres Seitenband des
des Knies.

die Wadenbeinmuskeln und werden als langer und kurzer unterschieden. Der lange Wadenbeinmuskel (Peroneus longus) besteht aus einem am Wadenbeinköpfchen entspringenden, verhältnismässig breiten und dicken Fleischbauch, der bis in die Mitte des Unterschenkels herabreicht, wo eine noch weit hinab von Muskelfasern begleitete Sehne zum Vorschein kommt. In dieser Höhe, d. h. an dem mittleren Drittel der Aussenfläche des Wadenbeines (7, Fig. 60) entspringt der kurze Wadenbeinmuskel (M. peroneus brevis), welcher also unter der Sehne des vorigen liegt, derart, dass hier die äussere Gestalt der beiden Muskeln zu einem grossen Fleischkörper verschmolzen erscheinen, welcher die drei oberen Viertel der Aussenfläche des Wadenbeines einnimmt. Ihre beiden Sehnen steigen, in gleicher Weise zu einer Masse verschmolzen, nach unten, verlaufen schief von der Aussenfläche des Wadenbeines auf seine Hinterfläche, so dass sie hinter den äusseren Knöchel gelangen (8, 9, 10, Fig. 58), um welchen sie, wie um eine Rolle, herumbiegen und sich gegen den äusseren Fussrand wenden. Erst hier trennen sich die beiden Sehnen vonein-

ander, um sich an zwei entgegengesetzten Seiten des Fusses
anzusetzen. Die eine von ihnen, die des kurzen Wadenbeinmuskels geht wagerecht von hinten nach vorne (10, Fig. 60),
und setzt sich an das hinterste Ende des fünften Mittelfussknochens. Die andere dagegen, die des langen Wadenbeinmuskels, zieht schief nach vorne und unten, so dass sie die
Fusssohle erreicht, unter welcher sie, durch die Rinne des
Würfelbeines laufend, verschwindet; sie geht dann quer unter
der Fusssohle hin, von dem äusseren an den inneren Rand,
verdeckt durch die Muskeln und Bänder der Fusssohle, und
gelangt bis an das hintere Ende des ersten Mittelfussknochens,
wo sie sich ansetzt.

Diese beiden Muskeln, namentlich aber der kurze Wadenbeinmuskel, haben die Wirkung, den Fuss zu strecken, dessen
Spitze sie gleichzeitig unter Erhebung seines Aussenrandes
auswärts wenden; die Wirkung ist demnach im allgemeinen
der des vorderen Schienbeinmuskels entgegengesetzt. Aber
der lange Wadenbeinmuskel hat eine noch viel wichtigere
Wirkung, welche es uns erklärt, warum der Fleischwulst dieses
Muskels allemal stärker vortritt, wenn der Fuss eine besondere
Anstrengung zu machen hat, wenn er z. B. beim Tanze vorge-
streckt wird, oder bei Bewegung einer Nähmaschine u. a. m. —
Vermöge der Anordnung seiner Sehne, welche sich wie eine
Bogensehne durch die Höhlung der Fusswurzel spannt, wirkt
dieser Muskel zur Vertiefung dieser Höhlung, d. h. des Fuss-
gewölbes, was sich auf dem Fussrücken als verstärkte Wöl-
bung äussert.

Hintere Muskeln. Der hintere Abschnitt des Unterschenkels ist sehr fleischig, und aus zahlreichen starken Muskeln zusammengesetzt, die man in zwei Gruppen sondert;
eine oberflächliche, welche wir im einzelnen beschreiben
werden, und eine tiefe, für die einige Andeutungen genügen.
Die oberflächliche Gruppe besteht aus den Zwillingsmuskeln,
dem dünnen Fusssohlenmuskel und dem Schollenmuskel. — Die
Zwillingsmuskeln (Gastrocnemii), welche eigentlich die
Vorwölbung der Wade bilden, sind doppelt beiderseits neben

der Mittellinie der Wade und werden als äusserer und innerer
unterschieden. — Der innere entspringt
(1, Fig. 58) von dem oberen Ende des
inneren Gelenkknorrens des Schenkels,
der äussere in gleicher Weise von dem
äusseren Schenkelknorren. Beide ziehen,
indem jeder einen sehr verlängerten
eiförmigen Fleischbauch bildet, zuerst
durch einen kleinen dreieckigen Zwischenraum getrennt, herab; sehr bald
treffen aber beide Muskelbäuche aufeinander, berühren sich und sind nur noch
durch eine sehr enge, senkrecht verlaufende Spalte getrennt (3, Fig. 58). Endlich endigen sie beide mit je einem runden, nach unten vorgebuchteten Rand,
welcher der Anheftung des Muskels an
die Achillessehne entspricht, die wir erst
nach der Beschreibung des Schollenmuskels, der sich auch an dieselbe ansetzt, besprechen können. — Abgesehen von wenigen seltenen Ausnahmen, rückt der innere Zwillingsmuskel
etwas weiter nach unten,
wie der äussere (Fig. 58).
Diese beiden Muskeln sind
Strecker des Fusses, sie
wirken durch Vermittlung
der Achillessehne auf das
Fersenbein, derart, dass sie
die Hacke heben und also
bei dem aufrecht stehenden
Menschen bewirken, dass
derselbe nicht mehr auf den
Fersen, sondern auf den
Fussspitzen steht. Die An-

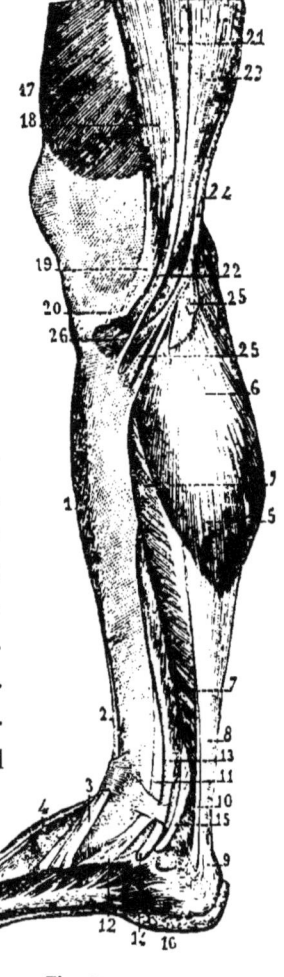

Fig. 61.

Muskeln des Unterschenkels. Innenseite.
1 Vorderer Schienbeinmuskel. 2, 3 Seine Sehne.
4 Sehne des Streckers der grossen Zehe. 5 u.
6 Innerer Zwillingsmuskel. 7 Schollenmuskel.
8 Achillessehne, 9 Ihr Ansatz am Fersenbein.
10 Sehne des Sohlenmuskels. 11 und 12 Sehne
des hinteren Schienbeinmuskels. 13, 14 Sehne
des langen Grosszehenbeugers. 16 Abzieher
der grossen Zehe. 17 Innerer Kopf des dreiköpfigen Schenkelmuskels. 18. 19. 20 Schneidermuskel. 21. 22 Schlanker Muskel. 23 Halbhäutiger, 24 halbsehniger Muskel.

ordnung dieser Muskeln ist nun aber eine solche, dass ihre
äussere Gestalt in der Ruhe und während der Thätigkeit
eine durchaus verschiedene ist. Jeder Zwillingsmuskel zeigt
nämlich an seinem oberen Abschnitt eine über seine äussere
Hälfte (wenn man die Mitte des Beines als Mittellinie nimmt)
ausgebreitete Sehne, welche dieselbe bedeckt und nur die
innere Hälfte freilässt (Fig. 58). Im Ruhezustand verschmelzen
die beiden Hälften jedes Muskels zu einer gleichmässigen
runden Vorwölbung, der von der sehnigen Ausbreitung be-
deckte Abschnitt unterscheidet sich in nichts von dem, dessen
Fasern freiliegen. Wenn sich aber der Mensch auf die Fussspitzen stellt, oder bei irgend einer anderen Bewegung die
Zwillingsmuskeln stark zusammenzieht, sieht man an jedem
dieser beiden Muskeln die innere Hälfte viel stärker anschwellen als die äussere, die durch das Sehnenband bedeckt
und eingeschnürt ist. Deshalb zeigt bei einer solchen Bewegung die gesamte Wadenwölbung eine leichte ovale Einsenkung auf jeder Seite und in der Mittellinie einen langen, senkrechten Wulst. Dieser Wulst wird durch die freien Muskelfasern der Zwillingsmuskeln gebildet, die sich während ihrer
Verkürzung einander nähern, sich fest aneinander legen,
und zu einer in der Mittellinie liegenden Wölbung zusammenfliessen. — Fig. 58, an der man durch die Verschiedenheit
der Schattierung die sehnigen und fleischigen Abschnitte
unterscheiden kann, kann uns ein deutliches Bild von den
wichtigen Einzelheiten der Form, die uns hier beschäftigen,
geben. Die hellen sehnigen Stellen entsprechen den oben
genannten Abflachungen, die ausgezeichneten fleischigen Abschnitte dem mittleren Wulst, aber mit dem Unterschied,
dass bei der Zusammenziehung der Muskeln dieser mittlere
Wulst sozusagen gleichmässiger ist, als in der Figur 58, indem die beiden ihn zusammensetzenden Hälften völlig zu
einer Masse zusammengeflossen erscheinen, so dass selbst
der dreieckige Zwischenraum an ihren oberen Enden verschwunden ist.

Wir müssen jetzt auf das zurückkommen, was wir oben

über die hintere Kniegegend, wenn man sie bei einem gestreckten Bein betrachtet, gesagt haben. Wenn der Beobachtete sich dann noch auf die Zehen stellt, so kann man noch weniger als vorher von einer Kniekehlengrube, einer Aushöhlung an der Rückseite des Kniees, sprechen; unter diesen Verhältnissen vereinigen sich die früher betrachtete Wölbung des halbhäutigen Muskels und die der Fleischteile von den Zwillingsmuskeln fest miteinander, und da der Fusssohlenmuskel, den wir gleich erwähnen werden, zur Ausfüllung des Zwischenraumes beiträgt, bildet die Gegend der Kniekehle in der That eine Vorragung, und die Rückseite des Knies erscheint in ihrem mittleren Teil durch einen starken Muskelwulst ausgezeichnet, über dessen Bedeutung wir uns nur durch genaue Betrachtung der Zwillingsmuskeln und des halbhäutigen Muskels klar werden können.

Der Schollenmuskel (Musc. soleus), so genannt, weil seine Gestalt einer Scholle (lat. solea) vergleichbar erscheint, liegt unter den Zwillingsmuskeln, welche er sowohl mit seinem Innenrand (7, Fig. 61), wie mit seinem Aussenrand (12, Fig. 60) überragt. Er entspringt am Wadenbeinköpfchen und am Schienbein und geht unten in eine breite, dreieckige Sehne mit nach oben gerichteter Grundfläche über, an deren oberflächlichen Seite sich die Zwillingsmuskeln anheften. Diese Sehne, welche an der Unterseite und an beiden Rändern noch von Fleischfasern des Schollenmuskels begleitet wird, verschmälert und verdickt sich nach unten zu und wird etwa 5 cm über der Hacke frei, d. h. sie nimmt hier keine Muskelfasern mehr auf. Das ist die Achillessehne, dazu bestimmt, gleichzeitig den Zug des Schollenmuskels und der Zwillingsmuskeln zu übertragen; am Fersenbein angelangt, wird sie wieder etwas breiter und heftet sich an die untere Hälfte der Rückseite dieses Knochens.

Der Schollenmuskel wirkt ebenso, wie die Zwillinge, und man sieht deshalb bei kräftigem Strecken des Fusses die Wölbung seiner Fasern sich beiderseits an dem oberen dreieckigen Ende der Achillessehne abzeichnen.

Der Sohlenmuskel (Plantaris) ist ein kleiner unbedeutender Muskel, dessen sehr kurzer, fleischiger Körper am äusseren Schenkelknorren entspringt und mit dem Bauch des äusseren Zwillingsmuskels verschmilzt. Auf diesen kleinen Körper folgt eine lange, dünne Sehne (7, Fig. 58), welche schief zwischen den Zwillingsmuskeln und dem Schollenmuskel nach abwärts zieht an den inneren Rand der Achillessehne, welcher sie sich anlagert und mehr oder weniger weit nach unten reicht; bald vereinigt sie sich schnell mit dieser Sehne, bald geht sie bis an das Fersenbein, oder verliert sich in dem Fettgewebe, das die Achillessehne in der Nähe des Fersenbeines umgibt.

Die tiefen hinteren Muskeln sind am enthäuteten Körper nur an dem untersten Teil des Innenrandes vom Unterschenkel sichtbar. Sie zeigen hier nach innen von der Achillessehne eine Reihe von Sehnen, welche den ähnlich angeordneten Sehnen der Wadenbeinmuskeln auf der Aussenseite, wo diese um den äusseren Knöchel herumziehen, entsprechen. Diese Muskeln sind der hintere Schienbeinmuskel, der gemeinsame Zehenbeuger, der besondere Beuger der grossen Zehe. Die Fleischkörper dieser Muskeln, in der Tiefe unter der oberflächlichen Schicht verborgen, entspringen an der Hinterfläche des Schienbeines, Wadenbeines und des Zwischenknochenbandes. Ihre Sehnen verlaufen schief gegen die hintere Fläche des inneren Knöchels, wo aber nur die des hinteren Schienbeinmuskels und des gemeinsamen Zehenbeugers sichtbar sind. (Die Sehne des Beugers der grossen Zehe ist fast ganz durch die Achillessehne verdeckt). Nachdem sie sich um den inneren Knöchel herumgeschlungen haben, treten die Sehnen, der inneren Rinne am Fersenbein folgend, in die Fusssohle ein. Der hintere Schienbeinmuskel hört fast alsbald auf, da er sich am Kahnbein ansetzt (12, Fig. 61). Die beiden anderen Sehnen gehen bis an die Zehen, wo sie sich gleichartig verhalten, wie wir das an der Hand von dem besonderen Daumenbeuger und den Sehnen des tiefen gemeinsamen Fingerbeugers beschrieben haben.

Fussmuskeln. Der Fuss zeigt nicht nur wie die Hand Muskeln an seiner Sohlenfläche, sondern er hat auch einen wohlausgebildeten Muskelkörper an der Rückenfläche, den gemeinsamen kurzen Zehenstrecker.

Dieser Muskel (Extensor digitorum communis brevis) (11, Fig. 59 und 14, Fig. 60), besteht aus einem kurzen, platten Fleischkörper, der überkreuz auf dem Fussrücken angeordnet ist, d. h. der schief von hinten aussen, nach vorne innen zieht. Sein hinterer äusserer Rand ist abgerundet und entspringt am oberen äusseren Ende des Fersenbeines, an dem Sinus tarsi (s. S. 118). Er geht von hier breiter werdend, nach vorne und innen unter den Sehnen des gemeinsamen langen Streckers durch und zerfällt bald in vier Muskelzacken, an deren jede sich eine Sehne anschliesst. Diese Sehnen kreuzen die des gemeinsamen langen Streckers so, dass sie eine Art Gitter mit rautenförmigen Maschen bilden, und gehen an die vier ersten Zehen, indem sie sich entweder am Grund des ersten Gliedes anheften, oder mit der Sehne des langen Streckers verschmelzen.

Dieser Muskel trägt zur Streckung der Zehen mit bei und verbessert durch seine schiefe Richtung den in entgegengesetztem Sinne schiefen Verlauf des langen Streckers. Wenn er sich verkürzt, wölbt sich sein Fleischkörper aussen und hinten von den Sehnen des langen Streckers sehr deutlich vor, da nichts darauf einschnürend wirkt und die Wölbung wird um so deutlicher, weil unmittelbar dahinter eine mehr oder weniger deutliche Einsenkung, die dem Eingang des «Sinus tarsi« entspricht, vorhanden ist.

Wir werden uns hier mit Betrachtung der Fusssohlenmuskeln nicht aufhalten. Was die äussere Form betrifft, so verdankt der Fuss alle Einzelheiten der Gestaltung des Knochengerüstes. Die Muskeln der Fusssohle runden die Vorsprünge des Skelettes ab, füllen einige Lücken oder Vertiefungen aus, aber ändern die Form des Knochengerüstes in keinem wesentlichen Punkt. Andererseits sind die zahlreichen hier vorhandenen Muskeln in der Regel sehr wenig entwickelt und zu gemeinsamen Massen verschmolzen. Es ist also für den Künstler nutzlos, sich auf das Studium der Einzelheiten einzulassen, welche übrigens im allgemeinen die an der Hand beschriebene Anordnung wiederholen. Wir werden uns also mit der Bemerkung begnügen, dass die Fusssohle, wie der Handteller drei Muskelmassen besitzt: 1. eine innere (16, Fig. 61), die zu der grossen Zehe gehört und aus einem Abzieher, der vom Fersenbein ausgeht, sowie aus dem kurzen Beuger, dem schiefen und queren Anzieher besteht, welch letztere an den vorderen Knochen der Fusswurzel und am Mittelfuss entspringen; 2. eine äussere (15, Fig. 60), die zur fünften Zehe gehört und aus einem Abzieher, der vom Fersenbein entspringt und einem kurzen Beuger, der vom Würfelbein ausgeht, zusammengesetzt ist. Endlich 3. eine mittlere Muskelmasse, welche den gemeinsamen kurzen Zehenbeuger, die Regenwurmmuskeln und die Zwischenknochenmuskeln umfasst, und bezüglich derer wir nur das bei den gleichnamigen, aber besser ausgebildeten und der Untersuchung leichter zugänglichen Muskeln der Hand Gesagte wiederholen könnten.

Dreiundzwanzigste Vorlesung.

Halsmuskeln. Wir haben früher gelegentlich der Beschreibung des Kapuzenmuskels die Muskulatur und die Gestalt der hinteren Halsgegend studiert und auch einige Einzelheiten in Bezug auf den oberen Abschnitt des Seitenteiles vom Halse, d. h. der schiefen Längsrinne, die zwischen vorderem Rand des Kapuzenmuskels und hinterem Rand des Kopfnickers liegt (s. Seite 163), angeführt. Es erübrigt noch die Untersuchung des unteren Abschnittes dieser Rinne und der ganzen Vorderseite des Halses. Wir müssen dabei von der Beschreibung der grossen Kopfnicker ausgehen, da sie den wichtigsten Formbestandteil für diese Körpergegend bilden und durch ihren Verlauf an der Vorderseite des Halses einen Muskelzwischenraum, ein scharf umschriebenes Feld bilden, in welchem wir die tieferen Muskeln leicht betrachten können.

Die beiden Kopfnicker (Sterno-cleido-mastoidei) liegen zu beiden Seiten des Halses und verlaufen von dem oberen Teil des Brustkorbes schief nach oben und hinten an den Grund des Schädels (19, Fig. 62). Der untere Teil des Muskels besteht aus zwei Köpfen, dem sternalen oder Brustbeinkopf, welcher mittelst einer starken Sehne von

der Vorderseite des Handgriffes vom Brustbein entspringt
(s. Fig. 50, Seite 153) und dem äusseren oder Schlüsselbein-
kopf, welcher in Gestalt eines dünnen, platten Fleischbandes
von dem inneren Viertel des hinteren Schlüsselbeinrandes,
gegenüber dem Schlüsselbeinansatz des grossen Brust-

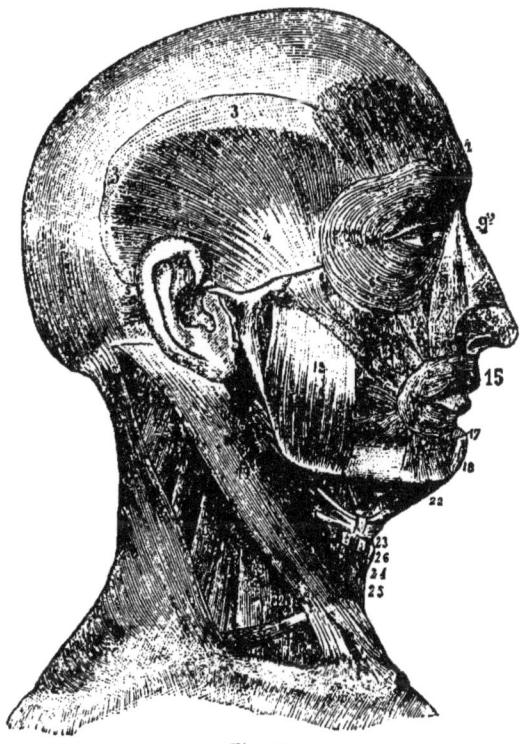

Fig. 62.

Hals- und Gesichtsmuskeln. 1 Stirnmuskel. 2 Hinterhauptsmuskel. 3 Schädelkappe.
4 Schläfenmuskel. 6 Augenringmuskel. 7 Gemeinsamer Heber der Oberlippe und des
Nasenflügels. 8 Erweiterer der Nasenflügel. 9 Querer Nasenmuskel. 9' Nasenrückenmuskel. 10 Kleiner Jochbeinmuskel. 11 Grosser Jochbeinmuskel. 12 Kaumuskel. 13 Oberkiefer. 14 Heber der Oberlippe. 15 Ringmuskel der Lippen. 16 Trompetermuskel.
16' Dreieckiger Unterlippenmuskel. 17 Viereckiger Herabzieher der Unterlippe. 19 Grosser
Kopfnicker. 20 Kapuzenmuskel. 21 Zweibauchiger Muskel und Griffel-Zungenbeinmuskel.
22 Vorderer Bauch des zweibauchigen Muskels. 24 Schulterblatt-Zungenbeinmuskel.
25 Schlüsselbein-Zungenbeinmuskel. 26 Schildknorpel-Zungenbeinmuskel. 27 Kiefer-
Zungenbeinmuskel. 28 Riemenmuskel.

muskels (s. Seite 151) entspringt. Diese beiden Köpfe verlaufen nach oben und hinten, zuerst durch einen schmalen
dreieckigen Raum, dessen Grundlinie dem Köpfchen des
Schlüsselbeines entspricht, voneinander getrennt, verschmelzen

dann zu einem langen, dicken Muskelbauch, der schief zum
Schädelgrunde aufsteigt, hinter dem senkrechten Ast des
Unterkiefers, und sich am Grunde des Warzenfortsatzes und
dem benachbarten Teil der krummen Hinterhauptslinie ansetzt (16, Fig. 52).

Da der Ansatzpunkt dieses Muskels hinter dem Drehpunkte des Beugegelenkes vom Kopf liegt, bewirkt er
Streckung des Kopfes gegenüber dem Hals, fügt aber dieser
wenig ausgesprochenen Bewegung alsbald Beugung des Halses
gegen den Rumpf hinzu. Wenn sich beide Muskeln, der
der rechten und linken Seite, gleichzeitig verkürzen, bewirken
sie also Streckung des Kopfes gegen den Hals und Beugung
des Halses gegen den Rumpf, und man sieht z. B. beide
Muskeln sehr deutlich vortreten bei einem auf dem Rücken
liegenden Menschen, wenn er durch Beugung des Halses den
Kopf erhebt. Viel häufiger verkürzt sich aber nur ein Muskel
(auf einer Seite) und hat dann die Wirkung, das Gesicht
nach der entgegengesetzten Seite zu wenden; bei jemanden,
der nach rechts sieht, wird also das Gesicht durch Verkürzung
des linken Kopfnickers auf die Seite gewandt, und die Wölbung dieses Muskels tritt dann in Gestalt eines breiten, vom
Brustbein zur Ohrgegend verlaufenden Stranges stark unter
der Haut vor. Es gibt verschiedene Stellungen, bei welchen
diese Vorwölbung besonders bemerkbar ist, wie z. B. wenn
man lebhaft den Kopf zur Seite wendet, um auf eine An-
rede zu antworten oder einen Befehl zu erteilen. In der
Stellung des Lauschens, wenn wir aufmerksam nach einer
Seite hinhorchen, wenden wir den Kopf etwas und recken
das Ohr ein wenig nach oben und vorne; und bei dieser
Stellung wird der Kopfnicker unter der Haut des Halses besonders deutlich.

Entsprechend ihrem Ursprung und Verlauf erscheinen
die beiden Kopfnicker unten einander sehr genähert, oben
weit voneinander entfernt; sie umschreiben also die Seiten
eines Dreieckes, dessen nach unten gewandte Spitze dem
Einschnitt des Brustbeines, dessen Grundlinie dem Unterkiefer

entspricht. Dieses Dreieck ist die vordere Gegend des Halses, und wird durch das Zungenbein, os hyoideum, einen kleinen Knochen ohne unmittelbaren Zusammenhang mit dem übrigen Knochengerüst, welcher über dem Kehlkopf liegt, in zwei Abteilungen geteilt. Die untere dieser Abteilungen bildet eine senkrechte oder etwas nach hinten unten schräge Fläche, denn sie erstreckt sich bis unter das Brustbein; das ist die Unterzungenbeingegend mit den Unterzungenbeinmuskeln. — Die obere Abteilung bildet eine mehr oder weniger wagerecht gelegene Fläche, die sich vom Zungenbein bis ans Kinn und an den Umfang des Unterkiefers erstreckt; das ist die Oberzungenbeingegend mit den Oberzungenbeinmuskeln.

Ehe wir in die Beschreibung der Muskeln dieser Gegenden eintreten, müssen wir auf das Vorhandensein von Körperteilen aufmerksam machen, welche an der Vorderfläche der Wirbelsäule gelegen sind und den Raum zwischen der Wirbelsäule und diesen Muskeln ausfüllen. Es sind das zwei Kanäle, die aus dem hinteren Abschnitt der Mundhöhle in den Brustkorb hinabsteigen. Der eine derselben ist fleischig, weich und seine Höhlung fällt in leerem Zustand zusammen, das ist die Speiseröhre, welche unmittelbar vor der Wirbelsäule liegt. Der zweite, vor dieser gelegene Kanal bildet die Luftröhre, deren Bedeutung ja bekannt ist. Dieselbe besteht aus Knorpelringen, die ihr eine annähernd cylindrische Gestalt geben, so dass sie in dem mittleren Zwischenraum der Unterzungenbeinmuskeln oder unter diesen hervorragt. Die obersten Ringe dieser Röhre nehmen die Gestalt von starken Knorpelstücken an; es sind die Kehlkopfsknorpel, welche unter dem Zungenbein liegen und von denen der grösste der Schildknorpel (Cartilago thyreoidea) mit seinem vorderen, oberen Teil die Vorwölbung bedingt, die man als «Adamsapfel» zu bezeichnen pflegt. —

Die Unterzungenbeinmuskeln entspringen vom oberen Rand des Brustkorbes und steigen gegen den unteren

Rand des Zungenbeines aufwärts. Es sind vier, von denen zwei oberflächlich liegen (der Schulterblattzungenbein- und der Schlüsselbeinzungenbeinmuskel), zwei in der Tiefe (der Brustbeinschildknorpel- und der Schildknorpelzungenbein- muskel).

Der Schulterblattzungenbeinmuskel (M. omo- hyoideus), (24, Fig. 62) ist ein kleiner, langer und schlanker Muskel von eigentümlichem Verlauf; er entspringt nämlich am oberen Rande des Schulterblattes hinten von dem Raben- schnabeleinschnitt, und verläuft erst wagerecht nach vorne und innen, am hinteren Rand des Schlüsselbeines entlang, um etwa in der Mitte desselben sich nach oben zu krümmen, unter den Kopfnicker zu treten und sich seitwärts am unteren Rande des Zungenbeines anzuheften. Der Muskel ist, da er zuerst vom Kapuzenmuskel, dann vom Kopfnicker bedeckt wird, am enthäuteten Körper nur in zwei Abschnitten seines Verlaufes sichtbar, einmal in seinem vorderen Endstück vor dem Kopfnicker und zweitens in seiner Mitte, in dem unter- sten Teil der Rinne zwischen Kopfnicker und Kapuzen- muskel. Aber obwohl er hier sehr tief liegt, ist der Muskel doch durch die Haut sichtbar, denn er erhebt sich bei ge- wissen Bewegungen. Bei seiner schlanken Gestalt kann man nicht daran denken, ihn als Heber des Schulterblattes an- zusprechen; vielleicht dient er als Herabzieher des Zungen- beines, aber die wichtigste Thatsache ist die, dass er sich namentlich bei gewissen krampfhaften Atembewegungen, wie beim Seufzen oder Schluchzen anspannt, da er dann einer zu tiefen Einziehung der Haut und der Fascien in die über dem Schlüsselbein gelegene Vertiefung durch den Druck der äusseren Luft entgegenwirkt. (Es wird ja bei starker Ein- atmungsbewegung im Brustkasten ein luftverdünnter Raum geschaffen.) — Deshalb sieht man ihn, wenn der Hals mager ist und seine Gruben sehr scharf ausgeprägt sind, wie z. B. bei einer alten Frau, sehr deutlich in der Schlüsselbeingrube beim Schluchzen oder jeder heftigen Einatmung hervortreten, und zwar entspricht der Strang dem mittleren Abschnitt des

Duval, Grundriss.   15

Muskels. — Der Schlüsselbeinzungenbeinmuskel
(cleidohyoideus oder sternohyoideus) bildet ein
dünnes, langes Fleischband, das von der Rückseite des
Schlüsselbeinköpfchens an den Unterrand des Zungenbeines
zieht. Die Muskeln der rechten und linken Seite berühren
sich in ihrem' oberen Abschnitt mit ihren Innenrändern, aber
unten in der Gegend der Kehlgrube sind sie durch einen
dreieckigen Zwischenraum getrennt (Fig. 49), in welchem
die Luftröhre und der Innenrand des folgenden Muskels freiliegen.

Die beiden tiefen Muskeln der Unterzungenbeingegend
bilden eigentlich nur einen einzigen Muskel, — eine Ver-
doppelung des Schlüsselbeinzungenbeinmuskels, unter welchem sie liegen, — der aber in zwei ungleiche Teile geschieden ist. Der Muskel entspringt von der Rückseite des
Brustbeinhandgriffes und zieht senkrecht nach oben, indem
er unter dem ebengenannten auf der Innenseite hervorragt,
und hört am Schildknorpel auf, an dessen Aussenseite er
sich ansetzt. Dieser erste, untere, grössere Abschnitt heisst
Brustbeinschildknorpelmuskel (sternothyreoideus);
er setzt sich aber in der zweiten, kürzeren Abteilung fort,
welche ihrerseits vom Schildknorpel entspringt, sich an das
Zungenbein ansetzt und Schildknorpelzungenbein-
muskel (thyreohyoideus) heisst.

Die Oberzungenbeinmuskeln heften das Zungenbein
an den Grund des Schädels und an den Unterkiefer an, und
heben diesen Knochen durch ihre Verkürzung, wie man an
jedem Menschen, der seinen Kehlkopf oder seinen Schlund
in Thätigkeit versetzt, z. B. beim Singen oder Schlucken,
leicht beobachten kann. Die Anordnung dieser Oberzungenbeinmuskeln ist in dem zweibäuchigen Muskel gegeben,
welcher allein, da er mit zwei Bäuchen oder Fleischkörpern,
einem vorderen und einem hinteren, ausgestattet ist, mit
seinem einen Bauch den Körper des Zungenbeines an den
Schädelgrund anheftet, und mit seinem anderen an die Kinn-
gegend des Unterkiefers. Dazu kommen noch zwei andere

Muskeln, von denen der eine, der den hinteren Bauch des zweibäuchigen verdoppelt, Griffelfortsatz-Zungenbeinmuskel, der andere, der den vorderen Bauch verdoppelt, Kieferzungenbeinmuskel heisst.

Der zweibäuchige Muskel (M. digastricus) entspringt an der Innenseite des Warzenfortsatzes vom Schläfenbein, steigt von da schief nach unten und vorn herab (hinterer Bauch, 2, Fig. 62) unter Bildung eines spindeligen Fleischkörpers, der an dem Zungenbein durch eine runde Sehne ersetzt wird. Diese Sehne ist durch ein Faserband an das Zungenbein angeheftet und biegt, da ihr dieses Band als fester Punkt dient, scharf aus der Richtung von oben nach unten in die von unten nach oben und vorn um, gegen das Kinn; gleichzeitig fügt sich wieder ein neuer Fleischkörper (der vordere Bauch, 22, Fig. 62) der Sehne an, welcher an der Rückfläche der Kinnfuge sich in einer kleinen Vertiefung ansetzt. — Wir sehen, dass dieser Muskel mit seinen zwei Bäuchen in bewundernswerter Weise angeordnet ist, um die Hebung des Zungenbeines und damit des ganzen Kehlkopfes zu bewirken, da der eine der Muskelbäuche das Zungenbein nach oben und vorne, der andere dasselbe nach oben und hinten zieht und also, wenn beide gleichzeitig wirken, das Zungenbein gerade nach oben gehoben wird.

Der Griffelzungenbeinmuskel (stylohyoideus) ist ein kleines Fleischbündel, das den hinteren Bauch des zweibäuchigen Muskels verdoppelt und unter ihm liegt (21, Fig. 62). Er entspringt von dem Griffelfortsatz des Schläfenbeines und steigt nach vorne unten herab, indem er eine Art Rinne um den hinteren Bauch des zweibäuchigen Muskels bildet, mit dem er so nahe zusammentritt, dass neben dem Zungenbein die Sehne derselben quer durch ihn hindurchgeht; er endigt dann mit einem Sehnenband, welches sich seitlich am Zungenbein ansetzt. — Am enthäuteten Körper verschmelzen beide Muskeln zu einem gemeinsamen cylindrischen Körper. —

Der Kieferzungenbeinmuskel (Mylohyoideus)

(27, Fig. 62) bildet den Boden der Mundhöhle. Er stellt
eine viereckige, fleischige Masse dar, deren oberer Rand an
der Innenfläche des wagerechten Unterkieferastes an einer
schiefen vorspringenden Linie entspringt und deren unterer
Rand sich an das Zungenbein ansetzt. Der vordere in der
Mittellinie gelegene Rand dieser Platte vereinigt sich mit
dem des anliegenden Muskels der anderen Seite derart, dass
beide Muskeln, der der rechten und der der linken Seite, thatsächlich eine einzige Fleischlage, den Boden der Mundhöhle
bilden.   Uebrigens liegt unter diesem Muskel in der Tiefe
eine Fleischmasse, welche äusserlich nirgends sichtbar ist und,
von kleinen Vorragungen an der Hinterseite der Kinnfuge
entspringend, zum Teil an das Zungenbein, zum Teil an
die Zunge verläuft. (Musc. geniohyoideus und genioglossus.)

Vierundzwanzigste Vorlesung.

Die Muskeln des Kopfes liegen fast alle an der Vorderseite in der Gegend des Gesichts und sind in zwei Gruppen
zu teilen. 1. Kaumuskeln, die den Unterkiefer bewegen.
— 2. Muskeln, die unter dem Einfluss von Gemütserregungen
die Züge des Gesichtes verändern, und so zum Ausdruck
der Gemütsbewegungen dienen. Man kann sie Muskeln
des Ausdrucks nennen. Die Kaumuskeln zeigen die gleiche
Anordnung im allgemeinen, die wir bisher bei allen den verschiedenen Muskeln des Rumpfes und der Glieder getroffen
haben. Sie heften sich an Knochen an, haben einen mehr
oder weniger dicken Fleischbauch der bei der Zusammenziehung anschwillt und sich dann äusserlich durch eine Vorwölbung bemerkbar macht. — Die Muskeln des Ausdrucks
dagegen zeigen eine ganz neue Form; es sind Hautmuskeln welche nur die Haut, keine Knochenteile bewegen.
Deshalb sind ihre fleischigen Körper in der Regel sehr zart
und ihre Zusammenziehung zeigt sich nicht durch eine An-
schwellung an der Stelle, wo sie liegen, sondern durch Verschiebungen und Formänderungen in den Falten und den
anderen Hautgebilden des Gesichtes (Augenlider und Lippen). Wir werden zunächst die Kaumuskeln betrachten.

Die Kaumuskeln. Die Muskeln, die den Unterkiefer bewegen, setzen sich an seinem aufsteigenden Ast an. Einige
innen, das sind die Flügelmuskeln (M. pterygoidei), (so
genannt weil sie von den Flügelfortsätzen des Keilbeins
kommen), mit denen wir uns hier nicht zu beschäftigen haben,
da sie tief in den Seitenhöhlen des Schädels und Gesichtes
versteckt sind und sich mit keinem ihrer Abschnitte an der
äusseren Gestalt vorwölben; — andere aussen und zwar
teils am Kieferwinkel (Kaumuskel), teils am Kronenfortsatz
(der Schläfenmuskel).

Der eigentliche Kaumuskel (M. masseter) ist eine
viereckige Fleischmasse (s. 12, Fig. 62) deren oberer Rand sich
an den Jochbogen (s. Fig. 39), deren unterer sich an den
Unterkieferwinkel ansetzt. Der Vorderrand dieses Muskels
ist dick und bildet bei mageren Leuten einen Wulst, vor
welchem die Wangen mehr oder weniger tief eingesunken
erscheinen. Bei seiner Verkürzung hebt der Kaumuskel den
Unterkiefer, bringt ihn zur Berührung mit dem Oberkiefer
und presst ihn mit grosser Gewalt gegen den letzteren. Es
wäre überflüssig bei der Bedeutung dieses Muskels für das
Kauen zu verweilen. Wichtiger ist es, zu bemerken, dass
bei sehr vielen heftigen Erregungen oder selbst wenn man
nur seine Körperkraft stark anstrengt, unwillkürlich die
Kiefer geschlossen, d. h. die Kaumuskeln in Thätigkeit versetzt werden; so sieht man im Zorn, beim Drohen, bei jenem
Ausdruck innerer Anspannung, wo, wie man sagt, der Mensch
mit den Zähnen knirscht, die Kaumuskeln als starke viereckige Vorsprünge zu beiden Seiten des Gesichtes vortreten,
und es dient also die Zeichnung des Kaumuskels dazu, dem
Gesicht einen Ausdruck von Kraft, aber im allgemeinen von
roher Gewaltthätigkeit zu geben.

Der Schläfenmuskel (Musc. temporalis), (4, Fig. 62)
nimmt die ganze Ausdehnung der Schläfengrube ein. Er
entspringt an den Knochen, die diese Grube zusammensetzen,
heftet sich aber andererseits auch an den Jochbogen, so dass
er eine Art Deckel (Aponeurosis temporalis) über die frag-

liche Grube bildet. Von diesen vielfachen Ansatzpunkten
gehen die Fleischfasern desselben nach unten fächerförmig
zusammen zu einer starken Sehne, die den Kronenfortsatz
des Unterkiefers, an welchem sie sich ansetzt, umfasst (s. 28,
Fig. 39). Der Muskel hebt den Unterkiefer; da er in einem
geschlossenen Raume liegt (der Schläfengrube und der sie
überdeckenden Aponeurose), zeigt er bei seiner Verkürzung
keine bemerkenswerte Vorwölbung in der Schläfengegend,
indessen sieht man bei einem kauenden Menschen die Haut
der Schläfe über dem Jochbogen sich leicht in wellenförmigen
Zuckungen heben und senken; nur durch diese treten die
Zuckungen des Muskels beim Kauen äusserlich in Erscheinung. —

Muskeln des Ausdrucks. Nach dem, was wir über
die eigenartige Anordnung dieser Hautmuskeln gesagt haben,
ist es leicht verständlich, dass wir bei der Beschreibung
derselben in anderer Weise verfahren müssen, als bei den
Skelettmuskeln. Wir werden weniger die Gestalt ihres
Fleischkörpers, als seinen Verlauf und die Richtung zu bestimmen haben, in welcher er einen Zug auf die Haut ausübt. Dann, wenn wir nach Feststellung der Ansatzpunkte
dieser Muskeln an Knochen oder in der Haut, die Richtung,
in welcher sie wirken, kennen gelernt haben, werden wir
die Gestalt der Hautfalten, welche sie bilden, beschreiben
und untersuchen, welchen Ausdruck das Gesicht durch diese
Veränderungen erhält. Ehe wir aber uns zu diesen Einzelheiten wenden, ist es nötig, dass wir einen flüchtigen Blick
auf die Geschichte dieser in der menschlichen Physiologie
gesondert dastehenden Frage werfen, um genau festzustellen,
in welchem Sinne und nach welcher Regel wir diese Studien
zu unternehmen haben. —

Zunächst sei hervorgehoben, dass das, was wir hier bei
Besprechung der Gesichtsmuskeln studieren wollen, die «bewegte Physiognomie» ist, d. h. die Eigentümlichkeiten,
welche die Züge in einem gegebenen Augenblick, unter dem
Einfluss einer Gemütsbewegung, welche unwillkührlich einen

oder einige der Hautmuskeln zur Zusammenziehung bringt,
annehmen müssen. Wir werden so finden, dass man diese
Muskeln wohl mit Namen bezeichnen kann, wie Muskel der
Aufmerksamkeit, des Schmerzes, des Drohens, des
Lachens, des Weinens, der Verachtung, des Ekels
u. s. w. — Aber es ist hier durchaus nicht unsere Aufgabe, die
«ruhende Physiognomie» zu studieren, wie sie uns durch
die regelmässige und dauernde Hervorhebung einzelner Züge
die Geistesrichtung des betreffenden Menschen, und die ihn
am häufigsten bewegenden Leidenschaften enthüllt. Ohne
Zweifel haben diese beiden Studiengebiete vielerlei Berührungspunkte untereinander; wir müssen zugeben, dass bei
einem Menschen, der sich häufig Zorn- und Wutausbrüchen
hingiebt, die oft wiederholte Zusammenziehung der Muskeln,
welche diese Leidenschaften ausdrücken, allmählich die Züge
des Gesichtes derart gestalten können, dass gewissermassen
ein Abdruck der heftigen Gefühle, die es am häufigsten erregt haben, zurückbleibt.

Aber diese Zergliederung der Geistesrichtung eines
Menschen durch die Untersuchung seiner «ruhenden Physiognomie» ist ein sehr heikles Ding, welches noch sehr viel
Ungewisses bietet und zu philosophischen Erörterungen führen
würde, die uns von dem Boden der Anatomie zu weit ab-
lenken müssten. Dagegen ist die Untersuchung der Frage,
welchen bestimmten Ausdruck die Zusammenziehung dieses
oder jenes Muskels dem Gesicht verleiht, seit den Untersuchungen von Duchenne (in Boulogne) ein Studium geworden, das ganz die gleiche Genauigkeit und Sicherheit
der Beobachtung gestattet, wie wir sie für anatomische Untersuchungen fordern müssen.

Vor den Untersuchungen Duchennes beschäftigten
sich die meisten Bücher über den Gesichtsausdruck fast ausschliesslich mit der «Physiognomik», d. h. der Erkenntnis
der Gesichtsrichtung durch das Studium des gewöhnlichen
Zustandes der Gesichtszüge. Wir müssen hier besonders an
die Werke von Le Brun, Camper, Lavater, C. Bell,

Humbert de Superville, Gratiolet erinnern; später werden wir bei den Arbeiten von Duchenne und Darwin verweilen. —

Schon in den Werken von Leonardo da Vinci findet man einige wertvolle Angaben über den Zustand des Gesichtes und des Halses bei dem Ausdruck von Gemütsbewegungen; und dieser grosse Meister hatte z. B. sehr gut begriffen, wie der Hautmuskel des Halses an dem Ausdruck heftiger Erregungen sich beteiligt, und welche Querfalten dadurch unterhalb des Kinnes zustande kommen. — Aber erst bei Le Brun finden wir geordnete Studien in Gestalt einer Art zusammenhängender Lehre. Die Veröffentlichungen, in denen die Lehren von Le Brun niedergelegt sind, sind zahlreich.*) Der Künstler kann darin eine Menge wichtiger Beobachtungen, wunderbarer Zusammenstellungen und geistreicher Erklärungen finden. — Indessen beschäftigt sich Le Brun hauptsächlich mit der Aehnlichkeit gewisser Formen menschlicher Gesichter mit Tierköpfen und studiert besonders die Physiognomik, d. h. die Beziehungen zwischen Gesichtszügen und Geistesrichtung.

Camper, dessen Werke wir bei Besprechung des Gesichtswinkels erwähnten, dringt schon tiefer in das anatomische und physiologische Studium ein. Er untersucht die Muskelthätigkeit im einzelnen und hat zuerst die allgemein gültige Regel aufgestellt, dass jeder Muskel des Gesichtes bei seiner Verkürzung die Haut in mehr oder weniger zahlreiche Falten legt, welche allemal senkrecht gegen den Verlauf des Muskels stehen; wir finden das bei fast jedem Gesichtsmuskel bestätigt, und namentlich bei dem Stirnmuskel, dem grossen Jochbeinmuskel u. s. w. Ausser den genauen Beobachtungen, auf die der Künstler bei dem Durchlesen der Camperschen Werke stossen wird, wird er

---

*) Besonders die Conferences sur l'expression des differentes Charaktères des passions, Paris 1667 (wieder gedruckt in der Ausgabe von Lavater durch Moreau. vol. IX. 1820).

auch eine beachtenswerte geschichtliche Zusammenstellung
der Frage finden.

Ein englischer, durch seine Untersuchungen über das
Nervensystem berühmter Physiologe, Charles Bell, hat
auch eine Untersuchung der einzelnen Ausdrucksformen im
Gesicht in Angriff genommen *). Aber wenn auch sein Werk
malerische Beschreibungen und wundervolle Abbildungen
enthält, hat es doch mehr Wert für den Physiologen als für
den Künstler, denn der Verfasser bemüht sich besonders eingehend, die Nerven, welche die Muskeln zur Bewegung an-
regen, aufzusuchen, und die innigen Beziehungen zwischen
den Atembewegungen und dem Gesichtsausdruck festzustellen,
alles Fragen, die für den bildenden Künstler keine unmittelbare Bedeutung haben.

Bei dem Werk von Lavater finden wir gute Abbil-
dungen, merkwürdige Beobachtungen, aber immer an das
Studium der Physiognomik anknüpfend, und das oft ohne
Ordnung, ohne regelrechte Folge, begleitet von Abhandlungen
über seltsame Gegenstände, wie die Kapitel, welche von den
«Vorstellungen und Gelüsten», von «Warzen und Haaren»,
«Von den Linien der Tierheit» handeln.

Um eine Vorstellung von der Art und Weise zu ge-
winnen, wie damals die Schriftsteller das Studium der Physiognomik betrieben, indem sie diesen schwierigen Gegenstand zur einfachen Gefühlssache machten und ihre wissenschaftlichen Abhandlungen in diese Grundlage von Gefühls-
schwärmerei verwebten, möge hier das Werk von Sue (Physiognomie der lebenden Wesen vom Menschen bis zur Pflanze,
Paris 1797) erwähnt werden. Inmitten eines langen schwül-
stigen Aufsatzes über die Physiognomie in ihren Beziehungen
zu den Leidenschaften, drückt er sich beispielsweise über
den Mund folgendermassen aus: Ein zarter und reiner Mund
ist vielleicht eine der schönsten Empfehlungen; die Schön-

---

*) Anatomie und Physiologie des Ausdrucks 1844. (3. Auflage nach
dem Tode Ch. Bells mit seinen letzten Verbesserungen erschienen).

heit des Portales kündigt den Wert dessen, was daraus hervortritt; hier ist es die Stimme, der Dolmetscher des Herzens
und der Seele, der Ausdruck der Wahrheit, der Freund-
schaft und der zartesten Gefühle». Was die unaufhörliche
Vergleichung der Physiognomie des Menschen mit der der
Tiere betrifft, lässt der Verfasser sich durch nichts auf seinem phantastischen Wege aufhalten, und wir sehen ihn mit
der gleichen Sicherheit über die Physiognomie der Fische,
der Schlangen, der Heuschrecken und der Eingeweidewür-
mer (!) sprechen wie über die des Menschen. «Mehreren
Fischen, sagt er, fehlt das, was den Charakter der Anmut,
Lieblichkeit und Zartheit bedingt. — ... Die Eingeweide-
würmer haben eine entschiedenere Physiognomie ... ihr
physiognomischer Charakter flösst dem Menschen Traurigkeit
und Furcht ein.» —

Um zu Arbeiten ernsterer Art, wenngleich auch noch
auf die Erfahrung gegründet, zu kommen, haben wir zunächst
ganz besonders ein Werk zu erwähnen, welches zwar nur
nebenbei von den Gesichtszügen handelt, aber einige wertvolle Beobachtungen giebt, die wir bei der schematischen
Darstellung von der Wirkung der Hautmuskeln des Gesichtes
uns zu Nutzen zu machen gesucht haben. Es handelt sich
um die Abhandlung von Humbert de Superville (Des
signes inconscients de l'art 1827). Der Verfasser giebt da
drei Umrisszeichnungen des menschlichen Gesichtes, in welchen die Augen, die untere Nasengrenze und der Mund
durch einfache Linien angedeutet sind; aber in dem einen
dieser Schemata sind die Linien alle wagerecht (Fig. 63),
in dem andern sind sie sämtlich nach unten aussen von der
Mittellinie schräg (Fig. 64) und in dem dritten nach aussen
oben geneigt. Der Verfasser macht darauf aufmerksam, dass
die erste Figur mit den wagerechten Linien den Eindruck
der Ruhe, Erhabenheit und Standhaftigkeit giebt, und fügt
hinzu, dass in gleicher Weise in der Natur und in der Baukunst wagerechte, regelmässige, gleichlaufende Linien die
Vorstellung der Ruhe, der Dauerhaftigkeit, der Grossartigkeit

erwecken. Die Ceder mit ihren flach ausgebreiteten Aesten
ist derjenige unter allen Bäumen, welcher uns im höchsten
Masse diesen Eindruck gewährt. Dagegen giebt die zweite
Figur mit den schief nach unten gerichteten Linien den Eindruck der Traurigkeit, des Schmerzes, des Leides, und der
Verfasser unterlässt es nicht, die Richtung der Züge in einem
solchen Gesicht mit den architektonischen Linien von Grab-
gewölben und Grabdenkmälern zu vergleichen, sowie mit
den Aesten der Bäume, welche man mit Vorliebe auf Fried-
höfe pflanzt, weil sie schief herabhängen (Traueresche u. s. w.).

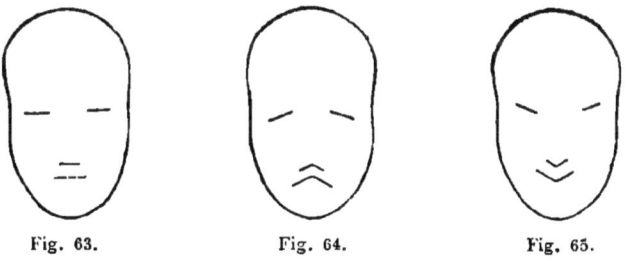

Fig. 63.   Fig. 64.   Fig. 65.
Die drei Figuren des Humbert de Superville. Ruhe, Traurigkeit, Freude.

Endlich die dritte Figur mit schief nach oben gerichteten
Linien, gibt uns den Eindruck der Freude, des Lachens, des
Leichtsinns, der Unbeständigkeit, und um in den vorstehenden Vergleichen fortzufahren, wird alle Welt einräumen, dass
z. B. die chinesische Baukunst mit ihren schiefen nach
oben auseinander weichenden Linien niemals, wenigstens für
die Augen eines Europäers den Eindruck der Grösse und
Majestät hervorzurufen vermag.

   Die Figuren und die Bemerkungen, welche Superville
von Gesichtspunkten aus, die unserer Beurteilung fern liegen,
daran knüpft, sind von einer überraschenden Richtigkeit,
wenn man die Züge des Gesichtes während der Bewegung,
während des augenblicklichen Ausdruckes einer Gemütser-
regung betrachtet. In der That, alle Muskeln, welche an
dem Ausdruck des Schmerzes, des Kummers, der Traurigkeit, der Verachtung teilnehmen, tragen dazu bei, die Züge
des Gesichts nach aussen unten zu verziehen, indem sie auf

die Augenlinie, die Mundlinie u. s. w. gesondert einwirken. Dagegen erhebt der Lachmuskel die Mundwinkel und zieht sie schief nach oben und aussen, und gibt auch durch gewisse Wirkungen, die wir später besprechen werden, der Augenlinie eine anscheinend gleiche Richtung. Mit einem Wort, die Gesichtszüge, wenn sie aus dem Ruhezustand, wie ihn die erste Figur von Humbert de Superville darstellt herauskommen, bewegen sich in zwei verschiedenen Richtungen, sei es, dass sie, um uns so auszudrücken, auf der Tonleiter der Fröhlichkeit und des Lachens emporsteigen (nach oben und aussen schief gestellte Züge, Fig. 65) sei es, dass sie die Stufenleiter der Trauer, des Schmerzes, der Thränen durchlaufen (nach unten und aussen geneigte Züge, Fig. 14). Der Umstand, dass die von Humbert de Superville gegebenen Umrisszeichnungen so treffend den allgemeinen Ausdruck der Physiognomie wiedergeben, hat uns veranlasst, ähnliche Umrisszeichnungen zur Darstellung der Wirkung eines jeden Muskels im einzelnen zu entwerfen. Da die Wirkung eines jeden Muskels bekannt ist und wir durch die Photographien Duchennes die Richtung, welche er diesem oder jenem Gesichtszug verleiht, kennen, — sei es der Augenbrauenlinie, oder der Lidöffnung, oder den Nasenwinkeln, oder den Lippen — haben wir diese Aenderungen in der Richtung oder Gestalt einer jeder dieser Linien durch einen einfachen Strich angedeutet und so theoretische Figuren erhalten, welche ausdrucksvoll genug sind, um sozusagen in geometrischer Form die Leidenschaft darzustellen, bei deren Ausdruck dieser oder jener Muskel beteiligt ist. — Derart sind die Figuren 67, 69, 71, 73, 74, 75, 77, an denen wir die Betrachtung jedes einzelnen «Muskels des Ausdrucks» zusammenfassen. Selbstverständlich sind diese anspruchslosen Umrisszeichnungen nur sozusagen das A B C der Physiognomik. —

Es wird Zeit, in unserer geschichtlichen Darstellung zu dem Werk Duchennes überzugehen, welchem wir alles Folgende entlehnen werden. — Während alle seine Vor-

gänger sich auf die Beobachtung beschränkten, führte Duchenne in dem Studium der Physiognomie das Experiment
ein. Sein Verfahren war ein ebenso einfaches wie feines.
Es handelte sich darum, vereinzelte Zusammenziehung
eines bestimmten Muskels zu erzielen, und damit der dadurch gegebene Ausdruck nicht nur im Augenblick des Versuches bemerkbar sei, sondern von Jedermann betrachtet
werden könne, musste der betreffende Mensch in dem Augenblick, wo der fragliche Muskel sich zusammenzog, photo-
graphiert werden. —

Die letzte Bedingung war leicht zu erfüllen, schwieriger
dagegen erschien es, einen einzelnen Muskel allein zur Zusammenziehung zu bringen. — Es ist allbekannt, dass durch
Elektrizität, wenn man die beiden Pole des Stromes auf
den Verlauf eines Muskels wirken lässt, durch die Haut
hindurch der Muskel zur Zuckung angeregt werden kann.
Aber es kann sich nicht jeder zu diesem Versuche hergeben;
— an einem Leichnam, auch an dem eines Hingerichteten
gleich nach dem Tode ist er unausführbar, denn die Gesichtsmuskeln verlieren ihre Erregbarkeit bereits zwei Stunden nach dem Tode, und man hat an ihnen nur, wenn man
sie von der Haut entblösste, durch Elektrizität einige Zuk-
kungen hervorrufen können. Wenn man andererseits den
Versuch an einem Lebenden ausführt, kann man allerdings
durch Anwendung der Elektrizität auf einen bestimmten Muskel
diesen zur Zusammenziehung bringen, aber der elektrische
Strom erregt, während er durch die Haut tritt, um zu dem
Muskel zu gelangen, gleichzeitig mit den Bewegungsnerven
auch die Gefühlsnerven der Haut und erzeugt starken
Schmerz, und deshalb sieht man auf dem Gesicht des zum
Versuche Dienenden keinen einfachen und charakteristischen
Ausdruck, sondern eine wirkliche Grimasse, eine ungeordnete
Zusammenziehung aller Muskeln unter dem Einfluss des
Schmerzes. —

Duchenne hatte das Glück, seine Versuche an einem
Menschen anstellen zu können, bei welchem eine eigenartige

Krankheit die zuletzt erwähnte Störung ausschloss. — Es
war ein alter Pflegling des Hospitals, der von «Anaesthesie»
des Gesichtes befallen worden war, d. h. bei welchem die
Gesichtshaut gegen jeden schmerzhaften Reiz unempfindlich
war. Die Elektrizität konnte also bei diesem Kranken durch
die Haut hindurch angewandt werden, und ohne Schmerz zu
erregen die darunter liegenden Muskeln, welche ihre Fähigkeit zur Verkürzung vollständig bewahrt hatten, und also
wie bei einem Gesunden wirkten, zur Zusammenziehung
reizen. Man konnte so jeden beliebigen einzeln in Thätigkeit
versetzen, z. B. den grossen Jochbeinmuskel sich zusammenziehen lassen und dadurch dem Gesicht den Ausdruck des
des Lachens geben, ohne dass der Kranke Kenntnis davon
hatte, was sich in seiner Physiognomie abspiegelte. Sein
Gesicht lachte durch die elektrische Erregung, während seine
Gedanken gleichgiltiger Art oder mit trüben Erinnerungen
beschäftigt sein konnten. Umgekehrt konnte z. B. durch
die Verkürzung des Augenbrauenmuskels seine Physiognomie den heftigsten Schmerz ausdrücken, während seine
Gedanken immer noch bei gleichgiltigen, oder auch fröhlichen, lächerlichen Gegenständen verweilten. Kurz, Duchenne war so in die Lage versetzt, nach allen Regeln der
strengen Wissenschaft die Thätigkeit der Ausdrucksmuskeln
durch den Versuch zu prüfen. —

Das Werk, in welchem Duchenne das Ergebnis seiner
Arbeiten niedergelegt hat, ist besonders durch den gross-
artigen Atlas von Photographien, der demselben beigefügt
ist, bemerkenswert*); die Bilder wurden auf die oben an-
gegebene Weise erhalten. Diesen Photographien sind einige
von uns den nachfolgenden Beschreibungen beigefügte Figuren (66, 68, 70, 72) möglichst getreu nachgebildet. — Da
wir die Ergebnisse Duchennes hier nicht vollständig darlegen können, werden wir versuchen, wenigstens soviel da-

---

*) Duchenne de Boulogne, Mécanisme de la physionomie humaine
ou analyse électrophysiologique de l'expression des passions. — Paris 1862,
mit einem Atlas von **74** Abbildungen.

von zu geben, dass der wissenschaftliche Ernst dieser Untersuchungen dem Leser klar werde, und er sich zum Studium
des Originalwerkes angeregt fühle.

Die Untersuchungen haben das für den Künstler sehr wichtige allgemeine Ergebnis, zu zeigen, dass oft die Zusammenziehung eines Muskels genügt, um eine Leidenschaft auszudrücken, dass man also nicht alle Züge eines Gesichtes zu
ändern braucht, um ihm den Ausdruck des Schmerzes, der
Aufmerksamkeit, des Zornes, der Verachtung, des Ekels
u. s. w. zu geben; jedes dieser Gefühle malt sich durch
eine leichte Veränderung bloss am Auge oder bloss an den
Lippen. Aber diese örtliche Veränderung spiegelt sich schein-
bar in der ganzen Physiognomie wieder, und so sind die
Künstler durch die blosse Beobachtung dazugekommen, lange
an der Annahme festzuhalten, dass z. B. Aufmerksamkeit,
oder Schmerz durch gemeinsame Wirkung einer grossen
Zahl von Gesichtsmuskeln zum Ausdruck kämen; der Versuch zeigt nun aber, dass der Schmerz nur durch einen
Muskel, welcher die Augenbrauen hebt und runzelt, zustande
kommt; an einem Gesicht (Fig. 70), wo dieser Muskel allein
verkürzt ist, erscheint der Ausdruck des Schmerzes vollkommen. Man könnte glauben, dass der Mund sich beteiligt, wenn man aber den oberen Teil des Gesichts zudeckt,
erkennt man, dass die untere Hälfte in voller Ruhe ist.

Um diese geschichtliche Darstellung, die bei der hier
behandelten Frage nicht das Unwichtigste ist, zu beenden,
wollen wir bemerken, dass die Arbeiten Duchennes in
Frankreich nicht von Anfang an günstig aufgenommen wurden.
Die Physiologen sowohl, wie die Künstler zeigten ein gewisses
Misstrauen gegenüber einem Werk, das bestimmte Regeln
und wissenschaftliche Gesetze da aufstellen wollte, wo man
gewohnt war, sich durch Fantasie und Gefühl leiten zu
lassen. Wenige Personen verstanden die physiologischen
Gründe, welche Duchenne veranlassten, als Gegenstand seiner
Untersuchungen einen armen Kranken mit im Ruhezustand
fast blödsinnigem Ausdruck zu wählen, und man machte sich

nicht klar, dass wenn dieses Gesicht greisenhaft, mager, faltig und gewöhnlich ist, deshalb die Genauigkeit, mit welcher der elektrische Reiz ihm die verschiedensten, eigenartigsten Züge verleiht, nur um so überraschender ist.

Wie das wissenschaftlichen Entdeckungen so oft geht, wurde die Arbeit von Duchenne in Frankreich verkannt, und erst gewürdigt, nachdem sie über ein anderes Land dahin zurückkam, — nachdem der englische Naturforscher Darwin die Ergebnisse des französischen Physiologen zur Grundlage seiner wichtigen Studien gemacht hatte.

Brauchen wir an die Tragweite und den gewaltigen Wiederhall der Darwinschen Werke «über den Ursprung der Arten», «die Entwicklung der Tiere und Pflanzen», «die Abstammung des Menschen» zu erinnern? Was der grosse Naturforscher für die allgemeine Lehre von der Gestalt der Tiere und Pflanzen geleistet hatte, wollte er für die Physiologie des menschlichen Antlitzes versuchen. Indem er den Grund aller Lebenserscheinungen in logischer Verkettung natürlicher Thatsachen suchte, bemühte er sich durch aufmerksames Studium des Ausdruckes der Gemütsbewegungen, durch Untersuchung ihrer Entstehung und Entwicklung eine Reihe neuer Beweise für die Entwicklungstheorie zu finden. — Mit einem Wort, Darwin suchte, indem er sich auf das gleichzeitige Eintreten gewisser nützlicher Bewegungen berief, und verschiedene Thätigkeiten mit dem sie begleitenden Ausdruck verglich, zu erklären, warum ein Muskel mehr wie ein anderer bei dem Ausdruck bestimmter Gemütsbewegungen in Thätigkeit gerät. Wir können hier dieses Werk nicht ausführlich erörtern; es wird genügen, nachdem wir es als wichtigen Lesestoff auch für den Künstler empfohlen haben*), zu bemerken, dass ehe man eine Sache erklären kann, dieselbe durchaus feststehen muss. So war die Erklärung des Anteiles, welchen jeder Muskel am Ge-

---

*) Charles Darwin. Der Ausdruck der Gemütsbewegungen bei Mensch und Tier.

sichtsausdruck hat, unmöglich, so lange nicht die Thatsache
wissenschaftlich feststand, dass dieser Muskel bei dem betreffenden Ausdruck in Thätigkeit komme. Das philosophische
Werk Darwins hätte nicht unternommen werden können,
wenn ihm nicht das auf Versuche gegründete Werk Du-
chenes vorhergegangen wäre.

So sind denn auch die Abbildungen in dem Darwinschen
Werk zum grossen Teil Nachbildungen der zehn Jahre vorher
von Duchenne veröffentlichten Photographien. — So wurde
die Aufmerksamkeit in Frankreich wieder auf die Studien
von Duchenne gelenkt, er wurde höher geschätzt, und es
ward ihm als demjenigen, welcher den Weg zum Studium
der Physiognomie mittelst des Versuches eröffnet hatte, Ge-
rechtigkeit zu Teil. Seit 1874 haben wir begonnen, in den
anatomischen Vorlesungen der Ecole des beaux-arts einige
Stunden Erörterungen zu widmen, die man als das ABC oder
die Grammatik des Gesichtsausdruckes bezeichnen kann.
Duchenne, welcher glücklich war, seine Arbeiten in diesen
klassischen Unterricht aufgenommen zu sehen (er ist einige
Jahre später gestorben), schenkte der Ecole des beaux-arts
die vollständige Reihe seiner grossen Originalphotographien,
die in seinen Werken verkleinert sind, und diese Sammlung
ist heute eine der wertvollsten in unserem anatomischen
Museum (Musée Huguier).

Obwohl diese geschichtliche Darstellung lang erscheinen
kann, ist sie doch noch sehr unvollständig, da sie nur von
einem ganz bestimmten Gesichtspunkt ausgegangen ist,
nämlich dem Vergleich der älteren Arbeiten mit denen
Duchennes, welche die Grundlage der nachfolgenden Studien
bilden. Zur Vervollständigung wollen wir uns darauf beschränken, die Werke, welche allgemeiner über Ausdruck
und Physiognomie handeln, die von Lemoine*), Gra-

---

*) Albert Lemoine, De la physionomie et de la parole. Paris 1865.

tiolet *) und Piderit **) als angenehmen und lehrreichen
Lesestoff zu empfehlen.

---

*) Pierre Gratiolet, de la physionomie et des mouvements d'expres-
sion. Paris 1865.
**) Piderit, Wissenschaftliches System der Mimik und Physiogno-
mik 1867.

Fünfundzwanzigste Vorlesung.

Die Hautmuskeln des Gesichtes verändern und bewegen
die Falten und die häutigen Gebilde des Gesichtes, da sie
vom Skelett entspringen und an der Haut sich anheften.
Diese verschiedenen hier in Frage kommenden Teile der
Haut und Hautgebilde sind von ziemlich verwickeltem Bau,
aber zugleich selbst Leuten, welche in der Anatomie ganz
fremd sind, genügend bekannt, so dass es nutzlos wäre, hier
die Augenbrauen, die Augenlider, die Augenöffnung, die
Nasenflügel und die Lippen zu beschreiben. — Wir werden
nur einige anatomische Kunstausdrücke in Bezug auf diese
Körperteile hier anführen, da deren Anwendung uns die
nachfolgende Beschreibung erleichtert.

An den Augenbrauen unterscheidet man einen inneren,
der Mittellinie zugewandten, breiteren Teil als Kopf und
einen schmal auslaufenden äusseren Teil als Schwanz.

Jede der beiden Enden der Angenlidspalte heisst Com-
missur oder Winkel; man unterscheidet also an den Lidern

einen äusseren Winkel, der durch seine spitze Form
ausgezeichnet ist und einen inneren Winkel von runder
Gestalt, der einen kleinen rundlichen Raum, den Thränen-
see, umgibt, an dessen Grunde ein blassroter fleischiger
Vorsprung (die Thränenwarze) sich findet. — Ebenso bezeichnet man beide Enden der Mundspalten als Commis-
suren oder Winkel.

Endlich sei hier noch eine regelmässig vorhandene Falte
erwähnt, die mehr oder weniger deutlich bei allen Menschen
vorhanden ist und deren Veränderungen wesentlichen Anteil
an dem Ausdruck haben, welcher durch die verschiedenen
Muskeln der Backen, der Nase und der Lippen erzeugt wird.
— Das ist die Nasenlippenfalte, so genannt, weil sie
von der Grenze zwischen Wange und Seitenteil der Nase
schief nach unten und aussen verläuft, in geringem Abstand
am hinteren Rand des Nasenflügels vorbeigeht und am Mundwinkel endigt. Bei dem Menschen, welchen Duchenne zu
seinen Versuchen benutzte (Fig. 70), war diese Falte sehr
stark ausgeprägt, wie sie es übrigens bei allen alten Leuten ist.

Die Muskeln des Ausdrucks sind zu einem Teil in der
Umgebung der Augen und Augenbrauen angeordnet, d. h.
sie nehmen den oberen Abschnitt des Gesichtes ein; ein
anderer Teil endigt an den Nasenflügeln und am Mund,
nimmt also den mittleren und namentlich den unteren Abschnitt des Gesichtes ein. Die ersten sind der Stirnmuskel,
der Nasenrückenmuskel, der Augenbrauenrunzler, der Ringmuskel des Auges. Die zweiten sind der grosse Jochbeinmuskel, der kleine Jochbeinmuskel, der gemeinsame Heber
des Nasenwinkels und der Oberlippe, der Zusammendrücker
der Nase, der Ringmuskel des Mundes (mit dem wir zugleich
den Trompetermuskel besprechen werden), der dreieckige
und der viereckige Herabzieher der Unterlippe. Am Halse
endlich und von da bis an die Unterlippe hinaufreichend
findet sich der Hautmuskel des Halses, welcher an dem Ausdruck gewisser heftiger Erregungen sich in bemerkenswerter
Weise beteiligt.

Bei dem Studium eines jeden dieser Muskeln werden
wir nur wenig bei den anatomischen Einzelheiten verweilen;
wir werden uns in dieser Hinsicht damit begnügen, die Lage
des Muskels, seine feste Ursprungsstelle am Gesichtsschädel,
seine Richtung und endlich den Punkt der Haut, der seinen
beweglichen Ansatzpunkt bildet, anzugeben. — Dagegen
werden wir eingehend seine Wirkung betrachten, d. h. die
Art, wie seine Verkürzung die Gesichtshaut verändern muss,
die Gestalt und Richtung der Falten, welche er hier hervorrufen wird. Angesichts einer Figur, die diese Veränderungen
zeigt, werden wir uns fragen, welcher Gesichtsausdruck daraus
sich ergibt, und endlich werden wir versuchen, diesen Ausdruck in einer Umrisszeichnung wiederzugeben, nach der
Darstellungsweise des Humbert de Superville. —

A. Muskeln des oberen Gesichtsabschnittes (Stirn,
     Augenbrauen, Augenlider, Nasenwurzel).

1. Der Stirnmuskel (Musc. frontalis). Dieser
Muskel (1, Fig. 62) erstreckt sich wie ein viereckiges,
fleischiges Blatt über jede Seitenhälfte der Stirn. Sein unterer
Rand heftet sich an die Haut der Augenbrauen. Von da
steigen seine Fasern senkrecht und untereinander gleichlaufend
in die Gegend der Haargrenze empor, wo sie sich in Sehnen,
Fasern der sehnigen Schädelkappe, fortsetzen. Diese Schädelkappe, welche unter der behaarten Kopfhaut liegt und mit
ihr zusammenhängt, reicht bis in die Hinterhauptsgegend
und endigt hier an einer neuen Lage von Fleischfasern, dem
Hinterhauptsmuskel, der sich an die obere krumme
Linie des Hinterhauptes ansetzt (2, Fig. 62). Um die
Wirkung des Stirnmuskels zu verstehen, muss man sich
darüber Rechenschaft ablegen, dass sein fester Ursprung,
durch Vermittelung der Schädelkappe und des Hinterhaupts-
muskels, an dem hintersten Teile des Schädels liegt, sein
beweglicher Ansatzpunkt aber an der Unterfläche der Augenbrauenhaut. Wenn der Stirnmuskel sich verkürzt, zieht er

die Augenbrauenhaut von unten nach oben, hebt also die Brauen und erzeugt Querfalten auf der Stirn.

Wenn man ein Gesicht, an dem dieser Muskel in Thätigkeit ist, betrachtet, erkennt man, dass es Aufmerksamkeit ausdrückt, und wenn die Zusammenziehung des Muskels das höchste Mass erreicht, geht der Ausdruck der Aufmerksamkeit in den des Erstaunens über. Und wenn wir die Veränderungen, welche das Gesicht dann bietet, im einzelnen beobachten, überzeugen wir uns, dass die Augenbrauen gehoben sind und dass ihre Krümmung nach oben sehr ausgesprochen ist; dass das Auge weit geöffnet, hell glänzend erscheint; dass die Stirn an jeder seitlichen Hälfte in krumme Falten gerunzelt ist, welche denselben Mittelpunkt haben, wie die Krümmung der Augenbrauen, Falten, die mehr oder weniger vollständig von beiden Seiten her sich vereinigen, indem sie in der Mittellinie Krümmungen beschreiben, deren Aushöhlung nach oben gerichtet ist. Bei einem Kinde oder einem jungen Weibe, dessen sehr geschmeidige und dehnbare Haut schwer Falten wirft, kann die Stirnhaut bei der Zusammenziehung des Stirnmuskels fast glatt bleiben und dann genügen die Erhebung der Augenbrauen, die vermehrte Krümmung derselben, die weit offenen glänzenden Augen, um den Ausdruck der Aufmerksamkeit zu geben. Figur 67 ist die Umrisszeichnung der Aufmerksamkeit, welche da einzig durch die Gestalt der Augenbrauen und der Stirnfalten ausgedrückt ist.

2. Ringmuskeln der Augen (Musc. orbicularis oculi), 6, Fig. 62. — Der Augenringmuskel ist ein sehr ausgedehnter Muskel, welcher die Augenöffnung ringförmig umgibt; er besteht aus mehreren Abteilungen, die sich mehr oder weniger getrennt voneinander zusammenziehen können und für den Gesichtsausdruck nicht alle von gleicher Bedeutung sind.

a) Eine Abteilung, der innere Ringmuskel oder Augenlidmuskel (orbicularis palpebrarum) liegt in der Dicke der Lider selbst und bewirkt durch seine Ver-

kürzung den Schluss derselben. — Wenn er sich nur mässig
stark zusammenzieht, bedingt er nur eine gewisse Annäherung
der Lider, er macht die Augenöffnung zu einer schmalen
Spalte. In diesem Zustande bedingt die Lidspalte an sich
noch keinen eigentlichen Ausdruck, sie kann aber den Ausdruck verschiedener Erregungen ergänzen. So gibt sie z. B.
gemeinsam mit einer leichten Verkürzung des dreieckigen

Fig. 66.

Zusammenziehung des Ştirnmuskels. Ausdruck
der Aufmerksamkeit und des Erstaunens.

Lippenmuskels, welcher der
Muskel des Ekels und der
Unzufriedenheit ist, dem
Gesicht den Ausdruck von
Geringschätzung und Ver-
achtung.

b) Ein zweiter Abschnitt
des Augenringmuskels liegt
ringförmig ausserhalb der
Lider, d. h. er entspricht
genau dem Umfang der
Augenhöhle am Skelett
(s. Fig. 41 und Fig. 62).
Dieser Abschnitt, der äussere Ringmuskel (orbi-
cularis externus), zer-
fällt wieder in zwei Ab-
teilungen, eine untere (or-
bicularis externus inferior), deren Verkürzung das untere
Augenlid etwas nach oben drängt, eine Falte an seinem
Uebergang in die Wange bildet und ohne selbst für sich
allein einen Ausdruck zu geben, den Ausdruck des Lachens
vervollständigt, ihn frei und wahr macht; und eine obere
(orbicularis externus superior), welcher hier eingehen-
dere Betrachtung verdient, denn er gibt für sich allein einen
eigenartigen Ausdruck, den der Ueberlegung, des Nachdenkens, der geistigen Sammlung.
    Dieser obere äussere Augenringmuskel liegt unter
der Haut der Augenbrauen und seine Fasern beschreiben wie

die Brauen einen Bogen mit nach unten gewandter Höhlung, dessen beide Enden an den entsprechenden Teilen der knöchernen Augenhöhlen festhaften. Die Wirkung dieses Muskels ist leicht zu erraten, denn er muss, wie jeder krumme Muskel, der mit seinen Enden mehr oder weniger befestigt ist, bei seiner Verkürzung seine Krümmung verringern. Er verändert also in demselben Sinne die Augenbrauen, an deren Haut er haftet, er verflacht ihre Krümmung, macht sie geradlinig querverlaufend, zieht sie herab und zieht die Haut der Stirn an, deren Falten er ausgleicht.

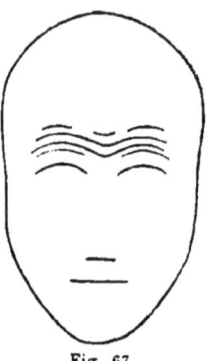

Fig. 67.

Schema der Wirkung des Stirnmuskels (Aufmerksamkeit).

Bei der Untersuchung eines Gesichtes (Fig. 68), an dem dieser Muskel sich zusammenzieht, erkennt man, dass er Ueberlegung ausdrückt. In Fig. 68 sind die sehr stark entwickelten Augenbrauen sehr tief gesenkt, ihre Haare reichen über die Augen herab und der Ausdruck ist etwas der einer peinlichen Ueberlegung, der Anstrengung eines von Schmerz erfüllten Geistes; aber man sieht auf alle Fälle, dass dieser Ausdruck im wesentlichen durch die Senkung und geradlinige Richtung der Augenbrauen bedingt wird, welche das Auge verhüllt und jede Falte der Stirn ausgleicht. Diese Veränderung der Züge ist genau der durch den Stirnmuskel bedingten entgegengesetzt, wie das der Vergleich der Figuren 66 und 68 zeigt. Es sind ja auch thatsächlich die Geisteszustände, deren Ausdruck durch einen jeden dieser Muskeln wiedergegeben wird, einander geradezu entgegengesetzt. — Wir können nicht gleichzeitig aufmerksam auf einen Gegenstand der Aussenwelt achten und unsere Gedanken zu Ueberlegungen sammeln; gewöhnlich folgen die beiden Zustände des Geistes und der Physiognomie in der Weise, dass wir zuerst aufmerksam sind auf das, was wir betrachten, mit offenem, glänzendem Auge, erhobene Augenbrauen, gerunzelter Stirn (Wirkung des Stirnmuskels), dann uns das Ge-

sehene überlegen und dabei uns sozusagen von der Aussenwelt abschliessen, mit gesenkten Brauen, glatter Stirn, ver-
hülltem Auge (Wirkung des Augenringmuskels).

Figur 69 ist das Schema der Ueberlegung, ausgezeichnet durch das Fehlen der Stirnfalten, die Senkung der
Augenbrauen und das Vorhandensein zweier kleiner senkrechter Falten in dem Raum zwischen den Augenbrauen, die
häufig durch das Senken
der Brauen entstehen. —
Die Umrisszeichnung, Fig.
69, wird erst durch den
Vergleich mit der der Aufmerksamkeit, Fig. 67, in
ihrer Eigenart völlig deutlich.

Fig. 68.

Wirkung des oberen Augenringmuskels (Nachdenken).

3. Der Nasenrücken-
muskel (M. dorsalis
nasi). Dieser kleine Mus-
kel, der in dem Zwischen-
raum der Brauen in der Höhe
der Nasenwurzel gelegen ist
(9, Fig. 62), besteht aus
sehr kurzen, senkrechten
Fasern, deren unteres Ende
an dem Nasenbein sich an-
heftet, das obere in der Tiefe der Haut zwischen den Brauen.
— Als Wirkung des Muskels ergibt sich im wesentlichen,
dass er, da sein fester Ursprung an den Nasenbeinen liegt,
die Haut zwischen den Augenbrauen nach unten zieht, daselbst kurze Querfalten bildet und den Kopf der Augenbrauen etwas niedriger rückt.

An einem Gesicht, wo dieser Muskel verkürzt ist (s. den
Atlas von Duchenne, pag. 291), ist der Ausdruck hart, streng,
drohend. — Wenn man die Gesichtszüge betrachtet, die
Duchenne durch Verkürzung dieses Muskels hervorgerufen
hat, kann man sich leicht vorstellen, dass, wenn der Mensch

in ganzer Figur dargestellt worden wäre, seine Stellung eine
drohende sein würde, dass er z. B. die Faust zeigte oder
mit einem Arm ausholte. Uebrigens gibt alles, was einen
Schatten oder eine dunkle Linie zwischen den Augenbrauen
hervorruft, der Physiognomie eine gewisse Härte, wie wenn
der Nasenrückenmuskel sich verkürzt und in dieser Gegend
Querfalten, d. h. Schattenlinien hervorruft. So bietet auch
bei Leuten, deren Augenbrauen infolge
übermässiger Haarentwickelung auf der
zwischen ihnen liegenden Haut zusammen-
gewachsen erscheinen, die Physiognomie
immer auf den ersten Anblick das Gepräge
der Härte und Strenge, was übrigens der
wirklichen Geistesrichtung und Gesinnung
der Betreffenden durchaus nicht zu entsprechen braucht.

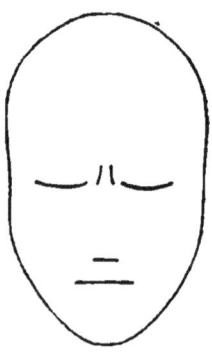

Fig. 69.
Schema des Nachdenkens.

Der Ausdruck des Nasenrückenmuskels
ist zu fein, d. h. durch eine zu beschränkte
und leichte Veränderung der Züge bedingt,
als dass es gelingen könnte, ihn durch eine Umrisszeichnung,
wie bei den vorhergehenden Muskeln darzustellen.

4. Augenbrauenmuskel (Musc. corrugator super-
cilii). Dieser kurze Muskel liegt in der Tiefe unter der
Haut in der Gegend des Augenbrauenkopfes. Sein fester
Ansatzpunkt liegt am Stirnbein über dem Augenbrauenbogen
und seine Fasern ziehen von hier nach auswärts und etwas
nach unten, um sich an der Unterfläche der Augenbrauenhaut, an der Vereinigungsstelle des Kopfes und Schwanzes
der Braue anzusetzen. Seine Wirkung besteht also darin,
die Brauen nach innen und etwas nach oben zu ziehen, und
sie an der Stelle seiner Anheftung, also etwas nach innen
von ihrer Mitte zu knicken. — Die Brauen werden sozusagen
scharf aneinander gezogen, wie Vorhänge, die man mittels
eines Bandes an einen festen Punkt hinaufzieht und hier wieder
befestigt. — Es müssen folglich auf der Stirnhaut Falten auf-
treten, die dieser Knickung der Brauen gleichlaufend ge-

krümmt und in der Mitte der Stirn gelegen sind. — Die Figur 70 zeigt nach einer Photographie von Duchenne den Zustand der Physiognomie unter der Wirkung des Augenbrauenmuskels. Das Gesicht zeigt einen eigenartigen Ausdruck des Leidens und würde, je mehr die Verkürzung des Muskels zum Ausdruck käme, umsomehr die Züge körperlichen oder geistigen Schmerzes zeigen. — Wir sehen, dass die Veränderungen in den Gesichtszügen nur den Kopf der Brauen und den zwischen den Brauen gelegenen Teil der Stirnhaut betreffen (vgl. mit Fig. 66), dass also der Schmerz durch Erhebung des Kopfes der Brauen und Abknickung derselben gegen den übrigen Teil, sowie durch kurze, diese Knickung unmittelbar überlagernde Falten, und etwas ausgedehntere Falten in der Mitte der Stirne sich ausspricht. — Figur 71 ist die Umrisszeichnung des Schmerzes, wie wir sie durch Veränderungen ausschliesslich am Kopf der Augenbrauen und in dessen unmittelbarer Nähe erhalten.

Fig. 70.

Wirkung des Augenbrauenmuskels (Schmerz).

B. Muskeln des mittleren Gesichtsabschnittes.

5. Der grosse Jochbeinmuskel (Musc. zygomaticus major). — Dieser Muskel, der auch schiefer, äusserer Mundwinkelheber heisst (11, Fig. 62), hat seinen festen Ansatzpunkt am Backenknochen und verläuft von hier schief nach unten innen und vorne, um sich von unten an die Haut des Mundwinkels anzuheften. Seine Wirkung besteht darin, den Mundwinkel nach oben und aussen zu ziehen, und durch diese

sehr einfache Thätigkeit entstehen im Gesicht, wie von vornherein zu erwarten war, mannigfache Veränderungen. Zunächst wird die Mundöffnung in der Quere verbreitert; ihr
Verlauf ist nicht mehr geradlinig, da ihre äusseren Enden
erhoben sind, d. h. jede Seitenhälfte des Mundes richtet sich
schief nach oben und aussen. Da die Nasenlippenfalte mit
ihrem unteren Teil am Mundwinkel endigt, wird dieser gleichfalls nach aussen und oben verschoben;
er biegt dann in leichter Krümmung um
den Mundwinkel herum, während der übrige
Teil der Falte nicht mehr geradlinig, sondern gleichfalls krumm mit nach oben gewandter Oeffnung verläuft. — Die Backen-
haut, die gegen das Jochbein hin zusammen-
gedrängt wird, erscheint stärker vorragend
und bildet am äusseren Augenwinkel einige
strahlenförmige Falten (man nennt sie gemeinhin «Krähenfüsschen»), die einen
leichten Schatten unter dem äusseren Augen-

Fig. 71.
Schema des Schmerzes.

winkel bedingen, so dass man glauben könnte, die Lidspalte
sei aussen ein wenig gehoben (schief nach oben aussen gestellt).

Figur 72, welche die Zusammenziehung des grossen
Jochbeinmuskels darstellt, zeigt uns den freien Ausdruck der
Fröhlichkeit und des Lachens, und man sieht, dass die Veränderungen in der Physiognomie sich, wie eben gesagt wurde,
nur auf die Linie der Lippen, die Nasenlippenfalte und den
äusseren Augenwinkel beziehen.

Figur 73, welche die Umrisszeichnung des Lachens gibt
auf Grund der eben gegebenen Beschreibung der Wirkung
des grossen Jochbeinmuskels, ist der entsprechenden Figur
von Humbert de Superville (s. Seite 236) sehr ähnlich. Wir
haben nur, um uns genau an die Wirklichkeit zu halten,
ohne auf den Schein Rücksicht zu nehmen, die Augenlinie
wagerecht gelassen und andererseits die Nasenlippenfalte mit
ihrer nach aussen offenen Krümmung in den oberen zwei

Dritteln und der leichten Einbiegung im unteren Drittel angedeutet. — Die Nasenlippenfalte ist von der grössten Wichtigkeit für jeden Ausdruck der durch die Muskeln der Lippen-
gegend vermittelt wird, wie wir bei den folgenden Muskeln
sehen werden.

6. Kleiner Jochbeinmuskel (M. zygomaticus minor)
und Heber der Oberlippe (Levator labii superioris
proprius). Nach innen von
dem grossen Jochbeinmuskel
findet sich oft, aber nicht
regelmässig, ein kleines
Muskelbündel, das von der
Vorderseite des 'Jochbeines
entspringt (10, Fig. 62) und
an die Oberlippe herab-
steigt, an der es sich anheftet; dieser Muskel, der
kleine Jochbeinmuskel, beteiligt sich in keiner Weise
bei dem Ausdruck des
Lachens; er verändert nämlich die Nasenlippenfalte in
derselben Weise, wie der
folgende Muskel und drückt
infolgedessen, wie wir sehen
werden, Rührung, Traurigkeit und Weinen aus.

Fig. 72.
Wirkung des grossen Jochbeinmuskels (Freude,
Lachen).

Der Heber der Oberlippe (14, Fig. 62) entspringt
am unteren Augenhöhlenrand und zieht in die Oberlippe
hinab, indem er bisweilen, aber nicht immer, ein kleines
Faserbündel an den Nasenflügel abgibt.

Seine Verkürzung hebt die Oberlippe selbst, aber nicht
den Mundwinkel, so dass jede Hälfte der Lippenlinie innen
gehoben wird und aussen gesenkt bleibt, also leicht von oben
innen nach unten aussen schief gestellt wird (umgekehrt wie
durch den grossen Jochbeinmuskel). Gleichzeitig wird der
mittlere Teil der Nasenlippenfalte erhoben und dieselbe wird

dadurch krumm mit der Oeffnung nach unten aussen (umgekehrt wie durch den grossen Jochbeinmuskel). Durch
diese Veränderungen gewinnt die Physiognomie den Ausdruck
der Unzufriedenheit, der Rührung, des Weinens. (Vgl. den
Atlas von Duchenne.)

Wir geben hier nur eine Umrisszeichnung (Fig. 74), in
welcher die beiden wesentlichen Veränderungen, die dieser
Muskel bewirkt (Schiefstellung der Lippenlinie und Krümmung der Nasenlippenfalte),
angegeben sind, welches uns aber noch in
genügender Weise den Ausdruck der bis
zu Thränen gehenden Traurigkeit wiederzugeben scheint. Wir werden die Bedeutung dieser Umrisszeichnung noch besser
erkennen, wenn man sie mit Fig. 73 vergleicht; wir sehen dann, dass die durch
den Muskel des Weinens bedingten Veränderungen fast die entgegengesetzten sind
wie die durch den Lachmuskel, so wie die

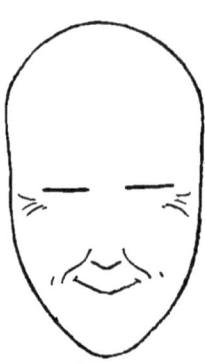

Fig. 73.
Schema des Lachens.

beiden entsprechenden Gemütsbewegungen entgegengesetzte
sind. Bemerkenswert ist noch, wie gering der Abstand
zwischen diesen beiden Muskeln ist, und wie fein die Abweichungen in ihrer anatomischen Anordnung, so fein, dass
die Schriftsteller nicht untereinander einig sind, ob der
zwischen beiden gelegene kleine Jochbeinmuskel (wenn er
vorhanden ist) als Gehilfe des grossen Jochbeinmuskels, oder
wie wir es annehmen, des Oberlippenhebers anzusehen ist.
Zweifellos erinnern diese anatomischen Verhältnisse daran,
wie kurz bei den Gemütsbewegungen selbst und bei ihrem
Ausdruck der Uebergang vom Lachen zum Weinen ist.

7. Der gemeinsame Heber der Lippe und des
Nasenflügels (Levator communis alae nasi et labii
superioris) entspringt am inneren Augenhöhlenrand, steigt
fast senkrecht herab und heftet sich mit einigen Fasern an
den Nasenflügel mit der Hauptmenge derselben an die Oberlippe in der Nähe der Mittellinie. Er erhebt also diesen

mittleren Teil der Lippe, während die Mundwinkel in ihrer
Lage bleiben und gibt also jeder Häfte der Lippenlinie eine
schiefe Richtung nach unten und aussen (wie der vorhergehende Muskel, aber in noch ausgesprochenerem Masse).
Zur gleichen Zeit erweitert er die Nasenlöcher durch Hebung
des Nasenflügels. Endlich hebt er, durch den senkrechten
Zug, den er auf die Haut der Nasenlippenfalte ausübt, den

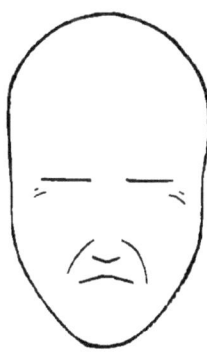

inneren oberen Teil dieser Furche als
Ganzes, macht dieselbe geradlinig und bildet
daraus eine Art Rinne, durch welche die
massenhaft aus dem inneren Augenwinkel
hervorstürzenden Thränen hinabfliessen. —
Diese Veränderungen geben der Physiognomie den Ausdruck heftigen Weinens,
«mit heissen Thränen».

Die Umrisszeichnung Fig. 75 gibt bis
zu einem gewissen Grade diesen Ausdruck,
der mit so einfachen Mitteln, wie sie hier
angewandt sind, schwer herauszubringen
ist, wieder. Man sieht, dass hier alle
Falten des Gesichtes gegen den inneren
Augenwinkel, dem Ansatzpunkt des Muskels, zusammenlaufen.

Fig. 74.

Schema der Wirkung des
Oberlippenhebers.
(Weinen.)

8. Querer Nasenmuskel (Musc. compressor nasi).
Dieser Muskel entspringt (9, Fig. 62) an der Wangenhaut
in der Seitengegend der Nase, verläuft quer über die Seitenflächen derselben bis auf den Nasenrücken, wo ein schmales
Sehnenband die Muskeln der beiden Seiten mit einander
vereinigt.

Dieses über den Nasenrücken gelegte Sehnenband bildet
den festen Punkt, gegen welchen jeder Muskel die Wangenhaut und Nasenhaut verzieht, so dass auf der Seitenfläche
der Nase eine Anzahl senkrechter Falten (im rechten Winkel
zu dem Verlauf der Muskelzüge) entstehen.

Duchenne fasst die durch diese Falten gegebenen Veränderungen als bezeichnend für den Ausdruck der sinnlichen
Lüsternheit auf. Vielleicht ist der Muskel für sich allein

kein ausreichender Ausdrucksmuskel; aber wenn seine Zusammenziehung die gewisser anderer Muskeln begleitet, findet man in der Physiognomie sehr deutlich die als Zeichen der Lüsternheit von Duchenne angesehenen Züge. — So bildet derselbe in seinem Atlas die Photographie eines Gesichtes ab, bei welchem er Zusammenziehung des Stirnmuskels, des grossen Jochbeinmuskels und des queren Nasenmuskels hervorgerufen hat, ein Gesicht, dessen Ausdruck unbestreitbar erklärt werden kann als das eines Greises, dessen Aufmerksamkeit (Stirnmuskel) angenehm (Jochbeinmuskel) erregt ist durch ein Schauspiel, welches lüsterne Vorstellungen (querer Nasenmuskel) erweckt. — Das von Duchenne abgebildete Gesicht könnte z. B. als Studie gelten für den Kopf eines Greises bei dem klassischen Vorwurf der «Susanna im Bade». — Wir haben den Versuch nicht gemacht, den ungenügenden und vielleicht zweifelhaften Ausdruck dieses Muskels durch eine Umrisszeichnung wiederzugeben.

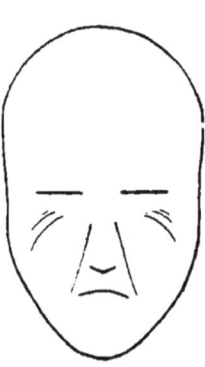

Fig. 75.

Schema der Wirkung des gemeinsamen Oberlippen- und Nasenflügelhebers (bitterlich weinen).

C. Muskeln des unteren Gesichtsabschnittes.

9. Ringmuskel der Lippen (Musc. orbicularis oris). In der Dicke der Lippen liegt, wie in der Dicke der Lider ein Muskel, dessen Fasern die Mundöffnung umgeben. Dieser Ringmuskel der Lippen (15, Fig. 62) hat vor allen Dingen Thätigkeiten auszuüben, die sich nicht auf den Ausdruck beziehen, sondern die zur Nahrungsaufnahme nötig sind (Ergreifen der Nahrungsmittel, Saugen, Kauen u. s. w.). Wenn er am Spiel der Physiognomie sich beteiligt, so geschieht das nur durch Veränderungen, die mehr eine leicht angedeutete Grimasse als einen wirklichen Ausdruck darstellen. Wie bei dem Ringmuskel des Auges kann man auch hier äussere und innere, dem freien Lippenrand entsprechende Fasern unterscheiden. Wenn die letzteren allein sich ver-

Duval, Grundriss.　　　　　　　　　　　17

kürzen (innerer Ringmuskel), so schliessen sie die Mundöffnung fest und pressen die Lippen gegen die Zähne, so
dass der Saum des Lippenrotes mehr oder weniger verschwindet. Es ergibt sich die Bewegung, die man gemeinhin als «Zusammenkneifen der Lippen» bezeichnet. Wenn
die ersteren (der äussere Ringmuskel) sich zusammenziehen,
treiben sie die Lippen nach vorne und machen ihre Oeffnung
wulstig und rund, das ist
die Bewegung, die man
das «Aufwerfen der Lip-
pen» nennt.

Fig. 76.
Wirkung des dreieckigen Unterlippenmuskels (Verachtung. Unzufriedenheit).

Wir werden nicht weiter
bei dem Muskel verweilen,
welcher die Fleischteile
der Wangen und damit
die Seitenwand der Mund-
höhle bildet. Dieser Mus-
kel, der Trompeter-
muskel (Buccinator)
übt seine Wirkung nur
innerhalb der Backen-
höhlung aus. So spielt er
eine wichtige Rolle beim
Kauen, da er die Bissen,
die aus der Zahnreihe
herausfallen, wieder unter
die Zahnkronen bringt, und beteiligt sich auch bei der
Lautgebung und beim Spielen von Blasinstrumenten (daher
sein Name), denn seine Verkürzung drängt die Luft, welche
die Wangen aufbläht, aus dem Munde heraus.

10. Dreieckiger Lippenmuskel (triangularis
oris). Dieser Muskel gehört der Unterlippe an. Er bildet
(16, Fig. 62) ein kleines fleischiges Dreieck, dessen Grundfläche am Unterkiefer nach aussen von der Kinnfuge sich
ansetzt. Von da laufen die Fasern gegen den Mundwinkel
zusammen, wo sie sich mit der Spitze des Dreiecks an die

Unterseite der Haut anheften. Dieser Muskel senkt also den Mundwinkel; er macht folglich die Lippenlinie nach unten und aussen schief und zieht ausserdem das untere Ende der Nasenlippenfalte nach unten, so dass diese Falte fast geradlinig wird, mit Ausnahme ihres unteren Endes, welches in leichter Krümmung um den Mundwinkel umbiegt.

Der durch diese Veränderungen erzeugte Ausdruck ist, wenn sie wenig ausgesprochen sind, Traurigkeit, wenn sie stärker ausgeprägt sind, Verachtung. Wir haben oben gesehen, dass der halbe Schluss der Lider häufig den Ausdruck der Verachtung vervollständigt (s. Seite 248).

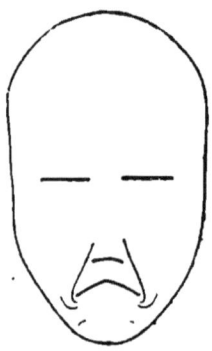

Fig. 77.
Schema der Unzufriedenheit und Verachtung.

Die Figur 76, nach Duchenne, gibt den durch Verkürzung der beiden dreieckigen Muskeln allein erzeugten Ausdruck der Unzufriedenheit und Verachtung deutlich wieder. Die Senkung des Mundwinkels ist bezeichnend und die bei der Versuchsperson stark ausgebildete Nasenlippenfalte erscheint in der eben angegebenen Weise in ihrem Verlauf und der Gestalt ihres unteren Endes verändert.

Das Umrissbild, Fig. 77, gibt sozusagen die in Linien gefasste Formel für den Ausdruck der Verachtung, indem sie nach der vorhergehenden Abbildung den unteren Teil der Nasenlippenfalte und die gleich gekrümmten Falten, die unter ihrem Ende entstehen, hervorhebt.

11. Viereckiger Unterlippenmuskel (Musc. quadratus labii minoris). Dieser Muskel (17, Fig. 62), der zum Teil durch die Grundlinie des vorhergehenden bedeckt ist, setzt sich wie dieser an den vorderen Teil des wagerechten Unterkieferastes an. Seine Fasern steigen von da schräg nach oben und innen, um sich an der ganzen Länge der Unterlippe anzuheften.

Er zieht die Unterlippe herab und wendet sie mehr oder weniger stark um, bis zu der bezeichnenden Grimasse eines

Menschen, der einen Bissen in den Mund genommen hat, ihn aber schlecht schmeckend findet und heftig ausspeit, indem er mit der Unterlippe eine Art Rinne bildet. — Wenn die Zusammenziehung weniger stark ist, drückt die Physiognomie Widerwillen aus.

Wir verweisen bezüglich der Abbildung dieses immer mehr oder weniger rohen Ausdrucks auf den Atlas von Duchenne; in einer Umrisszeichnung, welche die Mundspalte nur als einfache Linie gibt, ist er nicht darzustellen.

12. Hautmuskel des Halses (Platysma myoides). An den vorderen seitlichen Teilen des Gesichtes und Halses liegt beiderseits eine dünne Decke von Muskelfasern unter der Haut (25, Fig. 53). Dieser Hautmuskel heftet sich unten an die Haut der oberen Brustgegend; von da gehen seine Fasern schief nach oben und vorne gegen den Unterkiefer hin, um sich an die Haut des Kinnes, der Unterlippe, des Mundwinkels, der Backen anzusetzen; die obersten fast wagerechten Faserbündel verlaufen von der Ohrgegend an den Mundwinkel; dieses Faserbündel wird wohl auch mit dem wenig berechtigten Namen Lachmuskel (Risorius Santorini) belegt.

Der Hautmuskel, welcher für sich allein keinen bestimmten Ausdruck erzeugt, unterstützt durch seine Zusammenziehung verschiedene Muskeln des Gesichtes in der Weise, dass er dem Ausdruck einen Zug schrecklicher Gewaltthätigkeit gibt. — Der «Lachmuskel des Santorinus» erzeugt daher nicht den Ausdruck des fröhlichen Lachens, sondern mehr den des gezwungenen, drohenden Lachens, des Grinsens. Der Hautmuskel wirkt in allen diesen Fällen so, dass er den Unterkiefer herabzieht und den Mund leicht öffnet, sowie den Mundwinkel herabzieht. Er bildet zugleich eine Anzahl querer Falten an der Haut des Halses. — Das sind die Grundzüge, welche der Physiognomie einen schrecklichen Ausdruck verleihen können, wie schon Leonardo da Vinci so gut beobachtet hatte, da er in seiner Abhandlung über die Art, wie man einen Menschen im Zustand heftiger Wut

darstellen solle, sagt, man müsse ihn abbilden «mit bogen-
förmig gekrümmten Seitenteilen des Mundes, dickem, ange-
schwollenem und auf der Vorderseite ganz mit Falten be-
decktem Halse».

Wenn die eigenartigen Veränderungen bei Verkürzung des
Hautmuskels vom Halse die Zusammenziehung des Stirnmuskels
begleiten, nimmt die Physiognomie, wie die Photographieen Duchennes zeigen, den Ausdruck der Aufmerksamkeit und des Ent-
setzens über ein schreckliches Schauspiel an. Vergesellschaftet
mit der Verkürzung des Augenbrauenmuskels wird der Ausdruck
der eines heftigen Schmerzes, wie z. B. bei einem Unglück-
lichen, der gefoltert wird oder von einem Raubtier zerrissen
wird. Wenn die Zusammenziehung des Nasenrückenmuskels
von der des Hautmuskels am Halse begleitet wird, so erhält
man den Ausdruck einer wilden, barbarischen Strenge u. s. w.

Allgemeine Betrachtungen. Gemeinsamkeit
und Verbindungen. — Wir brauchen die oben gegebene
Aufzählung der Hautmuskeln von der Stirn bis auf den Hals
nur noch einmal zu überblicken, um zu erkennen, dass
Muskeln darunter sind, die für sich allein vollkommene Ausdrucksmuskeln sind (wie der Stirnmuskel, der Augenbrauenmuskel, der grosse Jochbeinmuskel) und andere, die nicht
vollkommene Ausdrucksmuskeln darstellen, sondern nur geeignet sind, einen durch einen anderen Muskel hervor-
gebrachten Ausdruck zu vervollständigen oder zu verändern
(der Lidteil des Augenringmuskels, der quere Nasenmuskel,
der Hautmuskel des Halses), und endlich andere, die fast
gar keinen Ausdruck hervorbringen, selbst wenn sie sich
mit wahren Ausdrucksmuskeln vereinigen (z. B. der Trompetermuskel). Wir brauchen bei dieser Einteilung nicht länger
zu verweilen.

Eine wichtigere Frage ist die nach der gemeinsamen
Wirkung verschiedener Muskeln und namentlich solcher, die
an sich vollständige Ausdrucksmuskeln sind. Der eigene Ausdruck eines jeden dieser Muskeln ist sozusagen eine von den
Silben oder Worten in der Sprache der Physiognomie; aber

wie jede andere Sprache vereinigt auch die Physiognomie
diese Silben oder Worte zu Aeusserungen. — Die Erfahrung
lehrt, dass im allgemeinen diese Vereinigungen und Verbindungen aus wenigen Einzelteilen bestehen; im allgemeinen
genügen zwei, — bisweilen sind drei Muskeln gleichzeitig
in Thätigkeit, fast niemals vier. — Wenn wir ausserdem
sozusagen theoretisch diese Verbindungen zusammenstellen,
indem wir uns die Verkürzungen zweier beliebiger Muskeln
wie durch Zufall vereinigt vorstellen, sehen wir bald, dass
die so gebildeten Verbindungen zum Teil leicht sind und
gewöhnlich vorkommen, und zwar sowohl mit Rücksicht auf
die Art der Gemütsbewegungen, die wir uns vereinigt denken,
als auch auf die Anordnung der ihnen entsprechenden Muskeln, während andere unmöglich erscheinen und zwar auch
wieder nach der Art der Gemütsbewegungen und der Anordnung der Muskeln.

Ein lehrreiches Beispiel der leichten, sozusagen nach
Art der Gemütsbewegung und nach Anordnung der Muskulatur übereinstimmenden Verbindungen liefert das folgende:
Verbindung der Zusammenziehung des Stirnmuskels mit der
des grossen Jochbeinmuskels, — also der Aufmerksamkeit
mit dem Lachen. Einerseits kann die Aufmerksamkeit (Stirnmuskel) durch ein lächerliches (Jochbeinmuskel) Schauspiel
erregt werden, andererseits sind der Stirnmuskel und der
Jochbeinmuskel, da sie, der eine an der Stirn, der andere an
der Wange liegen, und da der eine auf die Augenbrauen,
der andere auf die Lippen wirkt, in ihrer Anordnung voneinander unabhängig, — nichts verhindert es, nach ihrer
anatomischen Lage, dass sie beide gleichzeitig sich verkürzen,
so gut wie z. B. der zweiköpfige Armmuskel den Oberarm
beugen kann, während gleichzeitig der gemeinsame Fingerstrecker die Fingerglieder streckt. Dagegen kann man als
Beispiel der unmöglichen, einander nach Art der Gemütsbewegung und Anordnung der Muskulatur widersprechenden
Verbindungen etwa an die gleichzeitige Zusammenziehung
des Stirnmuskels und des oberen Teiles vom Augenring-

muskel denken. Der erste Muskel drückt Aufmerksamkeit aus, der zweite Nachdenken, d. h. zwei entgegengesetzte Zustände des Geistes, welcher nicht gleichzeitig für die Erscheinungen der Aussenwelt offen und in sich selbst vertieft sein kann. Desgleichen hebt der erste, senkt der zweite Muskel die Augenbrauen, die nicht gleichzeitig nach zwei verschiedenen Richtungen gezogen werden können, ebenso wie, um das Beispiel der Gliedmasse wieder aufzunehmen, der Unterarm nicht gleichzeitig durch den zweiköpfigen Muskel gebeugt und durch den dreiköpfigen gestreckt werden kann.

Wenn wir uns diesen Erörterungen weiter hingeben, werden wir finden, dass nichts leichter und nach Muskelordnung und Art der Gemütsbewegung zu einander passender ist, als die gleichzeitige Zusammenziehung des Stirnmuskels und des dreieckigen Lippenmuskels (Aufmerksamkeit und Verachtung), des Augenbrauenmuskels und des viereckigen Lippenmuskels (Schmerz und Abscheu), des Nasenrückenmuskels und des gemeinsamen Lippenhebers (Zorn und Thränen) u. s. w. — Dagegen wird man finden, dass in beiden Beziehungen unmöglich und einander widersprechend sind: der grosse Jochbeinmuskel und der viereckige Lippenmuskel (Freude und Abscheu), der Nasenrückenmuskel und der Augenbrauenmuskel (Zorn und Schmerz), der gemeinsame Heber des Mundwinkels und der grosse Jochbeinmuskel (Weinen und Lachen).

Es gibt übrigens Verbindungen, welche einander zunächst widersprechend erscheinen nach der Art der Gemütsbewegungen und deren Zustandekommen doch in der räumlichen Anordnung des Gesichtes kein Hindernis finden würde. Nehmen wir beispielsweise den Augenbrauenmuskel und den grossen Jochbeinmuskel: der eine drückt Schmerz aus, der andere Lachen, zwei ihrer Natur nach entgegengesetzte Gefühlsäusserungen; indessen können die beiden Muskeln, deren einer zum Kopf der Augenbraue, der andere zum Mundwinkel geht, sich sehr wohl verkürzen, ohne dass einer die

Thätigkeit des anderen beeinträchtigt, d. h. man kann sehr wohl ihre gemeinsame Zusammenziehung bemerken. — Und wenn wir es uns überlegen, finden wir diese anatomisch mögliche Verbindung auch thatsächlich häufig vorhanden, trotz der Unvereinbarkeit der beiden ihnen entsprechenden Gemütsbewegungen. Inmitten eines schweren körperlichen Schmerzes, welcher eine unwillkürliche, unüberwindliche Zusammenziehung des Augenbrauenmuskels bedingt, findet eine heitere und starke Seele noch die Kraft zu lächeln. Um die Bestätigung hierfür in einem Kunstwerk zu finden, genügt es, das Antlitz des Seneka in dem Gemälde von Giordano (der Tod des Seneka, im Louvre) zu studieren. Ein ähnliches Beispiel gibt uns eine junge Frau, die eben Mutter geworden ist, und die noch zuckend vom Schmerz der Entbindung geteilt ist zwischen dem körperlichen Schmerz und der inneren Freude über das Kind, dessen sie genesen ist, und dem sie zulächelt.

Diese letzteren Beispiele zeigen, dass die anatomischen Bedingungen bis zu einem gewissen Punkt vor denen, welche aus der Natur der Gemütsbewegungen sich ergeben, den Vorrang haben und dass eine Verbindung der Ausdrücke nur möglich ist, insoweit der Bau des Gesichtes es zulässt. Wir schliessen hier diese kurzen Bemerkungen über die Physiologie des Gesichtes und würden beglückt sein, wenn es uns gelungen wäre, die Künstler zu überzeugen, dass im Spiel des Gesichtsausdruckes nichts Phantasie, Laune und Eingebung ist, dass vielmehr alles bestimmten festen Regeln unterworfen ist, die gleichsam die Rechtschreibung für die Sprache der Physiognomie bilden, und dass die möglichen Verbindungen zahlreich und mannigfach genug sind, so dass der Künstler volle Freiheit des Handelns behält, wenn er sich nach diesen Regeln richtet, so gut wie der Dichter die Regeln der Sprachlehre befolgt, ohne deshalb in dem Aufschwung seines Geistes gehemmt zu werden.

Inhalts-Verzeichnis.